高等教育"十三五"重点规划教材

创新学

金秋萍　编著

💡 系统阐述创新学理论　💡 突出介绍创新方法
💡 特别穿插丰富案例　💡 重在培养创新能力

苏州大学出版社
Soochow University Press

图书在版编目(CIP)数据

创新学 / 金秋萍编著. —苏州:苏州大学出版社,2019.1(2022.1重印)
高等教育"十三五"重点规划教材
ISBN 978-7-5672-2642-5

Ⅰ.①创… Ⅱ.①金… Ⅲ.①创新管理-高等学校-教材 Ⅳ.①F273.1

中国版本图书馆 CIP 数据核字(2019)第 013705 号

创 新 学

金秋萍 编著

责任编辑 沈 琴

苏州大学出版社出版发行
(地址:苏州市十梓街1号 邮编:215006)
宜兴市盛世文化印刷有限公司印装
(地址:宜兴市万石镇南漕河滨路58号 邮编:214217)

开本 787 mm×1 092 mm 1/16 印张 16.25 字数 386 千
2019 年 1 月第 1 版 2022 年 1 月第 5 次修订印刷
ISBN 978-7-5672-2642-5 定价:48.80 元

苏州大学版图书若有印装错误,本社负责调换
苏州大学出版社营销部 电话:0512-67481020
苏州大学出版社网址 http://www.sudapress.com
苏州大学出版社邮箱 sdcbs@suda.edu.cn

前　言

创新是一个民族进步的灵魂，是一个国家兴旺发达的不竭动力，也是中华民族最深沉的民族禀赋。习近平总书记指出，"抓创新就是抓发展，谋创新就是谋未来"。创新的重要性不言而喻。

创新，关键在于激发人的创造力，尤其在于激发最富活力、最具创造性的青年群体的创造力。高等教育作为科技第一生产力和人才第一资源的重要结合点，培养学生的创新精神，造就富有创新精神、敢于承担风险的创新型人才队伍，努力造就大众创业、万众创新的生力军，责无旁贷。

本书立足大学生社会责任感、创新精神、实践能力亟待加强的现状，围绕创新的重要性、创新的内涵、创新的方法等方面进行了研究与探索。全书分为十二个部分。绪论是"为提高民族创新能力而奋斗"，分析了知识经济时代我国提高全民族的创新能力的重要性；第一章是"创新与创新学"，阐述了创造的定义、创造学的研究对象与基本原理等内容；第二章是"创新力与创新型人才"，阐述了创新力的概念、构成要素、测评，以及创新型人才的特征；第三章是"改变传统的思维方式"，包括思维及其分类、创新性思维的特点与过程等内容；第四章是"创新性思维与训练"，介绍了适用于个人的八种创新性思维训练方法；第五章是"群体创新思维模式——六顶思考帽法"，介绍了该方法的主要内容、基本约定及其应用；第六章是"基本创新方法"，介绍了列举法型创新技法等六大创新技法；第七章是"创新的TRIZ方法"，包括TRIZ方法的介绍、40个发明原理、矛盾矩阵、分离法及技术系统进化规律等内容；第八章是"科学发现"，包括科学发现及其分类、科学发现的过程及特点、怎样将科学发现转化为生产力等内容；第九章是"技术发明与保护"，包括技术发明的基本规律、一般过程、发明成果的保护及商品化等内容；第十章是"学校创新教育"，介绍了早期启蒙创新教育及小学到大学的创新教育等内容；第十一章是

"企业创新力的开发",包括营造企业的创新环境、新产品研发团队的组织、企业的建议制度等内容。

创新创造是国家、民族兴旺发达的永久动力,是世界、时代前进的不变主题。本书立足理论探究,辅以具体的案例说明,旨在激发大学生的创新活力,挖掘大学生的创新潜能。

本书在撰写中参阅了大量古今中外的相关文献及网络媒体上的有关资料,得到了许多同志的帮助指正;本书初稿完成于 2018 年底,2020 年 8 月由陈东教授修订了少量内容,特此致谢!由于编写者水平有限,加之时间仓促,书中缺点错误和考虑不周之处在所难免,恳切希望读者批评指正。

金秋萍

目 录

绪论：为提高民族创新能力而奋斗! ... 1
　　一、世界进入创新经济时代 ... 1
　　二、中国是世界第二强国了吗? ... 3
　　三、中国最缺少的是什么? ... 5
　　四、提高全民族的创新能力是振兴中华的必由之路 ... 7
　　五、提高全民族的创新能力必须从创新教育抓起 ... 7

第一章　创新与创新学 ... 9
　　一、创造的定义和特点 ... 9
　　二、创造的分类 ... 11
　　三、创新与创造的关系 ... 13
　　四、创造学的研究对象与基本原理 ... 16
　　五、创造学的产生与发展 ... 21

第二章　创新力与创新型人才 ... 28
　　一、创新力及其构成要素 ... 28
　　二、创新型人才 ... 30
　　三、创造力的测评 ... 37

第三章　改变传统的思维方式 ... 45
　　一、思维及其分类 ... 45
　　二、创新性思维的特点 ... 48
　　三、创新性思维的过程 ... 50
　　四、思维的定式 ... 52

第四章　创新性思维与训练　　60

　　一、刻意求异　　60
　　二、积极联想　　62
　　三、横向思考　　67
　　四、反向求索　　69
　　五、钟情假如　　72
　　六、尽情发散　　74
　　七、抓住灵感　　78
　　八、追求理想化　　81

第五章　群体创新思维模式——六顶思考帽法　　84

　　一、六顶思考帽法——创新思维领域的伟大创造　　84
　　二、六顶思考帽法的基本约定　　85
　　三、六顶思考帽法的应用　　88

第六章　基本创新方法　　94

　　一、列举法型创新技法　　95
　　二、推理型创新技法　　101
　　三、组合与分解型创新技法　　110
　　四、设问型创新技法　　112
　　五、智力激励型创新法（头脑风暴法）　　115
　　六、产品创意的综合挖掘技法　　119

第七章　创新的 TRIZ 方法　　122

　　一、TRIZ 的产生与应用　　122
　　二、TRIZ 解决问题的思路和理论体系　　124
　　三、40 个发明原理　　126
　　四、用矛盾矩阵解决技术矛盾　　137
　　五、用分离法解决物理矛盾　　145
　　六、技术系统进化规律　　149
　　七、用知识库提高创造效率　　156

第八章　科学发现　　165

一、科学发现及其分类　　165
二、科学发现的一般过程　　168
三、科学发现的主要特点　　170
四、怎样在科研中有所发现　　173
五、尽快将科学发现转化为生产力　　177

第九章　技术发明与保护　　179

一、技术发明及其分类　　179
二、发明的基本规律　　183
三、技术发明的一般过程　　184
四、发明成果的保护　　188
五、发明成果的商品化　　199

第十章　学校创新教育　　201

一、创新教育刻不容缓　　201
二、创新教育概述　　202
三、实施创新教育的关键　　207
四、早期启蒙创新教育　　208
五、学校各阶段的创新教育　　211

第十一章　企业创新力的开发　　226

一、自主创新能力是第一竞争力　　226
二、营造企业的创新环境　　234
三、组织新产品研发团队　　238
四、建立企业的建议制度　　247

主要参考文献　　251

绪 论
为提高民族创新能力而奋斗！

令人难忘的 20 世纪远离我们而去，跨进新世纪的无数事实表明，人类经过百万年的蒙昧、数万年的游牧、几千年的农耕、几百年的工商，如今进入了一个崭新的时代。

对于中国人来说，进入新世纪确实是不寻常的，中国经济迎来了中华人民共和国成立以来的最好时代。

2017 年，我国国内生产总值达 827 122 亿元，合 122 427.76 亿美元，继续超过日本名列第二，比上年增长 6.9%，是美国 193 621.3 亿美元的 63.39%。[①] 2017 年进出口总值达 41 063 亿美元，年末国家外汇储备 31 399 亿美元，连续 10 年稳坐世界第一。

有人预言，按照目前的发展速度，到 21 世纪中叶，中国的国民生产总值将超过美国。

一、世界进入创新经济时代

我们知道，从 18 世纪中叶以来，人类已经经历了三次工业革命：

詹姆斯·瓦特（James Watt）研制并推广改良蒸汽机，成就了第一次工业革命，其特征是实现了生产的机械化。

第二次工业革命则是从 19 世纪后 30 年到第一次世界大战爆发前，由电力、交通、化学品、钢铁制造等领域的科技创新推动，其特征是利用电力实现大规模生产。

第三次工业革命发生于 20 世纪中期，以原子能、电子计算机和空间技术的发展为主要标志。以信息科学、生命科学、材料科学等为前沿，以计算机技术、生物工程技术、激光技术、空间技术、新能源技术和新材料技术的应用为特征，通过电子和信息技术实现了生产的自动化。

前三次工业革命不仅大幅提升了全球的生产力，还产生了惊人的财富，极大地发展了经济；而且，每一次工业革命都比前一次工业革命产生了更多更大的经济效应和社会价值，每一次工业革命都会涌现数不清的创新成果，从而让人们生活得更好更舒适。

中国是全世界人口最多的国家，遗憾的是，因为种种原因，中国人没有成为前三次工业革命的主力，与历史上的这些机遇擦肩而过，没能为后代留下多少突破性创新成果，没有使国家变得强大、富足。

当前以数字化为基础的革命，包括大数据、物联网、人工智能、机器人、生物技术、

---

① 见世界经济信息网，http://www.8pu.com/gdp/ranking_2017.html。

清洁能源、量子信息技术等在内的全新技术革命被称为第四次工业革命。其最重要的特征是：创意的想象力、创新力（创造力）主宰世界经济潮流。

❋【例 0-1】 苹果公司成功的秘诀

2010 年 5 月 27 日，从美国纳斯达克传来惊人的消息：苹果市值达 2 221 亿美元，超微软成全球最大的科技公司。2011 年 8 月 11 日，又传来更惊人的消息：苹果市值超越埃克森美孚，成为全球最有价值的上市公司。2012 年 8 月 20 日，苹果市值破历史纪录，完成了历史上绝无仅有的三级跳，令世界几乎所有企业家目瞪口呆。

2017 年，全球市值最高公司排名第一的还是苹果，苹果公司的最新市值达 8 150 亿美元。如果苹果公司的市值换算成 GDP（国内生产总值）的话，相当于全球第 20 大经济体，超过全球大部分国家和地区的 GDP。那么苹果公司成功的秘诀究竟在哪里？

20 世纪 90 年代后期，苹果公司曾经一度濒临破产，但在 CEO（首席执行官）史蒂夫·乔布斯的领导下，苹果公司致力于创新，推出 iPod、iPhone 和 iPad 等一系列优秀产品，成功实现复兴，使苹果公司市值连续暴涨 10 年，迎来其巅峰时代。

在美国《商业周刊》评选的"全球最具创新力企业 50 强"名单中，苹果连续 6 年位于榜首。美国《时代周刊》评选 2010 年全球最佳发明，苹果的 iPad 名列第一。可见，苹果公司成功的秘诀在于持续不断的创新。

表 0-1 2017 年全球市值最高的公司排行

名次	公司名称	市值/亿元	国家
1	苹果（Apple）	8 150	美国
2	谷歌母公司（Alphabet）	6 370	美国
3	微软（Microsoft）	5 580	美国
4	脸书（Facebook）	4 850	美国
5	亚马逊（Amazon）	4 610	美国
6	伯克希尔·哈撒韦（Berkshire Hathaway）	4 380	美国
7	阿里巴巴（Alibaba）	4 150	中国
8	腾讯（Tencent）	3 940	中国
9	强生（Johnson & Johnson）	3 570	美国
10	埃克森美孚（Exxon Mobil）	3 230	美国

（来源：https://www.phb123.com/qiye/18137.html）

从表 0-1 可以看出，在全球市值最高的十大公司中，除伯克希尔·哈撒韦、强生、埃克森美孚外，其余都是与互联网密切相关的公司。

【例 0-2】 支付宝的创意与网购发展

支付宝的创意并不复杂,不过是找到了解决网购的买方与卖方之间的信任问题。支付宝公司从 2004 年建立开始,始终以"信任"作为产品和服务的核心,自 2014 年第二季度开始成为当前全球最大的移动支付厂商。支付宝时代,让整个社会变成无现金社会。我们无论是出去聚餐还是出去购物,只要一只手机在手,就像拥有了全世界,使用方便、快捷。支付宝通过"占领"全球,让各个国家的人开始感叹中国的发展。据悉,日本机场已有超过 90% 以上的店铺都能使用支付宝,还有百货商场、免税店、出租车等。就在前不久,日本的肯德基也相继接入支付宝,在其国内可谓赚足了眼球。据报道,2017 年赴日本旅游的游客就达 2 400 万,其中中国游客最多,达到了 637 万。而中国游客在日消费高达 2.04 兆亿日元。想必日本也是看中了这个商机,为了迎合中国游客的消费习惯,引进了支付宝这一无现金的科技。而当支付宝开始"占领"日本时,引来了无数人的羡慕。就连日本人,也开启了吐槽模式,感觉日本已经被世界所抛弃,中国才是最富有科技性的国家。支付宝,开启了让世界换个视角看中国的时代。无论我们身处何方,当我们能够以科技来让全球驻足观看的时候,说明我们的科技已经逐渐领先,我们不再处于科技落后的水平。

创新经济时代的到来告诉我们,国家与国家、民族与民族、企业与企业之间的竞争归根到底是创新能力的竞争,是创新的速度与效率的竞争,是创新型人才的竞争。我们应当抓住第四次工业革命的机遇,建设创新型的国家,用大量突破型科技创新成果,引领世界迈入"创新经济时代",为人类做出较大的贡献。

二、中国是世界第二强国了吗?

国人普遍把 GDP 视为衡量一个国家经济状况的最佳指标,这个指标,更容易让世界见证中国经济的飞速发展。中国 GDP 2007 年超越了德国,2011 年超越了日本,中国成为全球第二大经济体,充分证明了中国特色社会主义制度的优越。那么,中国是世界第二强国了吗?

首先,再大的数字除以 14 亿就很小了。

我们不考虑统计的误差,中国 2017 年人均 GDP 为 8 582.94 美元,排名全球 182 个国家和地区的第 74 位,是美国的 1/7,日本的 1/4.5,韩国的 1/3.5。①

中国的人口占世界 19%,但经济总量只占世界 15%,显然我们的人均 GDP 还不到世界平均数的 80%。实际上,中国人均 GDP 与西方发达国家的绝对差距不是在缩小,而是在逐年扩大。我们以美国为例:

2005 年人均 GDP 美国为 40 000 美元,中国为 1 700 美元,差距 38 300 美元;2017 年人均 GDP 美国为 59 472 美元,中国约为 8 583 美元,差了 50 889 美元。经过 12 年的发展,中美人均 GDP 差距没有缩小,反而大大增加了。

其次,历史的经验值得注意,在世界历史上,GDP 从来不是国家强盛的标志;一个国

---

① 见 http://www.8pu.com/gdp/per_capita_gdp_2017.html。

家的经济实力要看GDP的构成和外贸出口的利润。

人们常说:"三流企业卖力气,二流企业卖产业,一流企业卖技术,顶级企业卖规则。"2017年中国百强企业的平均利润率只有6.2%,而微软为28.0%,英特尔为21.9%,三星为18.8%,诺基亚为14.7%……①

时任商务部部长陈德铭2010年撰文表示,目前中国出口企业的平均利润率仅为1.77%。②据中国行业研究网报道,商务部于2013年3月6日举行例行发布会,新闻发言人介绍,商务部近期调查了1 000多家企业,其平均出口利润率不足3%,其中26.8%的企业出现出口亏损。如果没有出口退税补贴,不知多少外贸出口企业面临倒闭厄运。

GDP是什么?GDP是国内生产总值的缩写,亦称"国内生产毛额"或"本地生产总值"。它被定义为一个国家或地区在一段特定时间(一般为一年)里生产的所有最终商品和服务的市价。GDP是一个地域概念,不管是本国企业还是外国企业,只要是在该国范围内生产的最终产品,都纳入其GDP。国民生产总值GNP则是一国所拥有的生产要素所生产的最终产品价值。GNP是个国民概念,即无论劳动力和其他生产要素处于国内还是国外,只要是本国国民生产的产品和劳务的价值,都记入国民生产总值。GNP与GDP的大概关系可以用一个简单的公式来体现:

GNP = GDP + 本国公民在国外创造的价值总和 - 外国公民在本国创造的价值总和

《助力中国发展:外商直接投资对中国的影响》一书的作者米高-恩莱特说:"近年来外资企业对中国GDP的贡献率约为33%。""在全球化价值遭到质疑的今天,外资企业在中国贸易总额中仍保有近一半份额。"

据统计,在中国的外资企业已达28万多家,资产总值超过2万亿美元。在中国28个产业中,有21个产业的前5名都是外资或合资企业。从行业上看,银行、保险、电信、汽车、物流、零售、机械制造、能源、钢铁、IT、网络、房地产等热门行业都有外资进入。

外商投资企业已成为中国某些产业的主要参与者。2013年,在计算机、通信和其他电子设备制造业中,外资企业占到总资产的59%,在汽车制造业中达到40%。而该年度外资工业企业整体占中国工业总资产的比例为22%。③

基于此,中国GDP对外贸有着明显高于他国的依存度,各地尤其是沿海省份经济一度主要依靠外需来拉动。都说GDP需要消费、投资、出口三驾马车拉动,但长期以来,中国始终以外商投资和外贸出口为拉动GDP的主力。但是外企不是慈善机构,它们看中的是发展中的中国庞大的市场、廉价的劳动力和丰富的资源,追求的是自身的利益。它们在中国创造的产值虽然纳入中国的GDP,但实际利润却不会留在中国,这部分是要纳入它们本国的GNP的。中国民众其实一直都未能真正享受到GDP带来的红利的。

据统计,2011年中国GDP约为47万亿元,GNP约为34万亿元,这意味着在光鲜的47多万亿元的GDP下,至少有13万亿元的利润被拿走了。而中国科学院国家健康研究组

---

① 见http://top.askci.com/news/20170724/142338103666.shtml。
② 见http://news.163.com/10/0406/06/63INDP0F000146BB.html。
③ 见http://ex.cssn.cn/jjx/jjx_gdxw/201707/t20170727_3592886.shtml。

2013年1月18日在北京发布的《国家健康报告》更指出，中国的国家财富流失触目惊心，每年被跨国资本抽走的"血汗财富"大致相当于国内生产总值的60%左右。①

一旦中国外部环境发生变化，外资大规模缩减或转移到其他国家，在内需还不足以支撑的情况下，中国的GDP总量势必大量"缩水"。可见，外企对GDP的贡献虽然成就了中国经济总量的排名上升，但也让中国的经济对其过于依赖而充满了变数。在这场看似双赢的交易中，中国只是在工资和税收方面获利，却要为盲目追求GDP付出环境和资源的巨大代价。

三、中国最缺少的是什么？

当我们在尽情地享受着现代物质文明的时候，有多少人知道，火车、汽车、飞机、自行车、滑板车、彩电、电冰箱、洗衣机、电脑、手机、电饭煲、电熨斗、电须刀……这些深刻地影响了人类现代生活的产品，没有一件是我们中国人发明的，而我们拥有总量世界第一的科技大军。

20世纪末美国《研究与发展》杂志组织著名科学家评选20世纪下半叶对人类生活方式最有影响的30件发明，没有一件是中国人发明的。

北京大学张维迎教授在一次报告中说，中华文明是世界最古老的文明之一，并且是一直延续至今的古老文明。古代中国有过辉煌的发明创造，为人类进步做出了重要贡献。但在过去五百年，中国在发明创造方面乏善可陈。即使像冶金、陶瓷、纺织等这些在17世纪之前中国曾经领先的古老行业，过去三百年里的重大发明创造中，也没有一项是我们中国人做出的。② 尽管不少人对此有异议，但历史事实是无法抹杀的。

今天，中国已经是世界第二大经济体，但是，直到2015年，才有屠呦呦获得诺贝尔医学奖，成为国内第一个诺贝尔科学类奖项获得者。这和我们的国力和大国担当极不相称。

在具体的科学领域，我国对现代科学方法的掌握大多远远落后于欧美等发达国家。核心科技的缺失更严重影响着我们的持续发展，多少我们引以为傲的"高科技"，就是缺少中国"芯"，一旦外国厂商停供就会使我国整个电子产业面临灭顶之灾。由于缺少核心技术，国内企业不得不将每部国产手机售价的20%、计算机售价的30%、数控机床售价的20%至40%支付给国外专利持有者。各种日常消费品的出口利润更加低得可怜。

为什么我们盈利那么少？最重要的原因是我们的经济发展主要不是靠科技进步，而是走的高投入、高消耗、高污染、低产出的老路。据报道，以2009年为例，中国GDP总量不到全球GDP总量的6%，但钢材消耗占世界总量的40%，水泥消耗约占世界总量的55%，化肥消费量约占世界总量的35%，煤炭消费量约占世界总量的45.6%，石油消费量位居世界第一。如果中国不改变发展模式，当中国人均GDP达到世界平均值时，全世界所有钢材、水泥、化肥、煤炭、石油……都给中国还不够。中国粗放发展带来的严重环

---

① 见 http://www.askci.com/news/201301/08/174332_50.shtml。
② 见 https://v.qq.com/x/page/w0526v4hshe.html。

境污染，要多大的投入、多长时间才能消除？怎么可能实现可持续发展？

我们不仅科技创新能力差，在人文社科领域也缺少创新能力。我们有数以千万计的教育工作者，但是没有世界级的教育家；我们有数以万计的文学评论家、红学家，但是再难写出四大名著那样的传世佳作；我们有数以万计的经济学博士，但是没有世界级的经济学家；我们有数以百计的名导演，但是拍不出像《泰坦尼克号》《阿凡达》那样优秀的影片；我们有数十所音乐学院培养的数以千百计的作曲家，但是花1 000万元制作的世博会的主题曲《2010等你来》还是从日本"引进"的。

中国为什么缺少创新能力？

中国缺少人才吗？不对！

截至2010年，我国有"两院"院士1 400多人，有突出贡献的中青年专家5 000多人，新世纪"百千万人才工程"自2003年以来遴选了4批国家级人选2 700多人，享受国务院政府特殊津贴专家15.8万人，博士后研究人员7万余人。

中国缺少钱吗？显然不对！

中国人民银行金融统计数据报告显示，截至2014年3月底，我国外汇储备余额为3.95万亿美元，占全世界外储总量的1/3。到2017年年底，中国拥有美国国债余额达11 766亿美元，继续成为世界第一强国美国的第一大债主。中国每年有1亿多人次出国旅游。中国政府近年援助亚非拉的资金就有数千亿美元。中国科技创新缺钱的说法显然是站不住脚的。

创新已经成为当下中国最热门的关键词。全国已经掀起了一股"大众创业、万众创新"宣传的热潮，各条战线迅速召开了各种创新的会议，纷纷提出自主创新、科技创新、教育创新、文化创新、体制创新、管理创新、服务创新等。但是，为什么中国的科技论文和专利数都高居世界第一，却少有原创性的成果问世？为什么山寨货大行其道？我们必须深挖阻碍中国人发明创造的根源，唯有如此才能解开束缚国人创新的枷锁！

著名创新教育家、原武汉大学校长刘道玉说，根据创新学的理论和国际创新型国家的经验，我们最缺少的就是创新文化。如果说物质的力量是巨大的，那么文化力量就是灵魂，是成就事业的驱动力、原动力和核动力。文化是以物质为基础而抽象出来的精神现象；文化能够改变人，而人可以改变世界。

英国《自然》杂志网站在评论中国创新时指出："中国大力驱动创新战略，但反观现实，存在巨大的差距，瓶颈到底在哪里？从根本上来说，创新尚未真正形成一种文化。"那么，衡量创新文化是否形成的主要标志是什么呢？一般来说，最主要的标志有三条：一是社会创新的风气浓厚，人们不仅谈论创新，而且身体力行地践行创新；二是创新的实体组织遍布，既相互激励又互相竞争；三是创新乃人心所向，人人以创新为荣。当每个人内心都有一种创新的冲动，创新成为人们朴素的情愫和价值观的时候，创新文化不仅形成了，而且已步入较高境界了。目前，世界创新型国家排名前列的瑞士、瑞典、英国、荷兰、美国、日本、德国等，都已经形成了这样的创新文化，所以它们拥有最多的创新成果。

于是，有识之士呼吁，中国最缺少的不是人才，不是资源，不是美元，而是创新意识、创新精神、创新文化和鼓励创新、保护创新的社会环境。

我们再也不能躺在古代四大发明的历史功劳簿上高谈阔论了，重要的是赢得同时代的较量。我们再也不能故步自封、报喜不报忧了，人人都应当有危机感和紧迫感。我们再也不能热衷于纵向比较、宣扬"知足者常乐"了，只有把沉重的人口负担转化为巨大的创造力资源，中华民族的全面复兴才能实现。

四、提高全民族的创新能力是振兴中华的必由之路

2018年5月28日，在中国科学院第十九次院士大会、中国工程院第十四次院士大会（简称两院院士大会）上，习近平说："中国要强盛、要复兴，就一定要大力发展科学技术，努力成为世界主要科学中心和创新高地。我们比历史上任何时期都更接近中华民族伟大复兴的目标，我们比历史上任何时期都更需要建设世界科技强国！"①

这表明，中国人民经过几十年的艰辛探索，终于找到了强国之路的关键：加快提高自主创新能力，努力建设创新型国家。

但是，应当看到，在创新型国家的各种要素上，中国还有很大的距离。

"核心创新国"（即创新型国家）概念最早出现在世界经济论坛（WEF）《全球竞争力报告（2002—2003）》中，当时是指每100万人口获得美国发明专利授权在15个以上的国家或经济体。2001年有24个国家和地区或经济体满足这一标准，依次为美国（314）、日本（261）、中国台湾（240）……意大利（30）。在非核心创新国中，俄罗斯列第33位（1.46）、巴西列第43位（0.64）、印度列第58位（0.17）、中国列第62位（0.15）。2017年我们才达到0.92，按照此标准，中国离创新型国家的距离仍很遥远。

按照习近平在两院院士大会上的讲话，中国要成为创新型国家，分别使科技进步贡献率达到70%以上，研发投入占GDP的比例超过2%，对国外技术依存度低于30%。这是一个宏伟的蓝图，实现这个蓝图并不容易。因为中国现在的这三个数值分别是40%、1.4%和50%，远远达不到创新型国家的标准。

当然，一个不能忽略的因素是，建设创新型国家必须要有配套的软实力，这就是各项社会制度的全面和深化改革，以民主、自由和法治为依托，使之能与科技创新相匹配，否则就有可能阻碍科技创新，创新型国家也可能只是一张蓝图。

五、提高全民族的创新能力必须从创新教育抓起

创新的本质是创造成果的实施，创造成果中只有极少数能成为创新。因此，提高全民族的创新能力必须从创新教育抓起。创新教育的根本目的简单地说就是使受教育者想创新，敢创新，会创新。

中国怎样赢得21世纪的竞争？中华民族怎样实现全面复兴？发达国家的成功经验值得借鉴。

早在1970年，联合国教科文组织在《学无止境》的报告中指出："全球问题千头万

---

① 见 http：//www.xinhuanet.com/2018-05/28/c-1122901308.htm。

绪，人类面临的最大问题是怎样开发人的创造力，因为在未来的挑战面前，人类已不能依靠有限的资源、能源，也不能依靠历史的经验，只有抓住创新这个关键才能生存和发展。"

重视创新力开发在经济振兴中的作用，是美、日、韩等国成为世界经济强国的主要原因之一。

早在20世纪40年代，创新学的奠基人、美国的阿来克斯·奥斯本博士就指出："一个国家的经济增长和经济实力与其人民的发明创造能力和把这些能力转化为有用产品的能力密切相关。"美国著名学者伊顿说："我们深信，在不久的将来，我们国家的最高经济利益，将主要取决于我们同胞的创造才智，而不取决于自然资源。"美国正是在这种思想的指导下，在40年代就十分重视创新力开发，产生了许多划时代的发明和创造，如电子计算机、原子弹、全面质量管理等。据不完全统计，1953—1973年的20年间，全世界有500项重大技术发明获得应用，其中美国应用了319项，占总数的64%。

战后的日本经济凋敝，其20世纪50年代的国民生产总值与我国不相上下，但到1997年已经达到我国的7.32倍而成为当时世界第二大经济强国。日本创造学会会长丰泽丰雄在谈到日本成功的秘诀时说："日本没有辽阔的疆土，没有资源，如今成为经济大国，靠的是什么？靠的是每年有50万人进'创造大学'，这所学校培养了他们的创造力，变成无形的财富，从而转化为有形的财富。"

韩国是依靠科技创新带动经济飞速发展的成功典型，其经验更值得我们借鉴。1962年，韩国人均GDP只有87美元，与我国水平大体相当，到2006年达到16 250美元，是我国的9.5倍。为什么韩国能在很多领域远远领先我们？很重要的一点是韩国有很强的民族精神，并把创新作为国家的意志。

党中央先后提出了"科教兴国""人才强国""可持续发展""建设创新型国家"等发展战略。但是，如何把"建设创新型国家"落到实处，是一个十分复杂的系统工程，这需要大批创新型人才。

整个民族创新能力的提高不仅来源于国家创新体系的建立，更来源于创新人才的培养，来源于创新力资源的开发，来源于创新教育，这是建设创新型国家的关键。

中国是世界人口第一大国，人口众多应当成为我们的最大优势，中国应当对人类有更大的贡献。如果我们有1%的国民热衷于创新，如果我们建成创新型国家，我们这个人口大国就一定能实现人才强国，中国梦就一定能实现！

思考与练习

1. 为什么创新能力是第一竞争力？
2. 你认为中国缺少创新力的原因是什么？
3. 为什么现在中国GDP世界第二不等于中国是世界第二强国？
4. 你认为应该如何提高民族的创新能力？

第一章 创新与创新学

翻开历史的画卷，不难发现，人类的历史就是一部不断创新的历史，人类今天享受的所有物质文明和精神文明都是创新的成果。创新，是一个闪闪发光的词汇；创新，是人类智慧高度发展的结晶；创新，使社会不断向文明迈进；创新，使企业充满活力；创新，也是每个人走向成功的助力器。正如美国学者洛顿所说：孕育着创新能力的小学毕业生比扼杀了创新能力的哈佛大学毕业生有更多成功的机会。

但是，一提起创新，人们只想到许多伟大人物的名字：爱迪生、爱因斯坦、牛顿、瓦特、居里夫人……很少考虑到普通人的创新或创造。若问：他们为什么能创新？答案往往是：他们是天才，他们有灵感。于是，创新、创造成了天才人物的代名词，似乎蕴含着永远无法捉摸的"神的旨意"。

20世纪40年代，美国诞生了一门崭新的学科——创新学（也称为创造学），它不仅揭开了人类创新活动的神秘面纱，还以特殊的魅力使人产生创新创造的欲望，用科学的方法使人学会创新性思维，使创新能力得到神奇般的提高。

创新学在美国的传播，促进了美国科学技术的迅猛发展，产生了20万个高水平的创新，为第二次世界大战的胜利立下了汗马功劳；创新学在苏联的推广和发展，产生了全世界最先进的发明问题解决理论——TRIZ，促进了苏联航天航空科学的飞速发展；创新学在日本的普及，造就了600万如痴如醉的发明迷，产生了无数与生产生活紧密联系的发明创新，成了日本腾飞的强烈推进器；创新学在中国的推广虽然才40多年，但已经显示了巨大的威力，成为企业开发创新力的首选课程，成为大、中、小学开展创新教育和素质教育的主要阵地。

本章主要介绍创新、创造的相关概念和基本特点，创新学（创造学）的研究对象和原理及其发展简史。

一、创造的定义和特点

（一）创造的定义

史书记载："创，始造之也。"可见，我们的祖先很早就将"创"和"造"紧紧地联系在一起了，"创造"一词由"创"和"造"两字组成，是历史流传已久的概念。在我国古代典籍《词源》中，"创"有疮、伤、损、惩的意思，其共同含义是"破坏"；而

"造"有作、为、始、成的意思,其共同含义是"建设"。两字结合起来,也就是"破旧立新"。

《辞海》的解释是:"创造就是做出前所未有的事物。"《现代汉语词典》的解释是:"想出新方法、建立新理论、做出新的成绩或东西。"以上解释都是从创造成果的角度来解释的,代表社会上的一般看法。

在创造学形成过程中,人们曾不断研究各种创造活动的共同特征,试图对创造做学术上的准确定义。但要对创造做出一个严格的、统一的定义并非易事,究竟什么是创造呢?到目前为止,世界各国的创造学学者还没有一个一致的说法,日本学者恩田彰在其著作《创造的理论和方法》中,列举了人们提出的有关创造的83个定义。他的定义是:"创造就是把已知材料重新组合,产生出新的事物或思想。"

2009 年,在上海同济大学举办的中国创造学会第四次全国会员代表大会上,有人就创造、创新的定义和创造、创新的关系进行问卷调查,从国内外创造学著作中筛选了 21 个有关创造的定义(表1-1),竟没有一个能获得多数人的同意。

表1-1 创造的定义

1	创造就是破旧立新。
2	创造就是做出前所未有的事物。
3	创造是不同质的素材的新组合。
4	创造是对已知要素进行组合和选择的过程。
5	创造是提供新颖的、实用的、有社会意义的事物的活动。
6	创造是指在破坏旧事物的基础上,产生新事物的活动。
7	创造是对已有要素进行新组合,发现美并实现美的过程。
8	创造就是依靠今日的条件对明日世界——未来梦想的实现。
9	创造是人产生崭新的精神或物质成果的思维与行为的总和。
10	创造就是解决新问题,进行新组合,发现新思想,揭示新理论。
11	创造是以人类大脑左右半球的信息交换为基础产生新的文化的行为。
12	创造就是人类主动地改造现实世界,建立新生活,获得新价值的开拓性活动。
13	创造是用新鲜的观点解决各种各样的问题,发现和发明出更好的东西的活动。
14	创造就是人们综合观念、形象,解决问题并由此产生新事物时显示特异性的活动。
15	创造是在智慧作用下进行推陈出新,使事物发生性质突变,从而推动社会进步的活动。
16	创造是以独特的设想和努力去开拓对于个人、集体、国家和人类未知的领域,以造福社会的活动。
17	创造是人类智慧行为的一种,它通过对储存的信息资料做出选择和判断,并产生出新的有价值的东西。
18	创造是主体为实现一定目的,控制客体以有灵感思维参与的高智能活动,产生有社会价值的前所未有的活动。

续表

19	创造是个体和群体根据一定的目标（或任务），运用一切已知的条件（信息）产生出新颖、有价值的成果和行为的活动。
20	所谓创造，是主体综合各方面信息形成一定目标，进而控制或调节客体产生有社会价值的、前所未有的新成果的实际活动。
21	创造是指人运用自己的智力和体力获取具有新颖性、进步性、正确性或可行性的成果的活动。

调查显示，较多人赞成《辞海》的解释："创造是做出前所未有的事物。"

（二）创造的特点

人类的创造可以表现在科学技术、政治、军事、文化、艺术、教育、经济、经营管理等多个方面，其表现的形态和方式各异。但是，人类的所有创造都有共同的特点，主要体现在以下五个方面：

1. 创造的主体性

创造的主体性指创造活动是现实的人来进行的，而不是自然界变化的结果，更不是上帝、神仙魔力操纵的结果。因此诸如"这是大自然的创造""这是上帝的创造"等不属于创造学的语言。

2. 创造的新颖性

创造的新颖性指任何一种创造活动必须产生一种前所未有的新成果。这是创造最重要的特点。狭义的创造是对于全社会而言前所未有的，而广义的创造只要对于本人（或群体）来说是前所未有的新成果。

3. 创造的价值性

创造的价值性指任何一种创造活动都是具有社会价值的，是能够促进人类进步的。而没有社会价值的活动应及早识别，果断放弃；对于危害人类进步的各种创造活动，应坚决反对和制止；对于可能具有正反两种作用的创造，应将它用于人类的正义事业。

4. 创造的可控性

创造的可控性指任何一种创造都是创造主体有目的的控制、调节客体的一种活动。创造者能够对创造活动中各种自然和社会的信息、物质和能量变换进行自由的处置，但这并不排除某项研究最终得到意想不到的结果，如不干胶的发明、可口可乐配方的发明。

5. 创造的综合性

任何一种创造都是主体辩证地综合来自各方面的信息，并重新组织新信息的过程。从这个意义上说，综合就是创造。

二、创造的分类

从所创造的事物的基本属性来分，创造可以分为物质的创造和非物质的创造两大类。

（一）物质的创造

物质的创造主要包括发现和发明两大类。

1. 发现

发现是指对前人没有觉察到的客观世界存在的事物、现象和规律的揭示，其目的侧重于"探索未知"，主要解决"是什么"和"为什么"的问题。它包含新的科学事实的发现和新的科学理论的发现。例如：牛顿发现地球引力；门捷列夫发现元素周期律；屠呦呦发现青蒿素——一种用于治疗疟疾的药物；2014年美国宇航局通过开普勒太空望远镜探查发现银河系中有十亿颗类似地球的行星；巴西圣保罗联邦大学的研究人员发现银杏有助于治疗老年痴呆症，并可延缓人体大脑衰老；常熟市的小学生陆宏达发现严重危害农作物的害虫蜗牛的天敌是一种"小黑虫"；等等。这些都属于发现。

重大科学发现往往导致无数发明诞生。

2. 发明

发明是利用自然科学法则，创造前所未有的人工事物的创造活动，其目的是侧重于运用科学原理去改造世界，其基本任务是解决"做什么"和"怎样做"的问题。发明包含新产品的发明和新方法的发明两大类。

产品发明包括所有由人创造出来的物品。例如，爱迪生发明电灯，贝尔发明电话，诺贝尔发明固体炸药，马尔科姆·麦克莱恩发明集装箱，中国皇帝明孝宗发明牙刷，拉链、安全剃刀、皮头铅笔等都是产品发明。

方法发明指利用自然规律创造出前所未有的方法，包括制造方法和操作使用方法两种类型。例如，蔡伦发明造纸技术，北大的王选教授带领的课题组发明了激光照排技术，袁隆平发明了被西方世界称为"东方魔稻"的杂交水稻技术，巴斯特发明巴氏消毒法，以及连锁经营、网上购物、支付宝等都属于方法的发明。

（二）非物质的创造

非物质的创造包括文学艺术的创作、理论研究的突破、战略战术的策划和制定、社会制度和管理制度的创新、工作方法的改进等。例如，中国古代四大名著、百听不厌的小提琴协奏曲《梁山伯与祝英台》、达·芬奇的名画《蒙娜丽莎》、米开朗琪罗雕刻的"摩西雕像"、莎士比亚的《哈姆雷特》、魏伯纳的"大陆漂移学说"的创立是创造，轰动全球的电影《泰坦尼克号》《阿凡达》是创造，战争的战略战术的制定、各种活动方案的策划、新产品销售方案的制订、管理方法的改进也是创造。

物质创造与非物质创造有着十分密切的关系，它们之间是相互依赖、相互促进的辩证统一的关系。与物质的创造一样，非物质的创造同样可以推动人类社会的进步，同样可以产生巨大的社会效益和经济效益。

依据创造的事物所产生的社会意义的大小程度，我们还可以把创造分成突破型创造、开发型创造和改进型创造三大类。

其中，突破型创造从历史的角度看是划时代的，它对人类的发展产生巨大的影响，持续的时间也比较长。例如，取火方法、造纸方法、炼铁术的发明，蒸汽机的发明，发电机、电动机、电灯、电话、飞机的发明，电子计算机、激光技术的发明，克隆技术的发明，等等。

开发型的创造是指将突破型创造的原理、方法、成果向深度和广度推进，产生新的价值。例如，诺贝尔奖获得者美国人汤斯发明了激光，是突破型的创造。后来，许多人研究把激光用到具体的领域，如激光打孔、激光金属切割器、激光手术刀、激光测距仪、激光通信、激光打印机、激光炸弹、激光制导等，就属于开发型创造。

在开发型创造的基础上进行改进、完善、优化、拓展就是改进型创造。例如，对照相机结构及功能的改进、把大吊扇变为微风吊扇，以及在电饭煲上安装定时器，可以自定时间接通电源烧饭等都是改进型的创造。改进型创造的特点是创造性水平低于开发型创造和突破型创造，但是面广量大，对技术进步、社会进步和经济发展产生重要的推动作用。

显然，突破型的创造有相当的难度，一般人难以实现，但是，也并非不可能；而开发型创造和改进型创造，任何人都可以参与，并可以取得成功。

三、创新与创造的关系

创造的近义词创新是当今世界最重要的关键词。对创新的定义及创新与创造关系的阐述，国内学者分歧更大。

（一）创新的定义

创新这个词虽然近年出现异常频繁，但过去在中国书籍中较为罕见，且含义与今不同。查阅1979年版《辞海》《中华字典》《新华字典》等，竟然找不到创新的解释。新版《现代汉语词典》给出的解释"抛开旧的，创造新的"显然也不能令人信服。

创新最早是美籍奥地利经济学家约瑟夫·熊彼特于1912年在其著作《经济发展理论》中首先提出的，他给出的定义是："企业家实行对生产要素的新的组合。"包括"引入一种新产品或提供一种产品的新质量，采用一种新的生产方式，开辟一个新市场，获得一种原料或半产品的新来源，实行一种新的企业组织形式"。我们不妨将此定义称为创新的原始定义。

美国管理大师德鲁克给出的定义是："创新是通过改变产品和服务，为客户提供价值和满意度。"此定义强调创新的价值，不妨称为创新的价值定义。

英国的创新管理专家丹尼斯·舍伍德在《创新管理》中说："创新是一种四个步骤的过程：产生想法、评价、开拓、实施。"此定义强调创新的过程，我们可以称其为创新的过程式定义。

显然，这里所给出的创新是经济学或管理学概念，实施创新的主体是企业。如果要把创新的外延扩大到任意领域，笔者赞成用下面的定义：创新是产生新思想、新事物、新举措并产生新的价值的行为。这样，创新的主体就不局限于企业了。我们不妨称之为创新的一般定义。

(二) 创新和创造的异同

创造和创新是近两年在国内外传媒和有关书籍中使用最频繁的词汇之一,它们之间究竟有无差异? 大致有以下几种论点:

(1) "等同说"。即创造就是创新,如图1-1a所示。不少学者认为,创造和创新不存在实质性的差别,它们都是研究创造学领域的逻辑起源的概念,对创造与创新的内涵认识可以兼容,视为一个相同的概念,不必将它们在逻辑意义上进行严格区分。

(2) "本质不同说"。创造本身是一个过程,不同于创新的过程,即创造和创新是完全不同的概念,如图1-1b所示。认为创造是"无中生有",即创造出一个自然界没有的东西来;而创新是"有中生新",在已有的基础上进行变革和改进,使之具有新的功能和效益。创造指科学技术的发明;创新是指这种发明第一次被商业性运用。

(3) 两种"包含说"。一种包含说认为创造包括了创新,如图1-1c所示。创新仅是人类创造活动的一种,它专指经济领域的创造,是创造成果的商业性应用,是创造的一个突出环节和核心,是创造价值的最高体现。另一种包含说认为创新包括了创造,创造是创新过程的第一阶段,是创新的一部分,如图1-1d所示。创造是创新的一个环节,某种新的想法、概念,新的器物,只要发明或制造出来就叫创造,而创新既要提出和制造出来,又要推广使用,并产生一定的经济效益和社会效益。

(4) "交叉说"。即创造和创新的内涵有相容和不相容,呈交叉状态,如图1-1e所示。

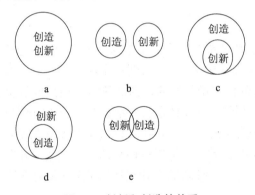

图 1-1 创新和创造的关系

在中国创造学会第四次全国会员代表大会上,较多与会代表赞成第三种关系,即赞成"创新是创造的子集"。这意味着"创新一定是创造,创造未必是创新"。创新的本质是创造成果的实施,创造成果中只有极少数能成为创新。

台湾一位学者说得好,创造产生成果,创新产生产品(或服务),创业产生企业。但创新、创业的基础都是创造。

原北京机电研究院院长张武城教授在一次报告中提出,创造是用金钱制造"点子"(新事物),创新是把"点子"变成金钱,创造商业价值和社会价值,也就是说,创新是创造成果的市场化。创新种类非常丰富,包含技术创新、管理创新、体制创新、理论创新、教育创新、文化创新等。当然,企业界特别感兴趣的是技术创新和管理创新。

创造与创新在学术上争议很大,但在现代日常生活中常常互通,所以本书持兼容说。

（三）技术创新

什么是技术创新？表 1-2 给出的权威定义可供参考。

表 1-2　技术创新的权威定义

代表人物或机构	定义
美国国会图书馆	技术创新是从新产品或新工艺设想的产生到市场应用的完整过程。
柏林科学技术研究院	技术创新是将一种新产品或新的生产工艺引入市场。
傅家骥 （清华大学）	简单地讲，技术创新就是技术变为商品并在市场上销售得以实现其价值，从而获得经济效益的过程和行为。
中共中央、国务院《关于加强技术创新、发展高科技、实现产业化的决定》（1999 年）	应用新的知识和新技术、新工艺，采用新的生产方式和经营管理模式，提高产品质量，开发生产新的产品，提供新的服务，占据市场并实现市场价值。

这些权威的定义，虽然表述不一，但都肯定技术创新是新技术成果转化为生产力的过程。它和发明不是同一回事，发明成功、获得专利不等于创新成功。

【例 1-1】　柯达公司失败的教训

柯达胶卷曾是全球最成功的胶卷之一。1883 年，柯达公司的创始人伊士曼发明了胶卷。1888 年，第一部柯达照相机上市，开启大众摄影新时代，其成功神话延续百余年。到 1981 年，柯达公司的销售额就已经冲破 100 亿美元，最兴旺时超过 200 亿美元。柯达公司光在数字和胶片成像及信息技术方面就拥有 1 000 多项专利，属于具有持续研究与开发能力的公司，公司旗下的柯达实验室还经常发明一些重要的新技术和产品。1975 年，柯达实验室研发出了全球首台数码相机，但是柯达高层对数码影像技术存在两方面的顾虑：一方面担心数码影像会蚕食胶片市场，冲击公司的巨额利润；另一方面对数字化时代预期很不充分，始终认为打印照片是人们的首选。公司决策结果是冷藏数码相机产品，错失了成为数码相机市场领先者的绝佳机会。2000—2003 年，柯达胶片利润下滑了 70%。直到这个时候，柯达公司才意识到数码是大势所趋，柯达宣布停止投资胶片业务，开始试图真正转型，可惜已经晚了！最终，柯达一败涂地，数码技术的创造者柯达却被数码时代率先抛弃，这是最大的讽刺。

虽然近年来柯达公司通过破产重组获得了新的发展，但我们可以从其失败的教训中得到下面的结论：

（1）技术创新是一种经济行为，是将技术新成果转化为生产力的过程，而不单纯是技术行为。

（2）技术创新的目的是获取潜在的利润，市场实现与否是检验创新成功与否的标准。取得发明、获得专利不能说明创新成功，把发明等同于创新更是错误的。

(3) 创新者未必是发明家，而是能够发现潜在利润、敢于冒风险并具备组织能力的企业家。因此，要成功创新，不仅要培训技术人员，更要培训企业家。

(4) 很多企业家错误地认为，技术创新必须要有高新技术投入。其实，企业创新大部分不需要高新技术，需要技术投入的创新只占到20%的比例，大多数创新集中在完善提供新产品和服务的方法、战略和组织人员结构上，并不需要技术投入。

四、创造学的研究对象与基本原理

（一）创造学的研究对象

创造学是研究人类创造活动规律、方法和创造力开发的科学。在国外，有人称为"创造力研究"（Creativity Research），有人称为"创新工程"或"创造工学"，也有人称为"创造力技术"等，叫法不一。实际上它包括创造学的理论研究和创造力的开发研究两方面的内容。它的目的是通过对人类的创造性、创造活动及发明创造方法的研究，掌握人类发明创造的规律，并以此有效地促进人们的各种创造与发明，促进科学技术及整个生产力的发展。

创造学是一门社会科学与自然科学交叉的科学，属于软科学范畴。中国矿业大学庄寿强教授认为，创造学是一门横断学科，与几乎所有学科都交叉，应用性很强。它的内容与哲学、社会学、心理学、教育学、人才学、管理学、美学、科学发展史、科学方法论都有着密切的关系。

创造学研究的对象包括创造主体、创造客体、创造环境和创造机制。其中，创造主体即创造者，是产生创造行为的载体，是在创造活动系统中占主导和支配地位的基本要素。研究创造主体就是研究创造者的创造心理、创造个性、创造人格、创造思维、创造力的开发、创造力的测定以及对创造型人才的培养——创造教育。其中创造心理、创造个性、创造人格是创造的基础条件，创造思维是创造的灵魂，创造教育是创造力开发的主要手段。

创造客体即创造对象。对创造客体的研究就是研究创造对象的确定，创造课题的产生、形成、选择和确定，创造者如何利用主观、客观的条件，在不同层次上选择与之相适应的、能获得成果的创造课题。

创造环境即对创造活动产生影响的非创造对象客体。因为创造是一种实践活动，创造主体总是在一定的客观背景下表现自己的创造行为，并受到这种客观环境的影响。创造环境有宏观环境和微观环境之分。宏观环境指创造主体所处时期的社会制度、国家政策、社会价值观及社会风气等；微观环境主要体现在创造主体从事具体创造活动时所直接感受到的社会、文化、经济状况及物质基础。环境对创造主体既有促进作用，也有抑制作用。因而，创造学要研究怎样的环境才有利于创造。

创造机制包括创造活动、创造过程和创造技法等。其中对创造活动和创造过程的研究，也就是研究不同人的创造实践活动行为的阶段性，研究人们创造的不同层次，有助于人们认识和掌握创造规律。而创造技法就是指解决创造问题的创意艺术，是促进事物变革的方法与技巧，是理论与实践之间的一座桥梁，有驾驭知识和促进才能发挥的作用，具有很强的应用性和可操作性。

目前已经形成的创造学的分支主要包括创造哲学、创造心理学、创造工程学、创造教育学、创造人才学、创造经济学、创造美学等。它们是创造学体系的组成部分。

（二）创造学与传统科学的关系

创造学与传统科学的关系是相互依存、相互交叉、相互促进的辩证关系。用通俗的话说，就是刀刃与刀体的关系。传统科学是刀体，创造学是刀刃，如果刀体没有刀刃，当然就不锋利，但是没有刀体的刀刃显然不能单独使用。因此，创造学可以使传统科学更多、更快地产生有利于社会进步的成果；但创造学也不能离开传统科学，更不能代替传统科学。它们之间有许多不同点，可以从表1-3中看出。

表1-3 创造学与传统科学的比较

	创造学	传统科学
目的	出创造成果，出创造人才	学习知识，认识真理（规律）
途径	创造性地解决问题	认识，实验
基本方法	具体化，特殊化	抽象，概括，本质认识
态度	热心，强烈的主观意识，有幽默感，模糊，相信运气	冷静，客观，认真，明确，无侥幸心理
获得	某个问题的解决	共同的一般的认识
思维方式	直觉，感性分析	逻辑，理性分析
思维方向	横向，发散	纵向，收敛
导向	结果主导	方法主导
结果要求	有效，实用	精确，优化
主体感受	突如其来，顿悟，欢欣	持久努力，不断修改，忧虑

（三）创造学的基本原理

1. 创造力的普遍存在性

早在20世纪30年代，我国著名教育家陶行知先生就指出："处处是创造之地，天天是创造之时，人人是创造之人。"实际上就肯定了"人人都有创造力"，即肯定了创造力的普遍存在性。

现代科学研究表明，创造力是正常人的一种心理品质，创造力并不神秘，每个神智健全的正常人都存在着一种变革事物的创造性潜力。法国哲学家亨利·伯格森认为，创造力是人类生命本身的属性，对于未形成稳定的创造人格的人来说，它只不过还处于一

种潜在状态罢了。在《创造的进行》一书中,伯格森将创造潜力的发挥称为"生命力的激发"。

大量的事实表明,不仅像牛顿、达尔文、爱迪生、爱因斯坦等伟人具有创造力,而且每一个普通人都蕴藏着巨大的创造潜力。因为在人生的旅程中,人们总会解决一些从未遇到过的问题。例如,一位工人在修理一台机器时,发现了以前从未见过的故障,经过琢磨找到一种特殊方法迅速排除故障,从创造学的角度来说,他就具有创造力。你在从事管理工作中摸索出一套新办法,使工作效率大为提高,这也说明你有创造力。

从日常生活中的问题的解决,到颇具影响的发明的诞生,到处可以看到创造力的魅力;从乳臭未干的孩童,到白发苍苍的老人,人人都有创造力。相反,倘若真要寻找一个没有创造力的人倒是十分困难的。人与人之间不存在"有无创造力之差",只存在创造力大小、创造层次高低之别。

既然人人都有创造力,为什么许多人终生都没有一项发明创造呢?道理很简单,这是因为他们的创造力处在潜在的状态,被社会、教育、环境以及自身的心理障碍所屏蔽,被许多框框所束缚,使之无法由潜在到迸发。心理学家研究认为,在这诸多的因素中,自身的心理因素是最大的障碍。

翻开人类的创造发明史,我们可以发现,许多发明,如安全剃刀、尼龙搭扣、拉链,其结构非常简单,实在没有多少技术含量,任何人只要能想到,就不难做到。即使是非常复杂的伟大发明,也并非都是该领域专家的杰作。许多人发明了与他们的专业毫不相干的东西。例如,1903 年首次把飞机送上天的美国人莱特兄弟,未上过大学;发明火车的斯蒂文森是一个煤矿的小办事员;发明轮船的美国人富尔顿是个画匠;发明水力纺纱机的英国人阿克莱特是个理发员;发明水力织布机的卡特赖特是个牧师;发明发电机的法拉第是书店里的装订工;发明电报机的莫尔斯是个美术师;发明电话的格雷原姆·贝尔是聋哑学校的教师;发明照相机的法国人达在拉是画家;发明坦克的斯文顿是一名英国记者;发明潜水艇的霍兰是美国的爱尔兰籍教师;发明方便面的吴百福是在日本做生意的台湾商人;发明集装箱的马尔科姆·麦克莱恩是卡车司机;发明大王爱迪生曾经是一个报童;而获得 2010 年《时代周刊》全球最佳发明激光灭蚊器的发明人竟然是前微软公司首席技术官内森·麦沃尔德及其团队,这种灭蚊激光器每秒可击毙 50 到 100 只蚊子。

近几年,我国涌现了许多技术创新的能手和业余发明爱好者,他们的发明并不复杂,却也产生了巨大的社会效益和经济效益。

❋【例 1-2】 发明家包起帆创百年巴黎国际发明展的新纪录

2006 年 5 月,第三十二届巴黎国际发明展上,来自中国上海的工人、发明家包起帆,一人独得四个金奖,创下百年巴黎国际发明展的新纪录。其中他发明的集装箱电子标签已开始投入使用。

电子标签是货品的"身份证",集装箱安装了电子标签后,所有信息,包括货物品名、件数、起运港、目的港、承运人、货主等都能通过电子探头记录下来，并通过系统对集装箱进行全程实时跟踪，可以大大提高集装箱的管理水平和安全性。电子标签对港、航、货主及相关部门的信息沟通，提高运输效率和通关速度有着重要意义。

2. 创造力的可开发性

创造力的可开发性是指人的创造力是可以通过教育和训练而得到提高的。我们可以从以下三个方面来认识：

（1）从心理角度看。

许多人的创造力之所以没有能释放，是因为他存在着严重的心理障碍，特别是因不知道或不相信自己有创造力而缺乏自信心，因没有创造欲望和兴趣而不想创造，因害怕失败和流言蜚语而不敢创造。大量的事实证明，一旦心理障碍得到消除，就能产生强烈的自信心和创造欲，激发起创造意识和创造精神，使潜在的创造力得到释放。

创造学的奠基人、美国的奥斯本博士并非天才人物。他从美国汉弥尔顿大学毕业后，在《水牛城时报》任职，但是，21 岁时失业了。有一天，他到一家报社去应征，主考人问他："你从事写作已有多少年的经验？"他回答说："只有三个月。但是请你看一看我的文章吧！"主考人看完后对他说："从你写的文章来看，你既无写作经验，又缺乏写作技巧，文句也不通顺，但是内容富有创造性，录用你试一试吧。"奥斯本由此领悟到"创造性"的可贵，受到了激励。工作后他"每日一创"，积极主动地开发自己潜在的创造力，并尽力在工作中发挥出来。后来，这位在报社工作的小职员，不仅成为一名大企业家，而且还成为当代创造学的奠基人。这一事实生动地说明，创造力一旦被开发，就能产生巨大的能量。

事实证明，经过创造学培训后的人，往往精神面貌、心理状态会发生明显的变化。教育和培训可以排除心理障碍，培养人们的创造意识和创造精神，使之从不信自己能创造到坚信自己能创造，从不敢创造到敢创造，从不会创造到会创造。

（2）从生理角度看。

我们知道，大脑是思维的器官，是意识的发源地。人类的一切创造活动都离不开大脑。从脑生理学的意义上说，人的思维能力取决于脑细胞的结构状态。人的脑细胞像一只章鱼，有许多触须，上面长着许多突起。每一个突起同另外的至少一个突起连接在一起，它们通过电子和化学脉冲同另外一些突起形成微妙的细胞突触连接，从而沟通各个细胞之间的联系。大脑受到刺激，一方面能加快细胞生长的速度，另一方面脑细胞本身也会自然而然地生长出突起。刺激越多，突起长得越多；突起越多，脑细胞之间信息传递的通路就越多，传递的速度就越快，因而思维反应越敏捷，思路越开阔。俗话说"脑子越用越灵"，就是这个道理。反之，大脑功能就会衰退，反应迟钝。

人脑由左、右两个半球组成，结构相同，但功能并不相同。人类对大脑左、右两个半球的功能的发现，最早可以追溯到 19 世纪中叶。那时，法国医生达克司在治疗中风病人时发现，左脑支配右半边身体的活动，右脑支配左半边身体的活动。这一结论以后被大量的研究和实践所证实。而且研究还发现，大脑两半球之间由 2 亿条神经纤维组成的"束"——胼胝体来联结，使两半球息息相通，始终保持着人体左、右两边活动的和谐和协调。

20世纪中叶，美国加利福尼亚大学教授罗伯特·奥斯汀在学生身上对左、右的脑功能特性进行了有意义的研究。结果发现，大脑两半球的功能特性是不同的。左半球是处理言语，进行抽象思维、集中思维的中枢，主管人说话、阅读、书写、计算、排列、分类、言语记忆和时间感觉等；右半球是处理表象，进行形象思维、发散思维的中枢，主管人的视知觉、形象记忆、认识空间关系，以及识别几何图形、想象、做梦、模仿、音乐、节奏、舞蹈、态度情感等。从左、右脑的功能可以看出，左脑偏重于科学，右脑偏重于艺术。

20世纪80年代，美国加州理工学院心理学教授诺贝尔奖获得者斯佩里（R. W. Sperry）通过研究，进一步阐明：人脑左半球除了具有抽象思维、数字运算及逻辑语言等多项重要机能外，还可以在关系很远的资料间建立想象的联系，在控制神经系统方面人脑的左半球也很积极，起着主要作用。同时他还发现并纠正了过去对人脑右半球的低估，发现右半球同样有许多高级功能，如对复杂关系的理解能力、整体综合能力、直觉能力、想象能力等。此外，右脑已被证实是音乐、美术及空间知觉的辨识系统。因此，右脑蕴藏着很大的潜力。通过利用左、右脑"分割术"研究，斯佩里认为大脑两半球在功能上虽然有一定分工，但它们的功能是互补的，它们相辅相成，紧密配合，构成了一个统一的控制系统。斯佩里因此项研究而分享1981年诺贝尔生理学或医学奖。

根据斯佩里的研究，右脑具有掌握空间与主体、艺术认知的能力，它主要通过直观思维、想象思维来进行创造思维与创造活动，因此，可以说右脑是创造性解决问题的脑区。从表1-4可以清楚地看出左、右脑的具体功能。

表1-4　左、右脑的具体功能

左　脑	右　脑
语言/文字	空间（音乐）
逻辑、数字	整体
线性、细节	艺术、象征
循序渐进	同时并进
自制	易感
强势的	弱势的
好理智的	直觉的、创造力强的
俗世的	性灵的
积极的	感受力强的
好分析的	综合的、完形的
阅读、写作、述说	辨认面目
顺序整理	同时理解
善于察知重大秩序	感知抽象图形
复杂动作顺序	辨识复杂的数字

通常人体右边活动多于左边，如吃饭、写字用右手，踢球用右脚，传统教育主要使用和训练的也是左脑，久而久之，强化了左脑的功能，形成了左脑的优势半球。右脑只管理身体左侧及左手的活动，活动相对较少，它的功能相对薄弱，被称为劣势半球，因此右脑这一创造的脑有着巨大的开发潜力。由此可见，从生理角度看，创造力也是可以开发的。

根据这个理论，人们已经找到一些开发右脑的方法。例如，加强对儿童的艺术教育，改革传统的教学方法，有意识地培养学生的直觉思维能力和想象能力。日、美等国还发起"左撇子"运动，以加强对右脑的刺激，以此来锻炼右脑，增强人们的创造力。

除了斯佩里的左、右脑二分模型以外，20世纪70年代中期，美国的麦克连提出了"脑部三分模型"。20世纪70年代末期，美国的奈德·赫曼提出了著名的"全脑概念"和"全脑（四象限）模型"，引起了世界各国的普遍关注和重视，并且首先在世界级大公司管理中得到了具体应用。20世纪90年代，对大脑的研究焦点已经转移到了被称为"大脑中的大脑"的"边缘系统"。有人认为，人类对大脑的了解每十年增加一倍。

（3）从实践角度看。

从人类迄今开发创造力的实践来看，同样可以肯定创造力是可以开发的。

日本发明协会会长丰泽丰雄是日本著名的职业发明教育家，1954年8月创办了发明研究所。他的第一项事业就是创办星期日发明学校。第一批学员仅10人。令人吃惊的是，这10个人后来都有了自己的发明成果，尤其是一个叫佐藤的学员，学习后创办了一家公司，专门实施自己的发明，现已成为年营业额高达800亿日元的大企业主。现在星期日发明学校已经普及日本各地，全国已有数十所。令丰泽丰雄感到自豪的是，日本全国因做出杰出的发明而荣获政府勋章的300多人中，有三分之一最初都是各地星期日发明学校的学员。由于经过培训的学员创造力得到大幅度提高，丰泽先生名声大振，有一家只有500名员工的公司，一下子就派了200人前来发明学校学习，为此，该公司一次就付出了600万日元学费。公司总经理认为，只要这些人提出一两个好设想，就能赚回几亿日元。通过加强培训明显提高员工创造力并收到显著效果的例子举不胜举。

在20世纪80—90年代，创造学就成为中国企业开发创造力的首选课程，在全国总工会的组织下，全国各地推广创造学，有上百万人接受过培训，取得了许多创新成果。例如，全国最大的化纤企业仪征化纤集团1998年对技术干部和管理干部进行创造学培训，总共获得20 065件合理化建议，其中2 123件得到落实，产生9 485.6万元效益。

创造学还是全国数百所大学、成千上万的中小学开展创造教育的主要内容来源。教师用创造学开展创造教育，训练学生的思维，开发学生的创造力，受到学生们的欢迎。

五、创造学的产生与发展

人类社会的形成与发展，本身就是一部创造史。人类以不计其数的发明创造促进了技术的进步，创造出辉煌灿烂的物质文明和精神文明。但是，人类社会经过几十万年的进化才发展到目前的程度，进展速度是相当缓慢的，主要原因是人们的创造力没能得到广泛的开发和利用。在地球上生活过的人已有几百几千万亿，而我们周围的一切只是极少数（0.5%以下）古人和今人发明的。可以这样设想，把50%以上人们的创造力综合开发利用起来，使之能积极地创造性地工作（这是完全可能的），人类的文明就会以数倍于目前的速度突飞猛进地发展。因此，人们渴望揭示发明创造规律，进行创造教育。

（一）创造学的萌芽

对人类创造活动的研究最早可以追溯到2 000多年以前。如公元前300多年，古希腊著名的科学家、哲学家亚里士多德就著有《工具论》《心灵论》等著作。在《心灵论》中，亚里士多德论述过创造活动中主要的思维形式——想象。公元前3世纪，古希腊的帕普斯在总结前人数学研究成果的《数学汇编》一书中，首先使用了"发现法"（Heuristics）一词。这些都与创造有一定的关联。

此后，人们对于创造学中的一些思维、方法理解得也越来越深入了。比如，龙沙在公元1565年发表的《法国学要略》中，曾论述了创造的意义，认为"创造是一切东西的本源"。英国哲学家培根在1620年出版的《新工具》一书，就是对创造的实验方法与归纳方法的总结。此外，伏尔泰1764年出版了《哲学词典》，其中研究了想象力的概念，并把想象分为消极想象、积极想象和创造想象。德国古典哲学家康德提出了当时最完善的创造理论，他分析了创造过程的构成，认为创造性想象是多样的感性印象与统一的知性概念之间的联系环节，它同时具有印象的明显性和理解的综合性，想象是直觉和活动的统一，是两者共同的根源。黑格尔进一步探讨了创造活动，把创造分为科学的创造和艺术的创造，并在《美学》中对艺术创造规律进行了较为深入的阐述。

17世纪以后，还出现了关于文艺创作和科学创造的著作。例如，笛卡尔的《精神规律的法则》和《方法论序说》、莱布尼茨的《微积分法》、拉伯罗萨的《天才和狂妄》、伯格森的《创造的进化》、波波卡的《科学方法》、克莱次多的《天才的心理》、市川龟久弥的《独创研究的方法》、波耶的《怎样解决问题》和柯恩特勒的《创造活动的理论》等著作，都或多或少地阐述了创造发明的奥秘，它们应当被视为现代创造学的萌芽。

古代唯物主义的思想家、科学家和文学家对创造活动的分析和推测，虽然有不少朴素唯物的见解，但一般都无法用事实来检验。19世纪近代工业产生之后，科学技术有了重大的发展，各门自然科学随着心理学、教育学、社会学相继出现，人类的创造力得到很大的发挥，创造成果也不断出现。这时人们已经不满足于对于创造的种种无法检验的猜测，而要探求发明创造到底是怎样产生的，创造究竟有没有规律可循，这些规律能否被人们搞清楚并加以掌握利用，于是学者们运用自然科学的研究方法，对创造进行了具体的经验研究。

英国学者弗朗西斯·高尔顿最早采用统计研究，对历史上各个领域近千名杰出人物的家谱进行了分析研究，于1870年发表了《遗传的天才》一书，他的研究方法为后来的研究者所继承。受高尔顿的影响，德国精神病学家C. 伦布罗卓对天才人物与精神病的关系进行了研究，并于1891年发表了《天才人物》一书，认为天才与精神错乱有密切关系，两者都受遗传因素的影响。另外，他还研究了环境对创造力的影响，认为温暖的气候比炎热的天气更有利于创造性工作。

20世纪初，学者们对创造的研究出现了两个方向：一是对创造过程的研究，如沃勒斯最早（1926年）提出了著名的创造过程四个阶段说，即将人类的创造过程划分为准备、酝酿、明朗及验证四个阶段；二是对创造性人格特征和动机因素的研究，如美国的统计学家 J. M. 卡特尔在1903—1932年对3 637位杰出人物进行了多次统计研究等。总之，这一阶段的发展，为创造学作为一门独立学科的问世奠定了坚实的基础。

20世纪30年代，人类的创造力得到了明显发挥，创造成果不断涌现，自然科学和工程科学等领域的发明创造明显增多，多数自然科学基础理论逐步完善，许多生产和技术部门改造和革新的步伐明显加快。因此，无意识的、自发的创造活动很难见效了，人们迫切希望总结创造活动的规律，以便进一步发挥人类的创造才能。于是，创造学应运而生。

（二）创造学的产生

1931年，美国内布拉斯加大学 R. P. 克劳福德教授首创一种创造技法——特性列举法，并首次在大学开设创造性思维课程。1936年，A. R. 史蒂文森在美国通用电气公司率先开设了"创造工程"课程，职工只有经过创造工程教育训练后才可安排工作，这是工业企业在创造力开发方面的首次尝试。此举取得很好的成效。次年，美国通用电气公司的专利申请量猛增三倍，创造力开发尝试获得极大成功。有人研究，首批收入1900年道琼斯指数的十二家企业中，只有唯一的通用电气得以幸存，主要得益于1936年就开始并一直延续到今天的创造工程教育。

奥斯本在工作中为自己制定了座右铭"一日一构思"，他对美国的技术创新和经济发展起到了重要的推动作用。1941年出版的《思考和方法》一书，提出了由他发明的创造技法——智力激励法，这是一种集体思想方法，后来在国际范围内广为流传，是最基本、最重要的创造技法。该书发行了1.2亿册，在当时2亿人口的美国，几乎是人手一册。奥斯本还在布法罗大学创立了想象夜校，并经常亲自到学校、工厂的多个社团传授创造技法，促使群众性的技术发明活动形成热潮。奥斯本被誉为"创造工程之父"，为美国成为经济强国起了巨大的作用。一般创造学学者把1941年定为创造学诞生之年。

1942年，美国天文学家 F. 茨维基发明了"形态分析法"，并应用于火箭研究；1944年，美国哈佛大学 W. J. 戈登教授发明了"综摄法"，并应用于鱼雷研制；1948年，美国麻省理工学院开设"创造性开发"课程，创造学正式列入大学教育内容；1949年，美国兰德公司开展"系统分析"的创造方法研究。

创造学诞生后，有人认为创造学在美国的诞生与第二次世界大战这一特定的历史环境对创造成果的迫切需要有关。创造学在美国的推广中，不仅用于工厂、企业的技术创新，用于训练军官、预备役军官和情报人员，更应用于军需生产和供应等。例如，奥斯本的朋友凯泽就利用智力激励法解决了船坞过少影响造船速度，无法满足前方需要的问题，他们发明了"同时并进"和"从上往下装"的方法，使造船效率提高十几倍。美国军方在全国设200多个点对现役军官进行创造力开发，并在全国开展"提创造性建议"活动，获各

类建议20万个,其中包括价值工程、全面质量管理、ABC管理法等。包括巡航导弹、原子弹和计算机在内的许多发明的诞生,都与战争的需要和创造学的推广有关。事实上,1946年诞生的世界上第一台电子计算机就是宾州大学的工程师们为了提高炮兵射击的精度而为美国政府研制的。因而,有人甚至称第二次世界大战是靠推广创造学所得到的20万项合理化建议和技术创新取胜的。

许多著名企业都对员工进行创造学培训。美国通用汽车公司、美国钢铁公司、美国制铝公司、美国通用电气公司、IBM电脑公司等都对员工进行创造力培训,并取得很好的效果。

1948年,美国麻省理工学院率先开设了"创造性开发"课程。不久,美国的不少大学,如哈佛大学、加利福尼亚大学、布法罗大学等,还有一些著名的学术团体,以及许多军事院校和工商企业,如兰德公司、通用电气公司等,也相继开设有关创造活动的训练课程。

(三) 创造学的发展

随着科学技术的突飞猛进和国际市场竞争的日益加剧,西方政界、科技界和教育界大力推动创造力开发研究,"创造力研究"或称"创造学"开始成为学者们认可的一门新兴学科。1950年,美国心理学会主席J. P. 吉尔福特通过对美国心理学摘要的统计发现,有关创造性问题的理念只有186条,认为美国社会对创造性研究重视不足,他号召心理学家加强对创造性的研究,发表《论创造力》的演讲,在美国学术界引起巨大震动。

美国社会各界已普遍认识到创造性思维是人的基本属性,并且人的创造性思维能力是可以经过培养、训练获得提高的。美国麻省理工学院创新中心主任李跃滋提出:"既然运动员的技巧可以通过训练加以提高,那么创造家和发明家也同样可以根据一定的方法训练出来。"美国目前至少有10个专门研究创造学的研究所,有50多所大学设立了相应的研究机构。研究所之间有明确分工,1955年到1963年期间,美国犹他州立大学举办"全美科学才能鉴别与开发研究会议",即"犹他会议"。它对美国创造学研究和发展起到了有力的推动作用。到了20世纪70年代,创造学研究在美国掀起新的高潮,1970年美国成立了创造性领导中心,1978年成立了创造性学习中心,各种创造力咨询公司也蓬勃兴起。

1953年创造力研究专家奥斯本出版了《创造性想象》一书,进一步引起了人们对"创造性研究"的关注。1954年美国还成立了"创造性教育基金会",旨在于美国教育界中促进创造性教育。一些学校还对如何将创造学的原则和方法运用到各种课程中去进行了探索,如哈佛大学就有如下一些学科已经接受了创造性教育的结构:航空学、农业学、建筑学、企业管理学、化学、教育研究、英语、工业工程学、地理学、辩证法、关系学、工业研究、新闻学、建筑设计学、体育学、物理学、演讲艺术、零售推销、工作简化、教育学等。

20世纪50年代后,美国的创造热潮迅速传播到世界各国,日本、苏联、芬兰、德国、瑞典等相继开展了对创造学的研究,其中,日本、苏联的进展尤为突出。

日本在 50 年代从美国引进创造学之后，创造学迅速在全国普及。1959 年开始在大学里设置创造能力训练课程，各地还先后建立了创造研究会、创造工程研究所、创造学会等组织；各县都建立了星期日发明学校，每星期日下午上课，传授创造技法和专利知识，发明学校还是发明家和积极分子发表自己发明设想、接受评议、试制样品、互相寻找出资对象的场所。东京电视台自 1981 年 10 月首创了《发明设想》专题节目。日本还把每年 4 月 18 日定为"发明节"，这一天在全国举行表彰创造者和纪念成绩卓著发明家等活动。日本国家奖章既授予发明隧道二极管的诺贝尔奖获得者江崎，也授予发明透气纸口罩的上西等小发明家。日本号称有 600 万发明大军，据说其中有 350 万是家庭妇女。许多小发明都是家庭妇女的杰作，如洗衣机中的过滤网袋、大小可变的锅盖、不会打翻的茶杯等。

日本企业界重视小发明胜于诺贝尔奖，把企业员工的创造力称为"最重要的能源"。许多企业在最困难的时候，由创造力开发恢复了生机。比如，三菱电机公司一度陷入困境，后来通过利用电吹风的原理发明的被褥烘干机复苏，该产品成为当年最受日本家庭妇女欢迎的商品。东芝电气公司介入家用电器领域较晚，一度赤字不断，股票下跌，后来靠用镍铬丝做成的电暖炉恢复元气。日产柴油汽车工业会社 5 000 名职工，每年提创造性设想几十万条，1989 年人均提设想 183.6 条，实现经济效益 41.9 亿元。松下电器公司创始人松下幸之助说："我们的真正实力不是别的，而是每年都有几千万职工合理化建议、技术创新，这不仅是一个企业的真正实力所在，而且能赋予一个企业极强的活力和竞争能力，是企业克服困难，渡过难关的最好办法，也是一个企业大幅度增加效益，实现腾飞的最佳途径。"

创造学在苏联的推广也取得了令人瞩目的成就。

苏联创造学的研究始于 1946 年著名发明家和创造学家根里奇·阿奇舒勒提出的解决发明问题的方法（TRIZ 方法）。TRIZ 方法被认为是可以帮助人们挖掘和开发自己的创造潜能、最全面系统地论述发明创造和实现技术创新的新方法，被美国及欧洲等国称为"超级发明术"。阿奇舒勒以技术系统进化原理为核心，构建了具有辩证思想的解决发明创造问题的体系，初步实现了技术发明的理论体系框架，它比较适合企业解决技术矛盾和冲突，有力地推动了企业的技术创新。苏联把注重国民创造力的开发载入苏联宪法中，并在大学中开设"科学研究原理""技术创造原理"等创造学相关课程，以提高学生的创造性思维能力。20 世纪 60 年代末，苏联创办了各种形式的创造发明学校，成立了全国性和地方性的发明家组织。其中，1991 年在阿塞拜疆创办了世界上第一所发明创造大学。在创造学的实践方面，苏联要求设计部门所配备的设计工程师和创新发明工程师的比例为 7∶1，即 7 名工程师就需配备 1 名创新发明工程师，并规定，凡担任经济、科技领导职务者必须先获得发明教育文凭。这使得苏联在 20 世纪 70 年代中期专利申请量和批准量跃居世界第二。

20 世纪 80 年代以后，创造学研究和创造力开发引起了很多国家政府的高度重视。美国、英国、瑞士、日本、俄罗斯、德国、法国、波兰、匈牙利等许多国家都设立了创造学研究中心和创造学研究基金会，并在大学甚至中小学开设相关课程，加强对学生创造思维、创造能力和创造方法的训练。据不完全统计，全世界自 20 世纪 30 年代至今，已提出了300多种创造技法、10多种创造原理，70多个国家和地区开展了创造学方面的研究，创造学已被广泛应用于政治、军事、经济、科学、教育、文化等社会各方面。美国、加拿大、欧共体、俄罗斯等国家和组织，每年要举行10多次关于创造学的国际研讨会。

（四）创造学在中国的推广

由于种种原因，创造学传入中国比较迟。上海交通大学许立言教授等于1980年首先把国外介绍创造学的文章翻译成中文并在科普杂志上刊登，以后许多学者陆续发表了推广创造学的文章，出版了各种创造学的专著和译著。

1983年6月28日，全国第一届创造学学术讨论会和第一期创造学研究班在广西南宁开幕（开学）。出席这次会议的代表一共70人，参加研究班的学员共161名。会议的议题已涉及创造理论、创造心理、创造技法、创造过程和创造教育等各个领域。这标志着创造学即将在中国的土地上生根、开花、结果。

从那以后，全国许多省市相继成立了创造学会和发明协会，并选择了若干企业及大、中、小学作为创造学推广的试点单位。上海市创造学会还率先创办了两所创造发明学校，为上海市的许多企业培养了创造型人才。学者们深入基层做创造学报告或讲座，收到了很好的效果。特别是全国总工会、职工技术协会在全国举办了一期又一期的创造学师资培训班，为推广创造学培养了大批人才。教育学、心理学、生物学、美学、文学、社会学、数学、物理学、化学、人才学等方面的专业人才纷纷加入创造学研究的行列，创造学研究的知识结构呈多样化分布。

总之，创造学研究人员在增加，课程在拓宽，成果在涌现，专业课程和专业报刊在发展，与国外交流日益增多。目前已有上百所高等学校和上千所中、小学开设了创造学课程或举办了各种创造学讲座。从事创造学推广的创造学者已近万人。中国创造学会30多年来为提高民族的创造能力做了大量工作。

以美、日、俄、中等国为首的创造学，分为四大流派，其理论与方法各有千秋：以美国为代表的欧美创造学，重视思维的自由活动，视发明创造为联想、想象、直觉、灵感等的结果，以美国奥斯本的智力激励法和戈登的类比启发法（原型启发法）为典型；日本的创造学倾向思维的实际操作，即发明创造源于信息的收集与处理，以川喜田的KJ法和中山正和的NM法为代表；以阿奇舒勒的TRIZ方法为代表的苏联的创造学，把发明创造建立在客观规律基础上和有组织的思维活动上，发明创造不靠偶然所得，而是按一定的程序达到必然结果，力求使发明创造成为一门严谨而精细的科学；而以张武城教授为代表的中国创造学专家，又将TRIZ方法中国化、简单化、实用化，创立了SAFC分析法，使创造学迈进了时代的巅峰。

本书试图把四个流派的理论、方法有机融合，形成中国特色的现代创新学，为提高全民族的创新能力，为实现中国梦做出应有的贡献。

思考与练习

1. 创造学的研究对象是什么？
2. 创新与创造的区别是什么？为什么对学生来说主要强调学会创造？
3. 创造学的出发点、逻辑起点、参照系和中心线索是什么？
4. 20世纪中叶创造学蓬勃兴起的原因是什么？
5. 请比较创造学在美国、日本、苏联和中国发展的状况。

第二章

创新力与创新型人才

当今世界是充满竞争的世界,任何国家、任何民族、任何企业、任何单位乃至于任何个人,不管主观意愿是什么,都卷入全球范围的激烈竞争之中,这种竞争实际上是创新能力的竞争,是创新的速度和效率的竞争,是创新型人才的竞争。

哈佛大学第 21 任校长陆登廷在 2002 年北京召开的中外大学校长论坛上说:"地球上最稀缺的资源是经过人文教育和创造性培训的智力资源。"这是哈佛大学坚持用创造性教育的结构训练学生 50 多年来得到的经验的高度概括。

《国家中长期人才发展规划纲要(2010—2020 年)》中"人才队伍建设主要任务"的第一条就是"突出培养造就创新型科技人才",发展目标是:围绕提高自主创新能力、建设创新型国家,以高层次创新型科技人才为重点,努力造就一批世界水平的科学家、科技领军人才、工程师和高水平创新团队,注重培养一线创新人才和青年科技人才,建设庞大的创新型科技人才队伍。

一、创新力及其构成要素

(一)创新力的含义

创新力,即创造力,顾名思义就是创造能力,也可称为创新才能。它是运用已知的信息产生出某种新颖而独特、有社会或个人价值的物质或精神产品的能力。

关于创新力的含义,现有多种多样的说法,较通俗的解释是:创新力是发现和解决新问题,提出新设想,创造新事物的能力。

其他的解释还有:"创新力是从事创新活动的能力。""创新力是根据已知去发现未知的能力。""创新力就是活化知识的能力。""创新力是以直观力、想象力、逻辑能力为基础,产生革新旧物所需要的灵感和创新性设想的能力。""创新力是正常人在科学发现、技术发明、文艺创造等创造性活动中,形成和表现的各种积极的个性心理特征的总和。"

以上这些说法,从各个方面、不同角度去谈创新力,各有一定的道理,它们可以加深我们对创新力的理解。

(二)创新力的构成要素

我们要研究和开发创新主体的创新力,就需对创新力的构成要素进行研究,从中找到开发创新力的途径。

国内外学者对创新力构成要素的看法也不完全统一，主要的代表性看法有：

美国创造心理学家 E. I. 格林提出创新力由以下 10 个要素构成：知识、自学能力、好奇心、观察力、记忆力、客观性、怀疑态度、专心致志、恒心、毅力。

美国通用电气公司的 K. K. 普纳弗则认为创新力应包含以下要素：建设性不满、独创性勇气、专门知识、常识、宏观知识、分析能力、综合能力、说服力、热情、恒心、精力、不怕吃苦、幽默、合作性等。

日本创造学家进藤隆夫、恩田彰等人通过对创新人才的研究，得出创新力是由活力、扩力、结力及个性四种要素构成的结论。

国内学者的一种代表性观点是把创新力的诸要素归纳为两个方面，即智力因素和非智力因素。智力因素包含视知觉能力，即观察力、记忆力、想象力、直觉力、逻辑思维能力、辩证思维力、选择力、操作能力等；非智力因素主要有创造欲、求知欲、好奇心、挑战性、进取性、自信心、意志力等。

我国著名的创造学先驱者、中国创造学会第一任理事长袁张度先生在他的遗著《创造学与创新方法》中认为，创造力与智能、年龄、客观条件和其他四要素相关。其中智能与智商和情商相关，不同学科的最佳创造平均年龄不同，其他要素包含文化因素、知识结构、个人思维定式等。

笔者比较赞同我国创造学者周道生在《实用创造学》中的观点，他把创造要素归纳成信息量度、创新意识、创新精神、创新思维能力和创新技能五个部分。

1. 信息量度

信息量度是指与创造课题相关的信息和知识的总量及其新旧程度的函数。它是一种特殊的加权和。如果用 X_n 表示你已掌握的距今 n 年以内、$n-1$ 年以外的时间段出现的信息与知识的量，那么

$$信息量度 = X_1 + \frac{X_2}{2} + \frac{X_3}{3} + \cdots + \frac{X_n}{n}$$

为了增加信息量度，我们必须提倡不断地进行知识更新，不断地捕捉最新的科技信息为我所用，不断地创造新的知识。显然，信息量度与人的学习能力、观察能力、记忆能力和信息的收集整理能力等智力因素有关。在当前互联网时代，充分利用网络收集与研究课题相关的世界最新进展信息尤其重要。

2. 创新意识

创新意识是指对与创新有关的信息及创新活动、方法、过程本身的综合觉察与认识，也可以简单地说成创新的欲望。它包括动机、兴趣、好奇心、求知欲、探究性、主动性、对问题的敏感性等。培养创新意识，可以激发创新动机，产生创新兴趣，提高创新热情，形成创新习惯，增强创新欲望。

3. 创新精神

创新精神是指创新过程中的积极、开放的心理状态，包括怀疑精神、冒险精神、挑战精神、献身精神，使命感、责任感、事业心、自信心，热情、勇气、意志、毅力、恒心等。创造精神强的人敢想、敢说、敢干，不迷信权威，不人云亦云，不怕困难，胸怀宽

阔，无私无畏。因而，创新精神也可以简单地说成是创新的胆略。

4. 创新思维能力

创新思维是在现有材料基础上突破思维惯性，用独特新颖的思维方法，创造出具有社会价值和前所未有的新产品、新技术、新概念、新原理、新作品的心理过程。创新思维能力主要是指发散思维能力，它与联想能力、想象能力、推理能力、灵感和直觉等有关。[①]

5. 创新技能

创新技能主要是指灵活运用各种创新方法，特别是最先进的创造发明方法，还要有把创造构想转化为实物的技能。

为了便于理解和记忆，周道生、陶晓春在《实用创造学》中用通俗简单的词汇来表示以上五个创新要素，即把具有较大的信息量度说成"可创新"，把具有创新意识说成"想创新"，把具有创新精神说成"敢创新"，把有较强创新思维能力说成"会创新"，而把掌握创新技能说成"善创新"。他们还给出下面的公式：

$$创新力 = 信息量度 \times 创新意识 \times 创新精神 \times 创新思维能力 \times 创新技能 [②]$$

此公式说明，构成创新力的五大要素不可或缺。此公式可以解释在创新创造活动中出现的各种现象。例如，为什么爱迪生没有多高的学历却能成为全世界最伟大的发明家？为什么有的人知识很丰富却一生没有什么创造成果？为什么有的人很想创造，也很聪明，却一直未能如愿？……

上述代表性的看法都概括了构成创新力的要素，为我们开发创新力提供了基本依据。

二、创新型人才

（一）什么是人才？

以下是人才的代表性定义：

（1）人才是指有才识学问的人，德才兼备的人。

（2）人才是指在一定社会条件下，能以其创造性劳动，对社会发展、人类进步做出较大贡献的人。

（3）人才，是指那些在各种社会实践活动中，具有一定的专门知识、较高的技术和较强的能力，能够以自己的创造性劳动，对认识、改造自然和社会，为人类进步做出某种较大贡献的人。

（4）人才，就是指为社会发展和人类进步进行了创造性劳动，在某一领域、某一行业内或某一工作上做出较大贡献的人。

（5）人才是将主观的智能创造性地运用于实际并卓有成效者。

（6）人才，有脑力劳动者，也有体力劳动者；在有学历、有文凭的人员中有，在无学历、无文凭的人员中也有。只要知识丰富，本领高强，对社会进步有贡献者，皆可成为

---

① 详见周道生、陶晓春《实用创造学》，南京师范大学出版社2000年版，第二章。
② 详见周道生、陶晓春《实用创造学》，南京师范大学出版社2000年版，第四、五章。

人才。

(7) 人才就是在一定的社会历史条件下,在认识世界和改造世界的过程中进行创造性劳动的人。

(8) 人才是指在对社会有价值的知识、技能和意志方面有超常水平,在一定社会条件下能做出较大贡献的人。人才既包括知识超常的知识分子,又包括技能超常的能工巧匠、艺人和"领袖",还包括意志超常的"英雄"。再简单一点,人才就是社会需要的高素质的人。

(二)人才的属性

上述定义虽不尽相同,却从不同角度揭示了人才的属性,归纳起来主要强调了以下几方面的内容:

(1) 时代性和社会性。认为人才是一定社会历史条件下的人才,离开了社会和历史就无所谓人才。

(2) 内在素质的优越性。认为人才拥有优于一般人的素质,没有较高的素质,难以成才。

(3) 社会实践性。强调实践出人才,人才的劳动成果也必须经过实践的检验。

(4) 普遍性和多样性。认为"行行出状元",不同劳动性质的工作岗位上有不同的人才。

(5) 劳动成果的创造性。强调人才的劳动不同于一般人模仿性和重复性的劳动,人才的劳动成果是创造性的。

(6) 贡献的超常性。由于人才的劳动成果往往具有创造性,因而人才的贡献远超一般人。

(7) 能力的差异性。认为不同行业的人才各有所长,同一行业的人才也各有千秋。

(8) 作用的进步性。认为人才能以其创造活动改造自然、改造社会,因而能够推动人类社会的发展进步。

《国家中长期人才发展规划纲要(2010—2020年)》指出,人才是指具有一定的专业知识或专门技能,进行创造性劳动并对社会做出贡献的人,是人力资源中能力和素质较高的劳动者。

人才的本质是创造性、时代性、价值性的统一。

可见,人才不等于受教育的年限、学历和学位。

人才学家认为:人才是指那些以自己的创造性劳动成果,对认识自然、改造自然,对认识社会、改造社会,对社会发展和人类进步做出较大贡献的人。

需要即人才,实用即人才,创造即人才,贡献即人才。

(三)人才的分类——兰道的人才图形理论

兰道是20世纪苏联著名的物理学家,1962年诺贝尔物理学奖的获得者。他对20世纪以来的物理学家,包括诺贝尔奖获得者做过一次分类。为了说明自己的这种分类,他用四张图来表示四类人才,被称为人才图形理论(图2-1)。

图 2-1a 是正三角形，象征一流人才即创新型人才，如爱因斯坦、海森堡等人，他们思维敏锐，知识基础宽厚，所以能做出重大发明创造。图 2-1b 是菱形，表示二流人才，虽有敏锐的思维，但没有宽厚的知识基础，他们有发明创造才能，可以做出一定的发明创造，但受知识的限制，不可能有太大的作为。图 2-1c 是对顶三角形类，表示三流人才（平庸型人才），基础知识扎实，头脑迟钝，可以完成指定的、再造性工作，但不会创新。图 2-1d 是倒三角形，表示四流人才，头脑迟钝，基础知识薄弱，实际算不上人才。当然，兰道的分类是专门针对科技界的，对企业界并不一定适用。

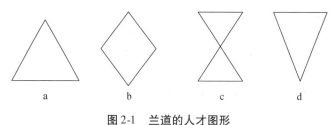

图 2-1　兰道的人才图形

（四）创新型人才

1. 创新型人才的特征

先看以下几个创新型人才的例子。

【例 2-1】　发明家——爱迪生

托马斯·阿尔瓦·爱迪生（Thomas Alva Edison, 1847—1931），美国发明家、企业家。他是有史以来最伟大的发明家，迄今为止，世界上没有一个人能打破他创造的发明专利数世界纪录。

爱迪生于 1847 年 2 月 11 日诞生于美国中西部的俄亥俄州的米兰小市镇。父亲是荷兰人的后裔，母亲曾当过小学教师，是苏格兰人的后裔。爱迪生 8 岁上学，但仅仅读了三个月的书，就被老师斥为"低能儿"而撵出校门。尽管一生只在学校里读过三个月的书，但通过坚持不懈的努力，爱迪生发明了电灯、电报、留声机、电影等，在专利局正式登记的发明有 1 300 种左右。1881 年是他发明的最高纪录年。这一年，他申请立案的发明就有 141 种，平均每三天就有一项新发明。爱迪生为人类的文明和进步做出了巨大的贡献。

爱迪生的文化程度极低，对人类的贡献却这么巨大，他除了有一颗好奇的心，一种亲自试验的本能，还具有超乎常人的艰苦工作的无穷精力和果敢精神。当有人称爱迪生是个"天才"时，他却说："天才就是百分之一的灵感加上百分之九十九的汗水。"

【例 2-2】　美国苹果公司创始人——史蒂夫·乔布斯

1955 年 2 月 24 日，乔布斯生于美国旧金山。1972 年毕业于加利福尼亚州洛斯阿图斯的 Homestead 高中，后入读俄勒冈州波特兰的里德学院，但很快就厌倦了大学生活，他不想去上那些提不起他兴趣的必修课，对把父母的钱花在根本不值那么多的教育上产生负罪感，于是六个月后便退学了。退学后，学校竟然破格允许他继续旁听感兴趣的课程。1974年2月，在里德学院晃荡了18个月后，乔布斯走向社会。

1976年，乔布斯与斯蒂夫·沃兹尼亚克以1 300美元的运营资本成立苹果公司。1985年，乔布斯获得了由里根总统授予的国家级技术勋章。1997年，他成为《时代周刊》的封面人物；同年被评为最成功的管理者，是声名显赫的"计算机狂人"。乔布斯先后领导缔造了麦金塔计算机、iPad、iPod、iTunes Store、iPhone等诸多具有世界影响力的知名数字产品。2007年，史蒂夫·乔布斯被《财富》杂志评为年度最伟大商人。2009年，被《财富》杂志评选为这十年美国最佳CEO，同年当选《时代周刊》年度风云人物之一。2011年8月，苹果市值达3 372亿美元，超越埃克森美孚成为全球最有价值的上市公司。同年8月24日，乔布斯辞去苹果公司CEO一职。2011年10月5日，乔布斯因病逝世，享年56岁。

乔布斯的生涯极大地影响了硅谷风险创业，让复杂的高科技为普罗大众所理解，将美学至上的设计理念在全世界推广开来。他对简约及便利设计即"美观＋傻瓜"的推崇为他赢得了许多忠实追随者。

✳ 【例2-3】 华为创始人——任正非

华为，一个让中国人骄傲的品牌，创立于1987年，是全球领先的ICT（信息与通信）基础设施和智能终端提供商，财富500强中唯一没有上市的民营企业，致力于把数字世界带入每个人、每个家庭、每个组织，构建万物互联的智能世界。根据《华为投资控股有限公司2020年可持续发展报告》，华为约有19.7万员工，业务遍及170多个国家和地区，服务全球30多亿人口。华为的成长得益于时代，更得益于公司创始人任正非——他的思维、战略、眼界、方法构成了公司的灵魂和神经系统。

2016年5月30日，全国科技创新大会在人民大会堂召开，任正非代表华为在会上做了题为《以创新为核心竞争力为祖国百年科技振兴而奋斗》的汇报发言。任正非在发言中指出："从科技的角度来看，未来二三十年人类社会将演变成一个智能社会，其深度和广度我们还想象不到。越是前途不确定，越需要创造，这也给千百万家企业、公司提供了千载难逢的机会。我们公司如何去努力前进，面对困难重重，机会危险也重重，不进则退。如果不能扛起重大的社会责任，坚持创新，迟早会被颠覆。"

为了打破困境，任正非指出，要进一步加强创新，提升核心竞争力，让最优秀的人去培养更优秀的人。"华为有八万多研发人员，每年研发经费中，约20%～30%用于研究和创新，70%用于产品开发。很早以前我们就将销售收入的10%以上用于研发经费。未来几年，每年的研发经费会逐步提升到100～200亿美元。"

谁也不能否认，爱迪生、乔布斯、任正非是创新型人才。

所谓创新型人才，是指具有较强的创新精神和创新能力，在对社会所产生的创造价值、对人类社会进步做出的贡献等方面体现出超群或超常状态和结果的德才兼备的人才。

创新型人才富于开拓性，具有创新能力，能开创新局面，对社会发展做出创造性贡献，通常表现出灵活、开放、好奇的个性，具有精力充沛、坚持不懈、注意力集中、想象力丰富以及富于冒险精神等特征。具体而言，创新型人才有以下几个特征：

（1）有很强的好奇心和求知欲望；
（2）有很强的自我学习与探索的能力；
（3）在某一领域或某一方面拥有广博而扎实的知识，有较高的专业水平；
（4）具有良好的道德修养，能够与他人合作或共处；
（5）有健康的体魄和良好的心理素质，能承担艰苦的工作。

创新型人才需要具备健全人格、较高的智能和身心健康三方面的基本要素；具有为真理献身的精神和良好的科学道德；是人类优秀文化遗产的继承者，最新科学成果的创造者和传播者，未来科学家的培育者。

创新型人才主要应具备创新性素质和创新性才能（创新力）。其中创新性素质主要包括敏感性、流畅性、灵活性和独立性，以及好奇心、求异心、自尊心、进取心和恒心等。创新力包括创新性思维和创新技法等，真正的创新力一定具有独创性和实用性两大特征，它包括基本能力（观察能力、记忆能力、一般思维能力和工作能力等）、创新性思维能力和实践能力。

美国伊莱恩·丹敦总结出创新型人才具有的21个特征，如表2-1所示：

表2-1　创新型人才的特征

乐于挑战现状	享受复杂性	好奇
有很多兴趣	直觉	能够看到新的可能性
冒险心	享受挑战	有动机
想象力	不断地学习	能够合作
能够建立联系	不怕处于未知状态	善于分析
善于观察	顽皮	有耐心
灵活	善于沉思	持之以恒

我国学者张庆林研究总结出创新型人才具有以下8个方面的人格特征：
（1）求知欲强，喜欢接受各种新事物；
（2）想象力丰富，富于幻想；
（3）好孤独，全身心投入所从事的事业中；
（4）对未知东西有强烈的好奇心，敢于探索，渴望发现，不满足于已有的结论；
（5）坚忍不拔，执着追求，深刻理解自己行为的价值；
（6）独立自信，不从众，不轻易相信别人的看法；
（7）自制力强，能克服困难，以达到成功为目的，并在此过程中体验到快乐；
（8）反叛，不顺从。

著名的儿童心理学家陈会昌教授分析了一些诺贝尔奖获得者的心理特点，发现他们具有以下几个共同特征：
（1）对自然界和科学现象具有广泛而深刻的爱好；

(2) 从小具有一种自发的探索精神和丰富的想象力；
(3) 具有强烈的自我长大动机和成就动机；
(4) 具有高度的创新性、独立性和求异性；
(5) 具有反潮流精神，不追求物质利益；
(6) 具有刻苦、顽强、百折不挠的精神。

2. 创新型人才的知识结构

诺贝尔奖获得者李政道说："我是学物理的，不过我不专看物理书，还喜欢看杂七杂八的书。人们认为，在年轻的时候，杂七杂八的书多看一些，头脑就能比较灵活。"李政道之所以在物理学方面有建树，是因为他既有广博的知识面，又有精深的专业知识。他的知识专博相济，一专多通，广采百家，为我所用。

知识结构即一个人各类知识的排列组合方式或比例关系。知识结构对于一个人一生的成就大小具有十分重要的意义。有的人一生学富五车但一事无成，有的人学历不高但为人类的进步事业做出了突出贡献。

知识结构是指一个人经过专门学习培训后所拥有的知识体系的构成情况与结合方式。合理的知识结构，就是既有精深的专门知识，又有广博的知识面，具有事业发展实际需要的最合理、最优化的知识体系。

人才学认为，有目标的积累是最有效的积累。知识犹如浩瀚大海，无边无际，而人的精力是十分有限的。学有专攻，业有所创，事才能有所成。石墨和金刚石的组成要素都是碳原子，但由于要素排列方式不同，其性能就大不相同。因此，只有形成最有利于出创新性成果的知识结构才是最佳的知识结构。

现代心理学认为，合理的知识结构有利于同化原有知识、概念而形成新观点、新概念。合理的知识结构具有如下特点：

(1) 具有高度准确、着眼于联系的概念。创新离不开概念组合，概念越明确，相互联系越紧密，新观念越容易形成，创新性思维越容易展开。

(2) 具有双重知识结构，包括按照逻辑关系建立的微观结构和在此基础上建立起来的以主题为中心的从一般到特殊的宏观结构，因联系加强而便于再创造。

(3) 具有大容量的知识功能单位。知识功能单位指一组在内容上有必然逻辑联系的信息。知识功能单位容量越大，思维的跨度越大，跳跃性越强，创新的可能性也就越大。

(4) 具有大量程序性而不是陈述性知识。可见，知识结构越合理，知识的质量越高，创新越容易，创新力也就越高。

最佳知识结构包括基本知识结构和个性知识结构。

基本知识结构有：
(1) 德、智、体、美、劳全面发展；
(2) 德、识、才、学、体缺一不可；
(3) 科学与艺术结合（被誉为"创新的双翼"）；
(4) 自然科学和社会科学交叉融合。

个性知识结构是每个人根据自己的兴趣爱好、所学的专业、所处的环境而形成的专长。比较公认合理的知识结构是平面的"T"字形结构或三维的"T"字形结构，即复合型人才的知识结构。"T"字中横线部分代表一个人的知识广度，竖线部分代表一个人在某方面的专攻和专长部分。三维结构的另一条线代表一个人的寿命。一个人的创新性成果，很多是在本专业本领域做出的。如爱因斯坦钻研物理学，他也在物理学方面取得了成就；牛顿发现了万有引力定律，他的突出才能也主要在数学和物理学方面。也有不少创新性成果是跨领域的。如鲁迅原来是学医的，后来成为著名的文学家；毛泽东并没有进过军校，但后来成为伟大的军事家等。这说明一个人的知识广度有助于一个人的知识深度，但只有广度没有深度的知识结构难以取得创新性成果。

如何构建创新型人才合理的知识结构呢？

（1）基础理论知识。主要包括四个方面：形式逻辑、辩证逻辑（泛指自然科学中各学科独特的思维逻辑，包括物理学、化学、天文学、地理学、生物学、信息科学、生命科学、能源科学、材料科学、空间科学等）、情感逻辑、数学逻辑。这些基础知识的根本作用在于形成科学的方法论和哲学意识，并获取基本的获取信息、处理信息的能力。基础知识不牢固，就很难掌握更加高深的专业知识。

（2）较深厚的专业知识。专业知识也称学科知识，即所从事的创造活动领域中的知识系列。这里指的专业知识是最新的专业知识，掌握它，研究者能站在本学科发展的科学前沿。新的研究成果都具有很强的活力和发展空间，可以带动研究者的积极性和诱发他们的创新力，找到个体进行独立探知的新起点。

（3）广泛的邻近学科知识。科学研究的深入和发展，不断派生出交叉学科，并产生许多边缘学科等，当代边缘科学将会给个体带来巨大的创新空间和机会。

（4）相关方面的科技发展状况的前沿知识。对前沿知识的了解能开阔视野。

（5）学习策略知识。包括科研方法、学习方法、记忆方法、思维方法、创新方法等，掌握这些知识能使已有的基础知识和专业知识得到更加合理有效的运用、开拓创新。研究证明，有重大独创性贡献的科学家除了专业知识非常雄厚外，多半是兴趣广泛或者研究过他们领域之外的知识的人。

综上所述，一个创新型人才最基本的知识结构应该是：牢固的基础知识，扎实的专业知识，广泛的交叉学科知识，以及适合自身学习的学习策略知识。创新型人才的根本在于创新意识和主动适应社会的意识与能力。

3. 创新型人才的培养途径

《国家中长期人才发展规划纲要（2010—2020年）》明确提出，突出培养造就创新型科技人才的主要举措是：创新人才培养模式，建立学校教育和实践锻炼相结合、国内培养和国际交流合作相衔接的开放式培养体系。探索并推行创新型教育方式方法，突出培养学生的科学精神、创造性思维和创新能力。加强实践培养，依托国家重大科研项目和重大工程、重点学科和重点科研基地、国际学术交流合作项目，建设一批高层次创新型科技人才培养基地。加强领军人才、核心技术研发人才培养和创新团队建设，形成科研人才和科研辅助人才衔接有序、梯次配备的合理结构，提高自主创新能力。

要有效培养更多的创新型人才，必须大力推广创新教育。

三、创造力的测评

培养创造力是人力资源开发与人才培养的一个重要目标,但要想人尽其才,首先需要对人的创造力有一个整体的客观的认知。例如,企业招聘人员过程中,一般采用面试测评其创造力,但这很难量化,不全面且有很大的偶然性。创造力的测评就是用科学的方法确定一个人的创造力的大小,寻找科学的、全面的、易操作的创造力测评方法,是一项非常有意义的工作,也是创造学很重要的研究课题。

(一) 创造力测评的作用

创造力测评的主要作用有三点:一是通过创造力测评可以了解自己的创造力状况,以便发挥长处,克服缺点,有目的地进行训练;二是创造力测评可以发现和选拔创造型人才;三是通过创造力测评可以有针对性地对人进行创造性训练并评价训练效果。到目前为止,国内外创造学家已开发出 10 多种创造力测评的方法,如吉尔福特的 S-A 测评法,托拉斯的 TTCT 测评法和日本早稻田大学的 TCT 创造力测评法等,但是还很不完善,还有许多问题需要进一步研究与解决。

(二) 国际上常用的测评方法

国外学者对被测者创造力的测评方法主要有:扩散思维评价、创造个性评价、创造产品评价和综合评价等。

1. 以扩散思维为指标的评价工具

以扩散思维为指标的创造力测试纬度是思维的变通性、流畅性和独特性。

扩散思维这一概念是由武德沃斯于 1918 年提出的,后来被吉尔福特纳入智力三维结构之中。变通性是测试在规定时间内对所给问题产生正确答案的种类多少;流畅性是测试在规定时间内对所给问题产生正确答案的数量;独特性是测试所给答案的新颖别致程度。

(1) 吉尔福特的创造力测验。

美国南加利福尼亚大学的吉尔福特和他的同事编制了一套发散性思维测验。该测验由 5 个言语分测验和 5 个非言语分测验组成,包括语词流畅性、观念流畅性、联想流畅性、表达流畅性、非常用途、解释比喻、用途测验、故事命题、事件后果的估计、职业象征、组成对象、绘画、火柴问题、装饰 14 个项目,这套测验题,适用于初中生。另一套包含 5 个言语分测验和非言语分测验,适用于初中以下学生。这两套测验都根据被试反应的数量、速度和新颖性,按照计分手册的标准计分。

(2) 托兰斯的创造性思维测验。

美国心理学家托兰斯的创造性思维测验,曾经是运用最广泛的创造力测验,适用于各年龄段的人。

托兰斯测验由言语创造性思维测验、图画创造性思维测验以及声音和词语创造性思维测验构成。测验包括 12 个分测验,称为"活动",以缓解被试紧张心理。主要有三套测验,每套皆有两个复本。

言语创造性思维测验包括7项活动。头3项活动要求被试根据所呈现的图画，列举出他为了解该图而欲询问的问题、图中所描绘的行为可能的原因及该行为可能的后果；活动4要求被试对给定玩具提出改进意见；活动5要求被试说出普通物体的特殊用途；活动6要求对同一物体提出不寻常的问题；活动7要求被试推断一种不可能发生的事情一旦发生会出现什么后果。测验按流畅性、变通性及独创性记分。

图画创造性思维测验包括3项活动。活动1要求被试把一个边缘为曲线的颜色鲜艳的纸片贴在一张空白纸上，贴的部分由他自己选择，然后以此为出发点，画一个非同寻常的能说明一段有趣的振奋人心的故事的图画；活动2要求利用所给的少量不规则线条画物体的草图；活动3要求利用成对的短平行线（A本）或圆（B本）尽可能多地画出不同的图。此套测验皆根据基础图案绘图，可得到流畅性、灵活性、独创性和精确性四个分数。

声音和词语创造性思维测验是后发展起来的测验，包含两个分测验，均用录音磁带实施。第一个活动为音响想象，要求被试对熟悉及不熟悉的音响刺激做出想象；第二个活动为象声词想象，由10个诸如"嘎吱嘎吱"等模仿自然声响的象声词展开想象。两个活动皆为言语性反应，对刺激进行自由想象，并写出联想到的有关物体或活动。根据反应的罕见性，记独特性分数。

托兰斯测验的评分者信度为0.80～0.90，其复本及分半信度在0.70～0.90之间，没有可靠的效度证据。

以上两个测验是常用的创造力测验，它们多用于研究工作。

（3）芝加哥大学创造力测验。

美国芝加哥大学的心理学家盖泽尔斯和杰克逊等人根据吉尔福的思想对青少年的创造力进行了深入的研究，在20世纪60年代编制了这套测验。这套测验包括词语联想测验、用途测验、隐蔽图形测验、完成寓言测验、组成问题测验等5个项目。许多心理学工作者研究了创造性和实际创作作品之间的关系。瓦拉奇等人以500名大学生作为被试，发现思维的流畅性和创造作品之间有明显相关。思维流畅性能够预测人们在许多领域中的成就。

这套测验适用于小学高年级到高中阶段的青少年，适用于团体测试，并有时间限制。

（4）沃利奇-凯根测验。

该测验由沃利奇和凯根于20世纪60年代中期编制，侧重联想方面的扩散思维测验。该测验包含5个分测验：列举例子、替代用途、找共同点、图案的意义和线条的意义。其评价程序主要源自吉尔福特的工作，但有两点不同：其一，测量的内容只限于观念联想的生产性和独创性；其二，测验无时间限制，以游戏形式组织，测验气氛轻松。

2．以创造个性为指标的评价工具

以创造个性为指标的评价工具包括人格评价、态度兴趣调查和传记调查，最常用的形式是自陈量表和观察核查表。以下是几个常用鉴别创造性人格的量表。

（1）卡特纳-托伦斯创造知觉调查表。

该测验适合于10岁以上个体，分为"你是哪种人"和"关于我自己"两部分。

"你是哪种人"分量表由50道强迫选择题组成，为二择一式，其目的是让被试本人提供其创造性人格特征的报告，以了解他们的创造性水平。该量表可以得到5个因子分，即对权威的接受、自信心、钻研性、对他人的了解和想象。"关于我自己"分量表也由 50 道题组成，被试从中选出符合自己真实情况的句子，可以得到 5 个因子分，即环境敏感性、首创精神、自我力量、个人特征和艺术才能。该测验的信度和效度都令人满意。

（2）创造才能团体调查表。

该问卷采取自陈形式，学生对每道题目作"是"或"否"的回答，主要用来评价具有创造潜能的小学生。它包括三个年级型，初级型用于一、二年级，基本型用于三、四年级，高级型用于五、六年级。该测验主要测量小学生的独立性、坚持性、变通性、好奇心、兴趣广度、过去的创造活动及爱好等。它可以得到一个总分和三个分量表分数：想象、独立性和多种兴趣。该问卷的分半信度很高，重测信度和效度一般，如与其他评价结合使用仍是一种有效的工具。

（3）发现兴趣团体调查表。

该问卷有两个版本，分别适用于初中生和高中生。问卷包括 60 道自陈题目，分别测量创造性、独立性、冒险性、坚持性、好奇心、内省性、幽默感、艺术兴趣等特点以及创造性活动的个人背景、兴趣和爱好等。该问卷的信效度较为理想，但使用时要注意文化偏差。

（4）托拉斯法。

该测评法由美国著名教育心理学家托拉斯设计，他编制了下面的创造力测评项目：

① 听人说话、观察事物、行动时专心一致。
② 口头或文字表达时能使用类比方法。
③ 全神贯注地读书和书写。
④ 完成教师布置的作业后有兴奋的表现。
⑤ 敢于向权威提出挑战。
⑥ 习惯于寻找事物的各种原因。
⑦ 精细地观察事物。
⑧ 能从同他人的谈话中发现问题。
⑨ 从事创造性工作时废寝忘食。
⑩ 能发现问题和发现与问题相关的各种关系。
⑪ 除了日常基本生活，平时都在探求学问。
⑫ 持有好奇心。
⑬ 持有自己独特的实验方法和发现方法。
⑭ 有所发现时精神异常兴奋。
⑮ 能预测结果，并正确地验证这一结果。
⑯ 从不气馁。
⑰ 经常思考事物的新答案、新结果。
⑱ 具有敏锐的观察能力和提出问题的能力。
⑲ 在学习上有自己关心的独特的研究课题。
⑳ 除了一种方法外，能从多方面来探索其他方法的可能性。
㉑ 能不断产生新的设想，在娱乐休闲时也能产生新的设想。

认真地、实事求是地对每一个项目进行判断，每个项目采用十分制记分，也可以用四级制（优、良、中、差）来判断。最后汇总结论就可以判断创造力的高低。另外，根据这个评判表对每一项目进行适当训练可以提高创造力。

（5）普的斯顿法。

该测评法是美国普的斯顿创造公司为选拔创造人才制定的"你的创造力有多大"的测验方法，一般适用于成年人自我测试。

该测评法给出50个句子（表2-2），被试回答尽量做到准确、坦率，不要去猜测创造型人才会怎样回答每个问题。每一句后面用一个字母表示你对这一提法的同意或反对的程度。例如：A＝非常同意；B＝同意；C＝中间态度，无看法或不知道；D＝反对；E＝坚决反对。题后附有计分方法，事先不要看计分方法。

表2-2 普的斯顿创造公司测试题

题号	问　　题	答案（A/B/C/D/E）
1	在解决某一特定问题时，总是很有把握地认为我是按正确的步骤进行的。	
2	我认为如果不能得到回答，提问题就是浪费时间。	
3	我觉得有条理地一步步做是解决问题的最好方法。	
4	我也偶尔在集体内发表一些似乎叫人扫兴的意见。	
5	我花大量的时间考虑别人对我的看法。	
6	我觉得自己可能对人类做出特殊的贡献。	
7	我认为做自己认为正确的事比努力争取别人的赞成更重要些。	
8	那些看上去做事没把握、缺乏自信心的人得不到我的尊重。	
9	我能长时间盯住一个难题不放。	
10	偶尔，我对事情变得过于热心。	
11	我常常在不具体做什么事时想出最好的主意。	
12	在解决问题过程中，我是凭直觉，凭"是""非"感。	
13	解决问题中，分析问题时，我干得较快，而综合所获信息时，工作较慢。	
14	我有收集性的嗜好。	
15	幻想为我执行许多较重要的计划提供了动力。	
16	假若放弃现在的职业，要我在两个职业中选择一个，我宁愿当医生而不愿当探险家。	
17	和社会或职业阶层大致相同的人在一起，我会相处得好一些。	
18	我有高度的审美力。	
19	直觉不是解决问题的可靠向导。	
20	与其说我热衷于向别人介绍新思想，还不如说我的兴趣在于拿出新思想。	
21	我往往避开使自己不如他人的场合。	
22	在估价信息时，我觉得它的来源比它的内容重要些。	

续表

题号	问题	答案（A/B/C/D/E）
23	我喜欢那些遵循"先工作后享乐"规则的人。	
24	一个人的自尊比受别人尊重重要得多。	
25	我认为那些追求至善至美的人是不明智的。	
26	我喜欢那种能从中影响他人的工作。	
27	我认为凡物必有其位，凡物必在其位。	
28	那些抱着"怪诞"思想的人是不实际的。	
29	即使我的新思想没有实际效用，我也愿意去想。	
30	当某个解决问题的办法行不通时，我能很快改变思考问题的方向。	
31	我不愿意问显得无知的问题。	
32	我宁可为了从事某一工作或职业而改变自己的爱好，而不会为了迎合自己的爱好而变换工作。	
33	问题无法解决往往在于提了错误的问题。	
34	我经常能预感到解决问题的办法。	
35	分析失败是浪费时间。	
36	只有思路模糊的人才会借用隐喻和类比。	
37	有时我非常欣赏一个骗子的灵巧，乃至希望他能安然逃脱惩罚。	
38	对一个只是隐隐约约感受到了但又说不清楚的问题，我就开始去解决它。	
39	我往往易于忘记像人、街道、公路、小城镇的名称这类东西。	
40	我觉得勤奋是成功的基础。	
41	对我来说，被别人看作是集体的好成员是很重要的。	
42	我知道怎样控制自己的内心活动。	
43	我是个完全可靠、责任心强的人。	
44	我不喜欢干事情没把握、不可预见。	
45	我宁愿和集体共同努力而不愿单枪匹马。	
46	许多人的问题在于他们对事情过于认真。	
47	我经常被要解决的问题困扰，但又无法撒手不管。	
48	为了达到自己树立的目标，我很容易放弃眼前的利益和舒适。	
49	假若我是大学教授，宁愿教实践课，不愿教理论课。	
50	我为生命之谜所吸引。	

核实一下你是否每道题都做了。根据表2-2按题号分别圈记答案的字母，并根据字母给分。根据表2-3统计每一竖行的分数，再累计所有竖行的总分数。表2-4是得分与创造力程度的对应关系。

表 2-3 创造力测试题答案得分

题	A	B	C	D	E	题	A	B	C	D	E
1	−2	−1	0	+1	+2	26	−2	−1	0	+1	+2
2	−2	−1	0	+1	+2	27	−2	−1	0	+1	+2
3	−2	−1	0	+1	+2	28	−2	−1	0	+1	+2
4	+2	+1	0	−1	−2	29	+2	+1	0	−1	−2
5	−2	−1	0	+1	+2	30	+2	+1	0	−1	−2
6	+2	+1	0	−1	−2	31	−2	−1	0	+1	+2
7	+2	+1	0	−1	−2	32	−2	−1	0	+1	+2
8	−2	−1	0	+1	+2	33	+2	+1	0	−1	−2
9	+2	+1	0	−1	−2	34	+2	+1	0	−1	−2
10	+2	+1	0	−1	−2	35	−2	−1	0	+1	+2
11	+2	+1	0	−1	−2	36	−2	−1	0	+1	+2
12	+2	+1	0	−1	−2	37	+2	+1	0	−1	−2
13	−2	−1	0	+1	+2	38	+2	+1	0	−1	−2
14	−2	−1	0	+1	+2	39	+2	+1	0	−1	−2
15	+2	+1	0	−1	−2	40	+2	+1	0	−1	−2
16	−2	−1	0	+1	+2	41	−2	−1	0	+1	+2
17	−2	−1	0	+1	+2	42	−2	−1	0	+1	+2
18	+2	+1	0	−1	−2	43	−2	−1	0	+1	+2
19	−2	−1	0	+1	+2	44	−2	−1	0	+1	+2
20	+2	+1	0	−1	−2	45	−2	−1	0	+1	+2
21	−2	−1	0	+1	+2	46	+2	+1	0	−1	−2
22	−2	−1	0	+1	+2	47	+2	+1	0	−1	−2
23	−2	−1	0	+1	+2	48	+2	+1	0	−1	−2
24	+2	+1	0	−1	−2	49	−2	−1	0	+1	+2
25	+2	+1	0	−1	−2	50	+2	+1	0	−1	−2

表 2-4 分数与创造力程度对应关系

分数	创造力程度
80—100	非常有创造力
60—79	高于平均水平
40—59	平均水平
20—39	低于平均水平
−100—19	没有创造力

3. 以创造性产品为指标的评价工具

通过创造成果评定个体创造能力的方法，是大家公认的。因为一个人的创造能力，作为一种潜在的特质总是要通过创造活动而表露于外的，而且常常凝固在活动产品里。产品评价一般需要一个以特定的创造力指标为依据的客观化的评定量表。产品评价技术的信度、效度与评价标准以及评价者是否有能力做出准确的评价有很大的关系。许多科学家都强调对产品分析的重要性。S. 贝西默和 K. 欧奎因在多年研究的基础上，提出一个评价创造产品的模型。这个模型可以评价许多领域内的复杂的创造性产品的程序。他们的评价方法使用了三个明确界定的标准：新奇性、问题的解决、综合评价。而 Renzulli 和 Reis 在 1991 年发展的学生产品评价表是评价学生创造产物的工具，它不仅对中小学生创造过程的质量，如对创造目的和所用的创造资源的适宜性的陈述进行了评定，还对最后产品的独特性、产品的质量是否超过年级水平、工作时间和投入的努力进行了评价。

产品评价法的优点是具有客观性且分析深入、细致，但由于编制客观的数量化的记分系统是其关键，因此该法难度较大。在进行产品评价时，最好邀请多个熟悉该领域的专家对这些产品进行独立的评价，如果专家的评判具有一致性（通常达到0.8），那么评判的结果信度、效度就高。

4. 综合测验及其他类型的评价工具

长期以来，在对创造力的评价与预测多用上文所述的三个指标。不过，也有用其他指标的，如安尼比尔1989年发表的《创造性环境量表：工作环境问卷》就是一个以环境为指标编制的创造力量表。因为像动机、环境、特殊能力等这些因素也影响创造能力的发挥与发展，因而它们也可当作指标，对个体创造能力做评价与预测。除此之外，还有科学家尝试以综合指标评价和预测个体的创造力，如威廉姆斯1980年发表的创造力评价包，就是囊括了发散思维测量、创造性特征的自我评价以及行为核查表的综合测验。

以综合指标评价和预测创造能力的方法，目前尚处于理论探索与方法研制阶段，还没有编制出信度、效度都好，可供广泛使用的量表，但这种方法是很有前途的。因为影响创造行为的因素是多方面的，而目前采用单个指标所进行的测量，只是测量了创造能力的某些方面，因而其效度是有限的。如将这些指标综合起来，编制出多指标的量表，定能提高量表的效度，能更好地评价与预测创造能力。

因此，以综合指标评价与预测学生的创造能力将成为未来测量创造能力的发展趋势。

（三）创造力测评的几个注意点

由于目前尚无得到一致承认的创造力理论，以及测量自身存在的问题，因此也就没有不受信度、效度限制的创造力测验。虽然有些测验工具比其他工具更好些，但没有绝对完美的、永远正确的测验，只有本着科学性、客观性的原则才能使测评结果具有更高的信度和效度，从而发挥其应有的作用。所以，正确利用测评工具应注意以下几点。

1. 选择适宜的测评工具

每一种创造力测评工具都有其理论背景和适用范围，使用者首先应了解这些测评工具的理论构想、所测的具体内容、结果说明、信效度资料，以及这些测评工具适用于哪类年龄层的被试等，并根据测评的目的和自己所采用的创造力的定义正确选用所需要的工具，

才能有效地鉴别被试的创造力发展水平及特点。

2. 综合使用测评工具

创造力的表现多种多样，如果仅用一两个创造力测评方法作为工具，结果可能会不准确。所以将各种方法结合起来进行综合测评，可以使结果更为可信。

3. 选择适宜的测评者

测评工具的选择、施测、记分和解释都需要有足够的背景知识，最好由经过专门训练的心理学工作者或教育工作者来进行，尤其是个别施测的情况下，更是如此。此外，由于存在个体差异，不同的测评者对同一个体创造力的评价很可能是不同的，应尽可能选择有相同专业背景的测评者，以取得较高信度的评定结果；或者在开展评价之前，为测评者提供时间和机会来学习必要的评价技巧。

4. 测评实施过程一致

影响创造力测评的变量有许多，包括测评的环境、时间的安排、测评前的活动、指导语等。要想得到可靠的、公平的测评结果，应该尽可能使测评实施过程始终一致。

5. 客观解释结果

测评工具不是万能的，它只是筛选、鉴别创造力的一种工具，测评分数也不是绝对可靠的依据，而是一种参考，而且创造力是可以培养的，所以应客观解释测评结果。

思考与练习

试完成以下公司的面试题。

1. （Google 的面试题）给你两个玻璃球。这两个球从 X 楼层的高度掉到地上就会摔碎，在 X 楼层以下扔，怎么都不会碎。已知恰巧摔碎高度范围 X 在 1 到 100 层楼之间，如何用最少的试验次数，用两个玻璃球测试出 X 的值。

（出题目的：判断候选人是否有"粗调和精调"思维。）

2. （微软的面试题）马路上的井盖，应该是圆的还是方的？

（出题目的：考察候选人的智力水平、解决问题的方式，以及如何论证自己的观点。）

3. （高盛的面试题）3:15 的时候，钟表上分针和时针的夹角是多少？

（出题目的：筛掉对数字不敏感的人。）

4. （高盛的面试题）纽约上空，在任何时候有多少架飞机？

（出题目的：考察候选人收集信息的能力，以及解决问题的思路。）

5. （高盛的面试题）如果你被压缩到一根铅笔高，掉进了果汁搅拌机中，怎么出来？

（出题目的：考察候选人是否有创造力，以及是否对这样奇怪的问题感兴趣。）

第三章 改变传统的思维方式

人类的创新成果极其丰富，形式多种多样，复杂程度也各不相同，但是有一个共同的特点，就是任何创新活动都离不开创新性思维，任何创意都首先出现在某个个人的脑海里。

爱因斯坦说："人是靠大脑解决一切问题的，人头脑中的创新思维活动是人的创新实践活动的基础和前提。没有思维的创新就没有行动的创新。"

诺贝尔奖获得者李远哲曾经说过："科学史上的每一项重大突破，总是某些杰出的科学家完成最关键或最后一步的，他们之所以能超过前人和同时代人，做出划时代的贡献，并不在于他们比别人的知识更渊博，重要的在于他们富于科学革命精神和高度的创造性思维。"

诺贝尔物理学奖获得者朱棣文在谈到成功者的经验时说："科学的最高目标是要不断发现新的东西。因此，要想在科学上取得成功，最重要的一点就是要学会用别人不同的思维方式、别人忽略的思维方式来思考问题，也就是说要有一定的创造性。"也就是看同样的事物能产生与众不同的结论。

千百年来，人类凭借创新性思维，不断地认识世界和改造世界。从这一意义上说，人类所创造的一切成果，都是创新性思维的实现和物化。

一、思维及其分类

思维是人脑借助于语言对客观现象间接的概括的反映，它是人类所特有的精神活动。具有思维能力，是人区别于动物的所有特征中最根本的内在特征。

（一）以思维方式分

根据思维的凭借物和解决问题的方式，可以把思维分为直观动作思维、具体形象思维和抽象逻辑思维。

1. 直观动作思维

直观动作思维又称实践思维，是凭借直接感知，伴随实际动作进行的思维活动。实际动作便是这种思维的支柱。

幼儿的思维活动往往是在实际操作中，借助触摸、摆弄物体而产生和进行的。例如，幼儿在学习简单计数和加减法时，常常借助数手指，实际活动一停止，他们的思维便立即停下来。成人也有动作思维，如技术工人在对一台机器进行维修时，一边检查一边思考故障的原因，直至发现问题排除故障为止，在这一过程中动作思维占据主要地位。不过，成人的动作思维是在经验的基础上，在第二信号系统的调节下实现的，这与尚未完全掌握语言的儿童的动作思维相比有着本质的区别。

2. 具体形象思维

具体形象思维是运用已有表象进行的思维活动。表象便是这类思维的支柱。表象是当事物不在眼前时，在个体头脑中出现的关于该事物的形象。人们可以运用头脑中的这种形象来进行思维活动。这在幼儿期和小学低年级儿童身上表现得非常突出。如儿童计算 3 + 4 = 7，不是对抽象数字的分析、综合，而是在头脑中用三个手指加上四个手指，或三个苹果加上四个苹果等实物表象相加而计算出来的。在青少年和成人中，形象思维仍是一种主要的思维类型。例如，要考虑走哪条路能更快到达目的地，便须在头脑中出现若干条通往目的地的路的具体形象，并运用这些形象进行分析、比较来做出选择。在解决复杂问题时，鲜明生动的形象有助于思维的顺利进行。艺术家、作家、导演、工程师、设计师等都离不开高水平的形象思维。学生更需要形象思维来理解知识，并成为他们发展抽象思维的基础。

形象思维具有三种水平：第一种水平的形象思维是幼儿的思维，它只能反映同类事物中的一些直观的、非本质的特征；第二种水平的形象思维是成人对表象进行加工的思维；第三种水平的形象思维是艺术思维，这是一种高级的、复杂的思维形式。通常所说的形象思维是指第一种水平。

3. 抽象逻辑思维

抽象逻辑思维是以概念、判断、推理的形式认识事物的本质特性和内在联系的思维。概念是这类思维的支柱。概念是人反映事物本质属性的一种思维形式，因而抽象逻辑思维是人类思维的核心形态。科学家研究、探索和发现客观规律，学生理解、论证科学的概念和原理，以及日常生活中人们分析问题、解决问题等，都离不开抽象逻辑思维。

儿童思维的发展，一般都经历直观动作思维、具体形象思维和抽象逻辑思维三个阶段。成人在解决问题时，这三种思维往往相互联系，相互补充，共同参与思维活动，如进行科学实验时，既需要高度的科学概括，又需要展开丰富的联想和想象，同时还需要在动手操作中探索问题症结所在。

（二）以理论指导分

根据思维过程中是以日常经验还是以理论为指导来划分，可以把思维分为经验思维和理论思维。

1. 经验思维

经验思维是以日常生活经验为依据，判断生产、生活中的问题的思维。例如，人们对"月晕而风，础润而雨"的判断，儿童凭自己的经验认为"鸟是会飞的动物"，人们通常认为"太阳从东边升起，往西边落下"等，都属于经验思维。

2. 理论思维

理论思维是以科学的原理、定理、定律等理论为依据，对问题进行分析、判断的思维。例如，根据"凡绿色植物都是可以进行光合作用的"一般原理判断某一种绿色植物的光合作用，科学家、理论家运用理论思维发现事物的客观规律，教师利用理论思维传授科学理论，学生运用理论思维学习理性知识。

（三）以思维过程分

根据思维结论是否有明确的思考步骤和思维过程中意识的清晰程度，可以把思维分为直觉思维和分析思维。

1. 直觉思维

直觉思维是未经逐步分析就迅速对问题答案做出合理的猜测、设想或突然领悟的思维。例如，医生听到病人的简单自述，迅速做出疾病的诊断；公安人员根据作案现场情况，迅速对案情做出判断；学生在解题中未经逐步分析，就对问题的答案做出合理的猜测、猜想；等等。

2. 分析思维

分析思维是经过逐步分析后，对问题解决做出明确结论的思维。例如，学生解几何题的多步推理和论证，医生面对疑难病症的多种检查、会诊分析，等等。

（四）以思维方向分

根据解决问题时的思维方向，可以把思维分为聚合思维和发散思维。

1. 聚合思维

聚合思维又称求同思维、集中思维，是把问题所提供的各种信息集中起来得出一个正确的或最好的答案的思维。例如，学生从各种解题方法中筛选出一种最佳解法，工程建设中把多种实施方案经过筛选和比较找出最佳的方案等，就是聚合思维。

2. 发散思维

发散思维又称求异思维、辐射思维，是从一个目标出发，沿着各种不同途径寻求各种答案的思维。例如，数学中的"一题多解"，科学研究中对某一问题的解决提出多种设想，教育改革的多种方案的提出等，都是发散思维。

聚合思维与发散思维都是智力活动中不可缺少的思维，都带有创新的成分，而发散思维最能代表创新性的特征。

（五）以创新性分

根据思维的创新成分的多少，可以把思维分为常规思维和创新性思维。

1. 常规思维

常规思维也叫复制式思维或习惯性思维，是利用现有信息分析、综合、判断、推理而产生解决办法，即将所需解决问题与头脑中已储存的过去曾经用过、学过的或耳闻目睹过的历史问题做比较，以寻找解决问题的办法，其本质是通过学习、记忆和记忆迁移的方式去思考问题。

2. 创新性思维

创新性思维是指在已有经验的基础上，从某些事实中发现新关系、创造新方法解决问

题的思维过程。创新性思维是人脑的高级思维方式。

例如，德国著名数学家、物理学家和天文学家高斯上小学的时候，老师给学生出一道数学题：

$1+2+3+\cdots\cdots+100=?$

一般学生都是利用加法计算，依次地相加，而高斯则立即在一张纸条上写下 5 050 的答案。原来高斯用一个简单加法结合律将其转化为乘法：

$(1+100)+(2+99)+(3+98)+\cdots\cdots+(50+51)=101\times50=5\,050$。

在这里，普通同学运用的是常规思维，而高斯运用的是创新性思维。

对于创新性思维，可以从两个方面加以把握：首先，它是能够产生创新性社会后果或成果的思维；其次，它是在思维方法、思维形式工具、思维过程的某些方面富有独创性的思维。所以说，创新性思维就是思维本身和思维结果均具有创新特点的思维。在这里，思维方法、形式、过程的创新性，是思维结果富有创新性的前提；后者是前者的归宿，并且是创新性思维的意义和价值所在。

由于任何一个正常的人在社会生活中总会遇到一些自己从未遇到过的事物，解决时又常常无法利用已有的知识经验，不得不苦思冥想，找到解决问题的特殊的方法，因而创新性思维并非是少数发明家、天才人物才具有的心理素质，而是任何一个正常人都具备的一种思维方式。所不同的是，能否自觉地使用创新性思维解决问题和创新性思维能力的强弱。

创新性思维是极其复杂的高级思维活动。迄今为止，人类对创新性思维的生理机制还了解甚少，心理学家、创造学家通过对大量创新活动的研究发现，创新性思维也有自身的规律。研究和掌握这些规律，有利于我们提高创新的速度和效率，有利于我们去攀登科学的顶峰，有利于我们去摘取创新王国的一颗颗璀璨的明珠。

二、创新性思维的特点

（一）突破性

从创新性思维的本质看，它是打破传统、常规，开辟新颖、独特的科学思路，升华知识、信念和观念，发现对象间的新联系、新规律，具有突破性的思维活动。这里的突破性包含着突破原有的思维框架，克服原有的思维定式和习惯，从而充分激活大脑的创新潜力；还包含着对人类既存的物质文明和精神文明成果的超越。

（二）求异性

创新性思维总是以创新求异为目标，无论是科技发明还是文艺创作，无论是理论的研究还是解决问题方法的探索，都不迷信于权威，不拘泥于传统，不盲从于众人，力求在时间、空间、观念、方法等方面另辟蹊径，实现超越。

创造性思维，就是看同一事物，能产生与众不同的、有意义的想法的思维方式。发现别人看不到的，想到别人想不到的，从而做到别人做不到的。

（三）发散性

在创造性活动中，往往没有现成的答案可供使用，也难以用传统、常规的方法去解决问题，故它要求人们能提出崭新的发明性的解决办法。这就既需要发散思维，提出尽可能多的设想和方案，又需要集中思维，挑出最好的设想和方案。因此，创新性首先表现在发散性上。有人把创新性思维说成是以量求质的思维方式，确实有一定的道理。

（四）目标性

被誉为20世纪改变人类思维方式的缔造者，创新性思维领域举世公认的权威爱德华·德·波诺博士在他的名著《水平思考》和《六顶思考帽》中，自始至终不对创新性思维下定义。他说，从过去的经验中，我们可以聚集许多的"盒子"——定义、分类和原理。当我们遇到新的事物时，我们就判断出这个事物应该属于哪一个盒子。有的事物可以一半属于这个盒子，而另一半属于那个盒子，或者什么盒子都不属于。结果西方思维就成了一种考察"是什么"的思维，是由分析、判断和辩论来决定的思维，这是一个优良实用的思维系统。但是，思维还有考察"能够成为什么"的一面，这一面包含了建设性思考、创新性思考以及"开辟一条往前的路"。

把目标锁定在"能够成为什么""怎样更好""如何开辟一条往前的路"的思维才是创新性思维的本质所在。

例如，以色列科学家把青蛙表皮上的黏液用于黏结人的破碎月牙板；浙江仙居县曾组织数万农民到全国各地收购含银的废料，如照相馆冲胶卷的废液、医院报废的X光片、破碎的热水瓶胆、废电器上的触点等，从中提炼出白银，使仙居成为全国最大的白银交易市场，每年的白银年交易量超过1 000吨；深圳华威建材公司把建筑垃圾粉碎，加进水泥和水，变成建筑材料，可使建筑垃圾转化率达85%以上，走出了一条产业化处理建筑垃圾的新路子；成都的高三女孩黄文婷，把泡沫塑料做成"魔鞋"——水上行走鞋，获得国家专利；广西学习法律的大三学生黄一君对香蕉树叶进行研究，经一百多次试验，终于成功地研究出把树叶变成纤维的方法，已经获得专利并成立了公司，专门进行香蕉叶纤维的生产。

（五）非逻辑性

创新性思维离不开逻辑思维，但不受逻辑思维的约束，常表现为思维操作的压缩或简化，它包括两种情况：一是原有逻辑程序的简化和压缩；二是违反原有的逻辑程序，常常以非逻辑思维为主。具有丰富经验、广博知识和娴熟技巧的科技工作者在面临问题时，往往省略中间的推理过程，直接做出判断。

弗朗西斯·培根在1605年说："人类主要凭借机遇或其他，而不是逻辑创造了艺术和科学。"

一般情况下，新发现的获得是一种奇遇，而不是逻辑思维过程的结果。敏锐的、持续的思考之所以有必要，是因为它使我们始终沿着选定的道路前进，但不一定会通向新的发现。科学工作者应养成不以逻辑推理结果为唯一判断依据的习惯。

三、创新性思维的过程

创新性思维是极其复杂的心理活动。不同的人、不同的工作领域、不同的创造环境和创造对象，其思维过程有着明显的差异，表现出多种多样的形式。许多心理学家对创新性思维过程进行研究，产生多种理论，其中比较典型的是过程论。

然而创造发明作为完整的实践过程，却可以概括成一个大体相同的模式。更确切地说，为便于研究，我们可以把创造发明划分为若干阶段。至于如何划分为宜，目前尚未取得一致认识。有人持三阶段说，有人持四阶段说，有人持五阶段说，也有人持七阶段说，可谓众说纷纭，但就实质而言，并无根本分歧。

四阶段说的关键的代表人物是美国心理学家华莱士。这种理论认为：人的创新性思维的产生和发展，是以发现问题为中心、以解决问题为目标的高级心理活动。任何创新性思维都必须经过四个阶段，即准备阶段、酝酿阶段、顿悟阶段和验证阶段。

（一）准备阶段

创新性思维是从发现问题、提出问题开始的。"问题意识"是创新性思维的关键，提出问题后必须着手为解决问题做充分的准备。这种准备包括必要的事实和资料的收集，必需的知识和经验的储存，技术和设备的筹集以及其他条件的提供等。创造者在创造之前必须对前人在同一问题上所积累的经验有所了解，对前人在该问题上已解决到什么程度、哪些问题已经解决、哪些问题尚未解决做深入的分析。这样既可以避免重复前人的劳动，又可以使自己站在新的起点上从事创造工作，还可以帮助自己从旧问题中发现新问题，从旧关系中发现新关系，从前人的经验中获得有益的启示。

准备阶段常常要经历相当长的时间，如爱迪生为发明电灯所收集的有关资料写了200本笔记，总计达40 000页之多。当然在当今信息时代，通过互联网可以大大提高收集查询的速度，使准备阶段的时间明显缩短。

（二）酝酿阶段

酝酿阶段要对前一阶段所获得的各种资料和事实进行消化和吸收，从而明确问题的关键所在，并提出解决问题的各种假设和方案。此时，有些问题虽然经过反复思考、酝酿，但仍未获得完美的解决，思维常常出现"中断"、想不下去的现象。这些问题仍会不时地出现在人们的头脑中，甚至转化为潜意识，这样就为第三阶段（顿悟阶段）打下基础。

不少创造者在这一阶段表现为狂热和如痴如醉。我们非常熟悉的牛顿把手表当鸡蛋煮、安培不认识家门、陈景润在马路上与电线杆相撞等故事都充分反映了这一点，其行为往往令常人难以理解。

这个阶段可能是短暂的，也可能是漫长的，有时甚至延续好多年。创造者的观念仿佛是在"冬眠"，等待着"复苏"。

（三）顿悟阶段

顿悟阶段也叫豁朗阶段，经过酝酿阶段对问题的处理甚至是长期的思考，创造性的新观念可能突然出现，思考者大有豁然开朗的感觉，真是"山重水复疑无路，柳暗花明又一村"。这一心理现象就是灵感。

灵感的来临，往往是突然的，不期而至的，有时甚至是戏剧性的。如德国数学家高斯，为证明某个定理，被折磨了两年仍一无所得，可是有一天，正如他自己后来所说："像闪电一样，谜一下子解开了。"

（四）验证阶段

思路豁然贯通以后，所得到的解决问题的构想和方案还必须在理论上和实践上进行反复论证和修改，验证其可行性。有时方案得到确认，有时方案得到改进，有时甚至完全被否定，再回到酝酿期。总之，灵感所获得的构想必须加以检验。

【例3-1】 派克笔的发明

派克笔的发明过程就经历了以上四个阶段。派克笔的开发者是派克。最初，他开了个卖自来水笔的小店，热心于经商，又爱好钻研。他想开发一种好的自来水笔，可是一直没有想出什么主意——这是准备阶段和酝酿阶段。

有一天，他忽然想到把自来水笔进行分解，即分解成笔尖、笔帽、笔杆，又想着改变上墨水的方法、外形等。结果，许多意想不到的好主意都出来了：笔尖可以做成能画粗细两种线条的，笔尖材料可以考虑用14K金、18K金等各种材料，笔帽可以做成螺纹式或插入式，外形用流线型的等——这是顿悟阶段。

最后经过试验和改进，派克决定选择流线型和插入式笔帽两种，取得了发明专利——这是验证阶段。

除了上述四阶段论外，还有人提出"寻找事实—寻找构想—寻找答案"的三阶段论、"新问题—力求解决—潜伏—顿悟—验证"的五阶段论以及"顿悟论"。但大多数创造学家倾向于四阶段论。

对于四阶段论和五阶段论，我们可以用下图来反映其结构模式：

```
                    中断
    问题——渐变思维—— ‖ ——渐变思维——答案
                   突变思维
```

在准备阶段和酝酿阶段中，主要依靠分析与综合、抽象与概括、归纳与演绎、推理与判断等渐变思维方式，当渐变思维无法帮助获得人们满意的解决方案时，思维中断，通过突变思维使百思不得其解的酝酿思考突然走向顿悟，从而找到实现变革创新的突破点。这里的突变思维主要是指联想、想象、灵感和直觉等思维方式。在实现一次突破后，又通过渐变思维分析检验其可行性，此时可能产生新的问题有待解决，也可直接获得最终答案。

至于所谓的"顿悟论"模式，即认为创新性思维是顿悟的过程，问题的发现、提出和解决常常是同步的，问题的解决具有灵感性和突发性，并没有中间准备和酝酿的过程。这种观念也确实能反映出某些创新性思维的过程，但显然不能反映绝大多数创新性思维的过程。

事实上，无论哪一种模式，都不可能反映所有的创新性思维。在实际思考过程中，是很难截然区分出各阶段的起始时间的。信息的传递和反馈，常常使得思维过程的结构并非简单的阶段模式的串联。我们揭示创新性思维的过程模式，并不是要求创造者机械地套用某种模式来创造，而只是说明大多数创造思维是一个过程，有时简直是"踏破铁鞋无觅处"，有时却可能"得来全不费工夫"，但更多的是艰苦复杂的脑力劳动的结果。没有坚强的毅力、没有执着的追求、没有锲而不舍的精神是难以取得成功的。

近代著名学者王国维在《人间词话》中云："古今之成大事业、大学问者，必经过三种之境界：'昨夜西风凋碧树。独上高楼，望尽天涯路。'此第一境也。'衣带渐宽终不悔，为伊消得人憔悴。'此第二境也。'众里寻他千百度，蓦然回首，那人却在，灯火阑珊处。'此第三境也。"王国维在此分别引用了宋代词人晏殊《蝶恋花》、柳永《凤栖梧》、辛弃疾《青玉案·元夕》中的名句，十分形象地道出了"古今之成大事业、大学问者，必经过三种之境界"，也生动地反映了创新性思维的整个过程。

四、思维的定式

在长期的思维实践中，每个人都形成了自己所惯用的、格式化的思考模式，当面临外界事物或现实问题的时候，我们会不假思索地把它纳入特定的思维框架，并沿特定的思维路径对其进行思考和处理，这就是思维惯常定式，也称思维定式。要产生有价值的创意，首先要突破思维的惯性。

（一）从两个典型案例谈起

【例3-2】 法伯的毛毛虫试验

法国科学家法伯曾做过一个著名的毛毛虫试验。他把若干毛毛虫放在一个花盆的边缘上，首尾相连，围成一圈，并在花盆周围不到6英寸的地方撒了一些毛毛虫最爱吃的松针。毛毛虫开始一个跟着一个，绕着花盆一圈又一圈地走，一小时过去了，一天过去了，又一天过去了，毛毛虫们还是不停地围绕花盆在转圈，一连走了七天七夜，它们终于因为饥饿和精疲力竭而死去。

毛毛虫的悲剧在于思维的惯性，在于不假思索的盲从。其实，只要有一只毛毛虫能越雷池一步，打破固有的习惯及跟随的习性，就会逃脱死亡的陷阱。

这个实验很好地说明了思维惯性的可怕之处。思维惯性实际上就是我们常说的思维定式，人一旦形成思维定式，就会习惯地顺着固有的思维模式思考问题，不愿也不会转个方向、换个角度想问题，这是人类的一种愚顽的"难治之症"。

当组织中的人具有思维惯性时，便产生了组织惯性。组织惯性实质上是人的思维、行为惯性的集中表现，又称为行为定式。它对企业组织的破坏是潜在而危险的。

新制度经济学中，"路径依赖"是一个使用频率极高的概念，说的是当组织一旦选择了某个制度，就好比走上了一条不归之路，惯性的力量会使这一制度不断"自我强化，让你轻易走不出去"。从本质上说，实际上，"路径依赖"就是一种组织惯性，两者殊途同归。由思维惯性导致的组织惯性所产生的危害，或者说产生的破坏性，同样可怕。

【例3-3】 不守鲜花的士兵

德国19世纪的"铁血宰相"俾斯麦当年出使俄罗斯时听到过一个故事：有一天俄罗斯的亚历山大大帝在皇宫中散步，看到一个士兵笔直地站在花园的旁边。他觉得十分奇怪，就问那个士兵："你站在这里干什么？"士兵回答说："这是命令。"亚历山大大帝又问其他人，没有一个能回答上来。他觉得非常奇怪，就命令侍从继续追查。最后从一个知情的人那里找到了答案。原来很久以前，还是叶卡捷琳娜女皇执政期间，一个冬天的中午，她在花园中散步，发现花园中盛开着一朵十分美丽鲜花，于是下令派一名士兵守在那里，不准任何人采摘。这一命令从此就一直执行下去，尽管花早就没有了，但是站岗的士兵就这么一直站了几十年。

其实在我们的经济生活中，尤其是在官僚体制的组织机构中，"不守鲜花的士兵"到处都是。例如，一个企业在确定了经营管理模式之后，大家总是遵循一个固定的工作流程，并逐渐习惯地运用这套程序解决各种问题。由于习惯所致，在实践中，管理者与员工很少会思考这些方法是否仍然有效、合理。如果企业任由组织惯性发展下去，必然会出现效率低下、沟通不畅等状况。这就是组织惯性的恶果。

阻碍创新最主要的因素，就是人们头脑中的传统的、固定的观念和思维中形成的习惯与定式。

突破思维的定式是需要勇气和洞察力的，你希望明天会和今天有所不同，但是惯性这只无形的手却总是将自己引回原来的方向。当一个新的设想或新的事物产生时，必然会遭到旧的习惯势力的抵抗。

请看：

——1981年，比尔·盖茨说："640K对任何人来说都足够了。"

——1977年，数字设备公司总裁肯·奥尔森在国际未来社会大会上说："没有理由要每个人家里都有一台电脑。"

——1957年，英国皇家天文学家哈若斯宾对第一颗人造卫星评论道："人类登陆月球是下一代才会发生的事，而且即使成功登陆，生还的机会也微乎其微。"

——1926年，三极管发明者李·德福雷斯特说："尽管电视也许在理论上和技术上是可行的，但从商业和资金方面来讲，我认为不可能。对这方面的发展我们还是少浪费梦想的时间吧。"

——1916年，查理·卓别林说："电影不过是略胜于转瞬即逝的时尚，它是罐装的戏剧。观众真正想看的是舞台上有血有肉的表演。"

——1903年，赖特兄弟研制的飞机即将上天的时候，科学家西门·纽堪伯发表声明："飞行是不可能的。"

——1899年，美国专利局局长查尔斯·迪尤尔说："一切可以被发明的都已经发明出来了。"

——1876 年，西部联合公司内部备忘录：真要把"电话"当作通信工具的话，它还是有许许多多的缺点。这个东西对我们本来就是无用的。

——1872 年，马雷夏尔·费迪南·福什说："法国高级军事学院路易·巴斯德的细菌理论是一种可笑的虚构。"

——19 世纪开始营造火车铁轨时，有人警告说："当时速超过 50 公里时，人会鼻子出血，而且火车过隧道时，人们将会窒息。"

……

【例 3-4】

已知一正方形被分成四个全等的小正方形 A, B, C, D（图 3-1）：
1. 将 A 中未被阴影的部分平分成形状相同且面积相等的两部分。
2. 将 B 中未被阴影的部分平分成形状相同且面积相等的三部分。
3. 将 C 中未被阴影的部分平分成形状相同且面积相等的四部分。
4. 将 D 中未被阴影的部分平分成形状相同且面积相等的七部分。

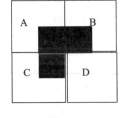

图 3-1

此题的 1、2 非常容易，第 3 题稍微有点难，第 4 题的世界纪录是 7 秒钟，你用多少时间？如果不做 1、2、3 题，直接做第 4 题非常简单，但是做过 1、2、3 题后，你很可能产生了思维惯性，第 4 题肯定不会简单，复杂化了。

（二）思维定式的类型

法国心理学家贝尔纳说："妨碍人们学习的最大障碍，并不是未知的东西，而是已知的东西，这种已知的东西构成思维定式，往往成为我们认识、判断事物的思维障碍。"

在过去获得的经验和知识的基础上积累形成的感性认识，逐渐沉淀，成为一种特定的认知模式。思维定式积极的一面表现为思维活动的稳定性、模式化、一致性和趋同性，消极的一面表现为思维活动的惰性、僵化、求同性、封闭性和单向性。

每个人心中都有一张"心智偏爱网"，造成我们所觉察到的都是期望觉察到的东西，人的心智模式会使人强烈抗拒任何不符合其期望的企图。出乎意料的观点或事实通常是不会被接受的；同样，我们所听到的，也只不过是自己认为"应该听到"的东西，而不是当时确实听到的信息。所以，学会聆听是有效沟通中最重要的环节之一。许多思维障碍来自我们对生活一成不变的、习惯性的态度。习惯压制了合理的、创造性的思想。每当考虑解决问题的方案时，这种习惯所形成的思维定式总是最先跳出来拦住最佳思维的出路。

思维定式常常表现出三种特征：一是"只有一个正确答案"；二是采取消极的或"是的，但是"式的否定思维方式；三是过分注重逻辑思维，这会导致如果逻辑推理用不上，问题则无从解决。具体地，思维定式包括权威定式、从众定式、经验定式、书本定式、从上定式、非理性定式、自我中心定式等。

1. 权威定式

权威定式在科技界的表现就是不管对与不对，唯从领导和专家权威之命。世上少不了权威，因为人们需要导师、顾问、领导与教练。尊重各个领域的权威是理所当然的，但迷信权威则不可取，因为这种心态会扼杀创新精神与创造力。

有一次，英国哲学家罗素来中国讲学，听讲的多数是研究部门的学者。罗素登上讲台，首先在黑板上写了一个题目：$2+2=$？接着，向听讲者寻求答案。会场上鸦雀无声，他们心里暗暗琢磨：黑板上写的绝不是简单的算术题，大哲学家可能发现了鲜为人知的哲学新观点。尽管罗素一再希望有人将答案告诉他，但是无人敢贸然回答。当罗素邀请台下一位先生谈谈自己的答案时，这位先生竟面红耳赤，支支吾吾地说尚未考虑成熟。罗素见状笑着说："2加2就是等于4嘛！"

对权威要认真分析，是过时的权威，还是别的领域的权威？有些权威是借助外部力量的权威，更有一些权威是运用权威效应来维护自身的某种利益。

崇尚创新的大哲学家罗素并非在故弄玄虚，而是幽默地告诫人们：过于崇拜权威会使人失之于迷信，会束缚人的思想，扼杀人的智慧，在权威面前连简单的事实都分不清楚。

科学无禁区，这是科学发现的逻辑。但是，由于历史的局限和人们思维的封闭，在科技领域却又形成一些禁区。然而，对创造者来说，如果一味迷信权威们划定的禁区而不敢越雷池半步，或将权威们的理论视为不可逾越的顶峰而止步不前，是不可能做出开创性的贡献的。

创新有其本身的规律，创意如同一位高贵的客人，请之不易，而遁之又无影无踪，因此任何束缚、压抑或是行政干预都会扼杀发明创造。文艺复兴时意大利一位哲学家说，追求真理的学者应当是一位异见者。然而，在传统思想的人看来，异端或异见是贬义词，是不允许存在的，或者是遭到排斥的。可是，从创新的观点看，只有容纳异己，方能成就伟大，因为异见往往导致发明创造。在科学发展的历史上，许多伟大的科学家，相对于传统的学说，他们都是异见者，如相对于牛顿的经典力学，爱因斯坦是异见者；相对于托勒密的地心说，哥白尼是异见者；相对于有线电话，第一个发明手机的马丁·库帕也是异见者……因此，世界上没有永远正确的理论和一劳永逸适用的技术，一切先例都是会被打破的，而未来的新理论和适用的新技术，都将由异见者们发现或发明。

科技人员如果盲目地看领导的眼色行事，违反了科学规律，必将屡屡失败，造成人力和资源的浪费。

2. 从众定式

从众，就是服从大众、随大流，它是心理障碍中最常见、最重要的表现之一。从众倾向比较强烈的人，在认知、判断的时候，往往是附和多数、人云亦云，缺乏独立思考的能力，缺乏创新观念。显而易见，从众定式不利于个人独立思考和形成独特的见解。如果一味地从众，个人就不愿开动脑筋，也就不可能获得创新。

从众惯性不仅可能在瞬间形成，更可能在大尺度时空中形成，不但会在个体身上表现出来，更会在群体中形成和延续，就像漂移中的各大陆板块，虽然在常规经验中你看不出它的移动，但这种移动却是缓慢而坚定的。

【例 3-5】 猴子的从众惯性

将五只猴子放在一个大笼子里，并在笼子中间吊上一串香蕉，只要有猴子伸手拿香蕉，就用高压水惩罚所有的猴子，直到没一只猴子再敢动手。试验的下一步是用一只新猴子替换出笼子里的一只猴子，新来者不知这里的"规矩"，动手去拿香蕉，结果竟触怒了原来笼子里的四只猴子，于是四只猴子便代替人执行惩罚的任务，把新来的猴子暴打一顿，直到它服从这里的规矩为止。试验人员继续将最初经历过高压水惩罚的猴子逐个换出来，当最后笼子里所有的猴子都是新猴子时，仍然没有一只猴子敢去碰香蕉。猴子天生爱吃香蕉，可是偶然出现一个"不许拿香蕉"的制度后，这一违背猴子天性的制度居然自我强化成为第二天性。最初，猴子们不让群体中的任何一只猴子去拿香蕉是合理的，为的是免遭"连坐"的惩罚，但当"人"与"高压水枪"都退出惩罚机制后，惩罚已转化为一种内部机制。

许多制度、规则、伦理、习惯就是这样产生和沿袭的。群体的惯性一旦形成，由于其奖惩机制的强制性，有时会比个体的惯性思维具有更惨烈的社会危害性。正如缠足，无论从审美还是从健康等角度而言都是有百害而无一利的事，却能被一个巨大的群体连续几个世纪地沿袭着。除非有重大变故或外力的影响，否则这种历史惯性是很难制止的。

一般来说，创新能力强的人，大多具有反潮流的精神。不论生活在哪种社会、哪个时代，最早发现新事物的，总是极少数人，而对于极少数人的新观念和新发现，当时的绝大多数人都是不赞同甚至激烈反对的。为什么会这样？因为每个社会中的大多数人都生活在相对固定化的模式里，他们很难摆脱早已习惯了的事物框架，对于新事物、新观念总有一种天生的抗拒心理。比如，哥白尼反对传统的"地心说"而提出"日心说"，科学地证明地球绕着太阳转的观点。这种学说首先就遭到了普通民众的反对。因为过去的"地心说"给人以稳定、安全的感觉，而"日心说"却使多数民众感到惶惶不安：脚下的大地不停地转动，生活在地面上的人岂不是要被甩出去了吗？转动的地球是一幅多么可怕的情景啊！

人类历史上的观念变革需要经过相当长的时间后，才能成为普通民众都接受的"常识"。所以，当我们在面对新情况进行创新思维的时候，不必顾忌多数人的意见，不必以众人的是非为是非，这样才能真正打破常规，开阔思路。真理往往掌握在少数人手中。

3. 经验定式

经验定式以已有的经验为行为的准则，脱离技术环境、时间、地点等条件变化，表现为思想的僵化和保守。

爱迪生发明的电灯用的是直流电，但直流电由于导线的电阻消耗的电力很大，输送距离有限。美国发明家威斯汀豪斯发现了交流电的突出优势。而爱迪生限于经验定式，反复证明直流电系统优于交流电系统，甚至不惜采用 1 000 V 交流电将猎狗电死的试验来向人们宣传交流电的不安全性，以此来造成人们的恐惧心理，从而抵制使用交流电。后来，交流电的发展证明爱迪生的经验定式是不可取的。为此，爱迪生被迫退出通用电气公司，而威斯汀豪斯公司却发展成为一个国际大电气公司。

4. 书本定式

书本是我们获取知识的主要来源，前人的研究成果和经验总结大部分是通过书本传递给我们的。但如果在实践中不考虑实际情况而完全照搬书本上的知识，则有可能带来失败的后果。

我国的大学教材内容难免有陈旧过时的知识，例如，我国理工科专业开设的基础课线性代数，几十年没有大变化。但是从 1997 年以后，美国出版的线性代数教材几乎全部采用了计算机算题，而我国教材中找不到一本用计算机的。

5. 非理性定式

人的思维经常受到非理性因素的干扰，如感情、欲望、冲动、情绪、潜意识等，其中感情用事是最常见的非理性因素。

自发明微积分方法后，牛顿和莱布尼兹关于谁发明微积分的争论逐渐发展成为英国、德国及欧洲大陆间的政治争论。出于民族自尊心，在此后的约 100 年的时间里，英国数学家仍坚持采用牛顿微积分术语和符号，严重地阻碍了英国数学家与其他国家数学家之间的交流，导致了数学在英国较长时间的停滞发展。不但如此，这一争论还使英国自然科学的发展受到了严重阻碍，并使欧洲科学家分裂成势不两立的两派——英国派和大陆派。这种分裂阻碍了交流，进而阻碍了欧洲科学的发展。导致这一现象的根本原因就是英国人的所谓"爱国主义"的非理性定式。

6. 自我中心定式

所谓自我中心，就是一切以自我为中心，赞成自己的总是对的，不赞成自己的总是错的。这不仅在某些担任领导职务的人中相当严重，在普通人中也普遍存在，最终导致任何决定自己说了算，失败的可能性更大。

担任领导职务的人特别应当尽力避免自我中心定式，一切重大决策，必须在调查研究论证之后，认真听取不同意见后做出，切忌想当然，先决策后论证。

（三）怎样突破思维定式

要创新就必须勇于突破思维的惯性和定式（也叫越障思维）。例如，发现一个新规律，意味着为人类既存的知识体系增添了新内容，打破了人类原有知识沉淀的边界；发明了一个新产品，意味着为市场和家庭增添了一种新的商品。这些发现与发明，哪怕是微不足道的，都意味着对原有理论、学术等精神文明成果的突破，或者对于现有工具、设备、技术、产品等物质文明成果的超越。它们不同程度地改变着人类的生活方式和思维方式。

【例 3-6】 奇怪的思维方式

宁波某公司厂长史汉祥，初中毕业，喜好思索。先前，他每当春夏之交的中午，便剧烈头疼，治而无效。他观察到自身头痛时分，恰好是蜜蜂、知了最活跃，向日葵生长最旺盛的时刻，在同样的自然环境中，却有截然相反的景况，便断定自身所缺者（反），正是这三物所有者（正），于是取这三物入药，服后，不到十分钟，头疼即消除，于是形成了"自然平衡"的朴素而科学的观念。

在冶炼铜的过程中会产生二氧化硫，他用"从哪里来到哪里去"的观念，用冶炼时剩下的矿渣和矿渣浆来吸收二氧化硫，使之返回它原来的地方去，吸硫率竟达98.9%，比世界先进的脱硫率高3.9%。

吸了硫的矿渣堆放着，竟长出茁壮的青草，他认定，这是"本肥"，类似于硫氨。经检测可使油菜增产20%左右，且田地更具抗病力，各种氨基酸容量和数量均高于未使用本肥的田地。

❋【例3-7】 谁说企业不能共用飞机

美国的NetJets公司针对人们想要乘坐飞机出行，但是乘坐大客机在时间上受限制，自己购买飞机又太贵的情况开发了一个新市场，即出租小型的私人飞机。比如某人要到位于美国阿肯色州边的沃尔玛总部去办事，如果坐航空公司的飞机，出了机场之后还要开车8个小时才能到达沃尔玛总部，但是如果租用私人飞机，则可以直接到达沃尔玛总部，而且费用差不了太多。再比如某人想购买一架飞机，但是飞机很贵，于是他可以通过NetJets公司的服务与别人共用，每个人一年有50个小时以上的使用权，即拥有一架飞机1/16的使用权，所以只需要付出1/16的购机费用，但是自己不用雇用机长，不必为飞机做保养，这些事都交给NetJets公司来做。

NetJets公司在喷气式飞机独特的市场里运用蓝海战略，不到20年时间，规模就超过了很多航空公司。目前该公司旗下拥有500架飞机，在超过140个国家飞行过25万架次。1998年被伯克夏·哈撒韦公司收购之后，NetJets公司是价值数十亿美金的企业。从1993年到2000年，每年营收增长达到30%～35%。

为什么这家私人飞机公司可以成功？一般人认为NetJets的成功原因是因为私人飞机乘客少，很容易起飞，不用等待其他乘客，所以能够做到作业弹性、旅行时间短、旅行便捷、更加可靠以及策略定价。事实上，NetJets是借着飞机放眼另类行业，重建市场边界，并创造出自己的蓝海。

突破思维定式需要进行大量创造思维训练，可以对任何事物思考这样的问题：能成为什么？怎样更好？还可以通过做大量脑筋急转弯题进行训练。

思考与练习

1. 请用"越障思维"解答下列问题，每个问题解答限制在30秒内。
（1）什么东西左手能拿，右手不能拿？
（2）什么东西越洗越脏？
（3）某足球运动员有个亲弟弟，可这个弟弟却没有哥哥，这是为什么？
（4）一个盲人走到悬崖边，没人喊他，他自己站住了，这是怎么回事？
（5）两个人，一个脸朝东、一个脸朝西站着，不准回头，不准走动，怎样才能看到对方的脸？
（6）隆冬天，一个戴着大棉帽子、穿着大衣的老人领着一个男孩儿在路上走。有人问这人:"这是你的孙子吗?"这个人说:"是的,他是我的孙子。"这人又问这个小孩儿:"这是你的爷爷吗?"孩子摇头说:"不是。"请问这是怎么回事?

(7) 一辆装着很高货物的卡车要通过一处铁路桥时,发现货物高出桥洞一点点,卡车无法通过,卸货重装很费事。请你想个简单的方法解决这一难题。

(8) 说出生活中至少3个"一加一不等于二"的例子。

2. 实验与思考。

(1) 回忆一下,你过去是否因为相信某些专家、某本书或某个权威人士的话而上当受骗?

(2) 找出某个权威人士的一个错误观点,而这个观点是一般人不太了解的。你把他的这一错误观点告诉其他人,但要声明这是某某权威的观点,然后听一听大家的反应和评价;你再将同样的观点告诉另一些朋友,但要说是你自己的新发现,看看大家有什么不同的反应。想想这两种不同的反应说明了什么。

3. 正六边形的奶油蛋糕分成形状大小相等的8块,最少需要几刀?1刀可能吗?

4. 试设计一种五边形的地砖(至少10种)。

5. "日"字加一笔可以成为什么字?(答案越多越好,以下字除外:田、白、旦、旧、甲、申、由、电、目)

第四章

创新性思维与训练

创新学认为,当今世界上的一切都不是完美的,都可以通过创新使之更完美。要不断对现有的事物进行改造、完善和创新,就必须自觉地运用创新性思维,使大脑活起来。

本章主要介绍怎样进行创新性思维的训练,把内容归结为 8 个词:刻意求异,积极联想,横向思考,反向求索,钟情假如,尽情发散,抓住灵感,追求理想化。

一、刻意求异

(一) 刻意求异的含义

刻意求异就是对任何事物用求异思维追求与众不同,追求差异化。

所谓求异思维,是指思维主体对某一研究问题求解时,不受已有信息或以往思路的限制,从不同方向、不同角度去寻求解决问题的不同答案的一种思维方式。

❋【例 4-1】 中国的"卡塞尔"

在某小山村,两个青年一同开山,一个把石块砸成石子运到路边,卖给建房人,一个直接把石块运到码头,卖给杭州的花鸟商人,因为这里的石块奇形怪状,他认为卖重量不如卖造型。三年后,卖怪石的青年成为村里第一个盖瓦房的人。后来,不许开山,只许种树,这里成了果园,漫山鸭梨招徕八方客商,他们把堆积如山的鸭梨成筐成筐运往北京、上海,然后再发往韩国、日本,因为这里的鸭梨汁浓肉脆,香甜无比。就在村上人为鸭梨带来的小康日子欢呼雀跃时,曾卖过怪石的人卖掉果树开始种柳。因为他发现来这里的客商不愁挑不上好梨,只愁买不到盛梨的筐。五年后,他成了第一个在城里买房的人。再后来,一条铁路从这里贯南穿北,这里的人上车后,可以北到北京,南到九龙。小村对外开放,果农也由单一的卖果开始发展果品加工,进行市场开发。就在一些人开始集资办厂时,那个人在他的地头砌了一道三米高百米长的墙,面向铁路,背依翠柳,两旁是一望无际的万亩梨园,坐火车经过这里的人会醒目地看到四个大字:可口可乐,墙的主人就凭这座墙,一年又有 4 万元收入。20 世纪 90 年代末,日本一著名公司的人事经理来华考察,坐火车路过该小山村,听到这个故事,马上被此人惊人的商业头脑所震惊,当即决定下车寻找此人。当找到时,他正在自己的店门口与对面的店主吵架。原来,他店里的西装标价

800元一套，对门的就标价750元，他标750元，对门就标700元，一个月下来，他只发出8套，而对门的客户批出了800套。日本人对此失望不已。当他弄清真相后，又惊喜万分，当即决定以百万年薪聘请他，原来，对面那家店也是他的。

对于企业来说，无论是产品的创新、工艺流程的创新还是解决问题方法的探索，都应当追求差异化，另辟蹊径，实现超越。

例如，aiRider公司生产的真空吸尘器可以在离地1/8英寸的高度上吸尘，直到工作完成后再降下来，这样你就不用担心它做清洁会磨损地板或地毯了；飞利浦公司生产的"镜视"液晶电视关掉时就变成一面镜子，因为屏幕表面镀了经过极化处理的膜；日本卡西欧公司生产出了采用数码无线传输系统、可带进浴室及厨房等处收看的防水液晶电视机"XFER"。

【例4-2】 海尔的电脑桌小冰箱

有一年的秋季，海尔的小冰箱在美国市场销量非常好。海尔集团董事局主席兼首席执行官张瑞敏到美国后听说了这一情况，就让销售人员了解到底是什么原因促使小冰箱卖得这么好。

经过了解发现，原来这些小冰箱都是被美国的大学生们买去放在宿舍里用的，它体积小，又能作电脑桌，一物两用，不仅节省了空间，还美观大方。根据学生们的个性需求，在原来的产品基础上，海尔人又做了一些改动，使之更方便易用，改良后的小冰箱深受大学生欢迎，销量节节攀升。

这种电脑桌小冰箱不只是创造了冰箱新形式，更重要的是为用户创造了价值，带来了方便，所以很受学生们，特别是住校学生们的欢迎。在以用户为主导的市场环境下，产品如果能够充分满足用户多元化的需求，就会具有强大的竞争力，否则就会被用户抛弃。

谁能创造独特价值，谁就赢得市场。

海尔小冰箱之所以能够在很短的时间内迅速占领美国市场50%以上份额，靠的是对市场细分的差异化战略，实现了海尔高品质、高利润的目标。海尔进入美国市场的策略是缝隙战略：先进入，再做大，再做强。先进入，就是以差异化产品先让消费者认知海尔品牌，然后再发展，使海尔拥有一个迅速的增长。

（二）刻意求异的层次

对产品求异的最简单的层次包括外形、色彩、包装等；中间层次包括结构、性能、材料、加工方法和适用对象等；最高层次是原理的求异，如把磁带录音改为数码录音。

【例4-3】 用全新原理设计太阳能发电厂

2009年7月13日，12家跨国公司在德国慕尼黑签署了谅解备忘录，计划投资4 000亿欧元在北非建世界最大的太阳能电厂。他们用全新设计理念，把太阳能电厂、淡水处理

厂和农业项目相结合。用大量反光镜把太阳光反射到位于空中的大锅炉，把锅炉中的海水变成300摄氏度的蒸汽，从而推动发电机发电，蒸汽冷凝后变成淡水改造周边的沙漠。

（三）刻意求异的训练

刻意求异实际上不需要寻找训练题，可以在任何时候、任何地方对任何事物自问：能和它不一样而比它更好吗？

【例4-4】 大前研一的自我训练法

大前研一是连续8周蝉联日本各大畅销书榜榜首《思考的技术》的作者，全球五位管理大师之一。他在该书中介绍他刚进入麦肯锡咨询公司时，怎样利用早晨乘公交车的时间训练思维，非常值得我们学习。

他是在一无所知的情况下进入麦肯锡的，所以觉得必须比别人加倍努力，其中一项就是思维能力的训练。

他每天从横滨出发乘公交车到公司上班，就利用途中的28分钟，给自己一个题目，然后思考如何解决问题。例如，一眼看到垂钓式的车厢广告，就以广告为题目，思考："如果这家广告公司的社长要我协助他们公司提供业绩，我该怎么做？"当脑子习惯思考之后，思考速度自然会加快，于是他从每天一个题目，进步到每隔一个车站都思考一个新的题目。看到一个不同的广告，马上就提出假设"如果这么做一定热卖"，思索该收集什么资料、该怎么做分析等，也就是说，他在训练自己的脑子，如何立即将解决问题的所有过程组合起来。

由于每天反复做这种训练，所以面对大部分问题时，他大概只要三分钟，就可以把解决问题的步骤、过程全部组合起来。他说："现在，客户只要讲一句话，我的脑中瞬间就会浮现一条通往解决对策的途径。"这就是组织解决问题的思路训练，题目是无所不在的。

二、积极联想

（一）联想的含义

联想是指思路由此及彼的连接，即由所感知和所思的事物、概念、现象的刺激而想到其他事物、概念和现象的心理过程，如由"鸟"想到"飞机"，由"停电"想到"蜡烛"，由"蜡烛"想到"应急灯"等。

联想是每个正常人都具有的思维本能，其产生的机理是由于有些事物、概念和现象往往相伴出现，或在某些方面表现出某种对应关系，这些关系由于反复出现，就会被大脑以一种特定的记忆模式接受，并以特定记忆表象结构储存在大脑中。一旦再次遇到其中一个方面时，人的头脑会自动搜寻过去已确定的联系，从而马上想到不在现场的或眼前没有发生的另外一些事物、概念或现象。

联想的过程就是根据输入的信息，在大脑的记忆库中搜寻与之相关的新信息的过程。虽然搜寻的结果主要是再现，但形成的新信息却可能是具有现实意义的创意构思。许多创新成果产生于联想。

联想虽然是每个正常人都具有的本能，但并不见得每个人都能通过联想获得创造成果，这是因为不同的人在知识面、认知水平、记忆能力、阅历经验等方面各不相同，这导致联想的深度、广度、速度及联想能力不同。在一些人看来，某两件事物毫不相干，但在另一些人看来，它们之间却有着联系或相似之处。正如英国生理学家贝弗里奇所说："独创性常常在于发现两个或两个以上研究或设想之间的联系或相似之处。"

联想的创造功能是以它的引导作用为基础的。俄国的心理学家哥洛万和斯塔林茨研究表明，联想的引导作用可使任何两个概念词语经过 4～5 步即可建立关系链。例如，以"鸡"与"月球"两个概念联系起来可以通过"鸡—鸟—飞机—宇宙飞船—月球"五步联想而建立了关系链。

经常有意识地用联想去寻找两个概念间的联系，是提高联想能力的十分有效的方法。许多学校在测试学生的联想能力时，采用给定联想的起点词，在规定的时间（如 3 分钟）内，通过规定的步数，得到有意义的联想终点词的方法。

（二）联想的分类

联想分为相似联想、相关联想、因果联想、对称联想和强制联想等。

相似联想是由一个事物和现象的刺激，想到与它相似的其他事物和现象的联想。这种相似，主要反映事物在空间、时间、功能、形态等方面的联系。例如，看到方便面联想到方便粥、方便饭、方便汤、方便调料、方便菜等；看到戒烟糖联想到戒烟茶、戒烟烟盒（规定时间内无法打开，且时间不断延长）、戒烟打火机（每次使用时自动报吸烟数量和间隔时间）、戒烟香烟（无尼古丁香烟）、戒烟牙膏（刷牙后，口感清凉，遇香烟烟雾产生令人厌恶的气息）、戒烟膏药（含少量尼古丁，不含其他有害物质，通过皮肤渗入肌体，不断减少用量直到人们战胜吸烟欲望）等。

相关联想是指由一个事物和现象的刺激，想到与它有关的事物和现象的联想。例如，由教师想到电子黑板、无尘粉笔、电子教鞭、教授包、润喉糖、润喉饮料、近视老视两用眼镜等；由婴儿想到能显示数量和温度的奶瓶、尿不湿、撒尿报警器、电动摇篮、能爬楼的童车等；由吃西瓜联想到能知道地球内部构造的地球仪、西瓜形智力玩具、西瓜足球、西瓜成熟度测试仪、西瓜榨汁机、多刃切瓜刀、无籽西瓜、方形西瓜、超甜西瓜等。

因果联想是指由一个事物的因果关系，想到另一事物的因果关系的联想。例如，由跨入 2000 年联想到纪念币、纪念邮票、跨千年纪念邮品（1999 年寄出，2000 年收到，盖有跨千年的两个邮戳）、世纪观日旅游、微型龙灯、金龙饰物、金龙发卡、金龙贴花等；由电热毯想到电热鞋、电热暖脚垫、电热干鞋器、电热裤袜、电热输液器、电热卷发器、电热保温饭盒等。

对称联想是指由一个事物、现象的刺激而想到与它在时间、空间和各种属性上对称的事物与现象的联想。例如，由白天想到黑夜，由女士美容品想到男士美容品，由冷风扇想到热风扇，由放大想到缩小，由儿童玩具想到老人玩具，等等。1901年出现的除尘器是吹式的，当在伦敦某火车站的一节车厢里表演时，这种除尘器将车厢里吹得尘土飞扬，叫人透不过气来，这个现象引起赫伯布斯的注意。他想，吹尘不行，那么反过来吸尘行不行呢？经过试验，他发明出了带灰尘过滤装置的真空负压吸尘器。这种联想就是对称联想。

强制联想是指由一个事物、现象的刺激而想到与它毫不相干的事物或现象的联想。强制联想常常可以产生意想不到的新思路。这里介绍两种训练强制联想的方法。

1. 随机词汇法

随机词汇法是为了解决某问题，通过对随机抽取的词展开联想，从联想到的词汇中获取创意的方法，其基本步骤如下：

（1）确定要解决的问题；

（2）随机抽取一个词语（可以通过翻字典或看书报等抽取）；

（3）通过联想把与这个词有关的其他词列出来；

（4）仔细看所列的词汇，再通过联想看能否产生与解决问题有关的创意。

例如，我们确定的问题是养蚕，但希望有创意，与众不同，随机抽取的词汇是"油条"。列出至少30个由"油条"联想到的词，看能产生什么想法。如果词汇表如下：

饮食店	油	面粉	铁锅	顾客	油烟
卫生	黄豆	面包	砂锅	老人	环保
服务员	豆渣	田地	火锅	儿童	上火
蜘蛛网	甘蔗	树木	营养	教育	健康
口罩	肥料	绿色	肥胖	科学	天然

我们可以逐个进行强制联想，看能产生什么创意。

（1）饮食店：蚕蛹是高蛋白食品，可以经油炸进入饮食店；

（2）蜘蛛网：蜘蛛丝是一种特殊材料，强度超过同样粗细的钢丝，能否把蜘蛛的基因移植到蚕，使蚕丝强度超过钢丝，做防弹背心；

（3）口罩：饮食店的服务员在夏天可以戴丝质口罩，以免太闷热；

（4）豆渣：养蚕需要种植大量桑树，能否用黄豆的豆渣喂蚕，节省大片土地；

（5）面包：把蚕蛹加工成粉状，加在面粉中做营养面包；

（6）绿色：培养吐彩色丝的蚕，使丝织品不用染色，成为环保丝绸；

（7）上火：把蚕沙做成枕头，可以降火；

（8）教育：把蚕子供应给学生，并定点供应桑叶，让学生通过养蚕增长知识；

……

事实上，浙江农科院研究人员已经培育成功吃豆腐渣的蚕，现在还有人在考虑能否培养出吃甘蔗渣的蚕，使糖厂的废物变成宝。

至于随机单词的取法，可以使用单词本，可以使用辞典或计算机。据心理学家试验，名词比其他类型的词有更好的效果。

2. 随机图片法

随机图片法是指随机抽取一张图片，然后就此图片进行一些联想，这些联想将用于找出问题的解决办法。

随机图片法和随机单词法的工作方式是完全一样的。选择一张图片比选择一个单词困难，但结果会证明这种额外的困难是值得的。和单词相比，图片可以让人的思维更为活跃，模糊的或者具有启发性的图片的效果尤其明显。

随机图片选择可以用画报、杂志、产品目录、相册等。把其中的图片制成卡片并编上号码，抽取时可以随便选定一个号码，然后找出对应的那张图片，对图片上的图像展开联想，从而产生创意。

（三）联想思维的训练

联想思维的训练可以从以下五个方面进行：

1. 词语的连接训练

进行构思时，通常是依靠这样的词语连接来开展的，如用下列词语组织成一段文字，要求必须包含所有的词语。

神经错乱　科学月刊　稀少　聪明　天空　消息　手语　树木　符号　卵石
太阳　　　模式　　　间谍　玻璃　池水　橱窗　暴风雨　波状曲线　细胞

联想示例：这突如其来的消息使她一时间神经错乱，平时喜欢阅读的《科学月刊》被胡乱地丢到地上。走近窗前，她看到树木上稀少的叶片，在太阳下闪烁着刺目的光芒，仿佛是一种预兆的符号，可惜以前她没有读懂 R。真弄不明白，像他这样的聪明人，怎么会是一个间谍？记得曾经一起讨论那些暴风雨的模式时，他似乎想透露什么，然而最终他只是望着当街的橱窗玻璃，那上面有一道奇怪的波状曲线。"池水里的卵石上有无数细胞！"他说，然后打了个无聊的手语。

2. 构思文章训练

如何运用联想思维构思一篇文章？比如写鹰，选择联想中心后可建立如下联想：

（1）与鹰有关的事物：鹰巢、鹰画、鹰标本、鹰笛（猎人唤鹰的工具）、鹰架、鹰的训练步骤及注意事项……

（2）鹰本身的事物：鹰的食物（食谱）、鹰的卵及孵化、鹰眼、鹰爪、鹰的羽毛、鹰的鼻子以及耳朵、鹰的翅膀、鹰的飞翔能力……

（3）与鹰有关的一些概念：打猎、雄鹰展翅、大展宏图、猎猎大风、迅捷、搏兔捕蛇……

（4）与鹰有关的精神：拼搏到底、不怕挫折、信念坚定、勇于挑战、崇尚大自然、独来独往、无限自由……

3. 提高联想速度训练

给定两个词或两个事物，然后通过联想，在最短的时间里由一个词或物想到另一个词或物。

比如，天空—鱼，其间的联想途径可以是：天空（对比联想）—地面（接近联想）—湖或海（接近联想）—鱼。

又如，钢笔—月亮，可以联想为：钢笔—书桌—窗帘—月亮。

4. 提高联想数量训练

给定一个词或物，由这个词或物联想其他更多的词或物，在规定时间内想得越多越好。

例1：请在一分钟内说出家电产品的名称。

参考答案：冰箱、空调、电视、电话、音响、微波炉……

例2：请在一分钟内尽可能多地说出形容"美"的词。

参考答案：漂亮、优雅、帅、酷、好看……

5. 焦点联想训练

围绕"焦点"联想具体思维过程中，可围绕"焦点"，通过接近联想、相似联想、对比联想等，组成一个完整的联想思维过程。

例1：对"铅笔"分别进行接近联想、相似联想、对比联想。

参考答案：铅笔—（相似联想）钢笔；铅笔—（接近联想）练习本；铅笔—（对比联想）木棍……

例2：从下列四样物品找联想点，设计新款的椅子（找出事物特性，然后与"焦点"进行联想组合）。

钢材　橡皮　水　豆腐

联想思维训练题：从下图中你看见什么？

形式：集体参与。

时间：10~15分钟。

材料：夏罗克墨迹测验图。墨迹图，最早是心理学家夏罗克用来分析神经病人的意识情形的一种方法（也称为墨迹测验），后人常用墨迹图来说明思维的奇特性。

场地：教室

应用：

(1) 创新思维的训练。

(2) 观察过程中的联想作用。

目的：

(1) 通过"选择"看什么或者对事物和事件赋予一定的意义，形成对世界的认识。

(2) 让学员感受到从感性认识上升到理性认识的创新过程。

程序：

(1) 将墨迹图发给每个学员，或者以幻灯片的形式演示。

(2) 给学员5分钟时间，每个学员将自己看到的图像和形状记录下来。记录期间不允许提问或互相讨论。

(3) 5分钟过后，培训师询问学员看到的东西。

讨论：

(1) 大家看到了多少种形状？

(2) 有人发现了其他人都没有看到的东西吗？

(3) 别人先看到的形状或图像你能看到吗？

(4) 这些能给我们在看问题、看事情和看世界方面什么启示？

总结与评估：

(1) "横看成岭侧成峰，远近高低各不同"，人类的思维空间可以说是无限的，也是非常奇妙有趣的。

(2) 此游戏能让学员感受到思维被打开的惊喜。

三、横向思考

（一）横向思考的概念

横向思考是指受到其他事物的功能、特征和性质的启发而产生新思想的思维方式。最早提出横向思考概念的是爱德华·德·波诺博士。

【例 4-5】　奥运史上的转折点

1984年7月，第23届奥运会在美国洛杉矶城举行，筹备工作出现危机。

人们记忆犹新：1976年在加拿大蒙特利尔举行的第21届奥运会亏损10亿美元；1980年在苏联莫斯科市举行的第22届奥运会耗资90亿美元，亏损更是空前。难怪洛杉矶市拒绝承办，国际奥委会召开紧急会议决定，同意奥运会的经费不由主办城市负责，采取商业化的方式筹集资金。奥运会筹备小组经过反复筛选，最后选中了尤伯罗斯。

尤伯罗斯起初也有点犹豫，在多次盛情邀请下，他决定把他的"第一旅游公司"以1040万美元卖掉，冒险去干一下。上任的第一天，办公室里空荡荡的，什么也没有。他拿出100美元，到银行为奥运会立了个户头，作为筹集资金的开始。

他筹资的第一步，就是把奥运会的电视转播权作为专利拍卖，助手们提出最高价是1.52亿美元，他亲自出马，到处游说，结果筹集到2.8亿美元。

他筹资的第二步，是让各大公司进行更多的赞助。他利用各大公司想通过赞助提高知名度的心理，规定本届奥运会正式赞助单位只接受30家，每家至少赞助400万美元，赞

助者可取得本届奥运会某项商品的专卖权。这样，各大公司竞相赞助，又筹集到3.85亿元。

在吸引照相胶卷公司赞助时，美国的柯达公司自恃是世界上最大的公司，讨价还价，不愿出400万美元。尤伯罗斯果断决定把赞助权和专卖权卖给日本的富士公司，富士公司愿出700万美元。消息传出，柯达公司十分懊悔，结果，花了1 000万美元买下了ABC电视台在奥运会期间的全部胶卷类广告时间，封锁了富士公司的这一电视广告。

奥运会开幕时，要从希腊的奥林匹克村把圣火空运到纽约，再传至全美国的41个城市和近1 000个镇，全程1.5万公里。尤伯罗斯利用人们能举奥运会火炬一跑为人生难得机会的心理，规定参加接力者每跑1公里，需交纳3 000美元，仅此一项，又筹集3 000万美元。

尤伯罗斯还想出了许多点子，如设立"赞助人计划票"，制作各种纪念品等。总之，他通过各种渠道，为奥运会筹集了一切能筹集到的资金。尤伯罗斯终于胜利了，奥运会闭幕时，他获得了9.3万名狂欢观众经久不息的掌声。他没有花政府一分钱，没有亏损，没有负债，反而盈余1.5亿美元。里根总统邀请他到白宫做客，许多民众写信要求他竞选下届总统。

当《华盛顿邮报》记者问他盈利的秘诀时，他说，这是1975年他在佛罗里达州听世界著名创造学家爱德华·德·波诺的一堂创造学课（当时讲了横向思考的创造技法）以后，被激发出来的创造力所产生的结果。

（二）横向思考的分类

横向思考可分为横向移入、横向移出和横向转换三种。

横向移入就是借助于引入其他事物的原理、方法解决问题的横向思维。例如，瓦特看到水壶中水蒸气顶着壶盖直响想到发明蒸汽机；上海一位青年工人，参加"平板玻璃包装设计大奖赛"，受建筑工地吊装水泥楼板的启发，发明出一种不需要充填任何垫加物的平板玻璃包装方法；等等。

横向移出就是将现有创造成果摆脱原有的应用领域，推广到别的领域以产生新的应用效果的思维。例如，美国有人发明用于外科手术的"手术拉链"，代替用针线缝合刀口；台湾某业余发明人把打火机用于焊接，号称火凤凰，获得北京国际发明博览会金奖；国外有人发明了互联网宠物喂食机，外出旅游时可以通过互联网给宠物喂食，还可以看到宠物……

横向转换就是不按最初设想和常规方法直接解决问题，而是转化为它的侧面问题解决的思考方法。例如，诸葛亮的"草船借箭"；"曹冲秤大象"；冬天取暖的暖风机，不用通常的电阻丝发热，而用新型的PTC陶瓷材料，既提高热效率又安全；等等。

（三）横向思考的训练

爱德华·德·波诺提出了一些促进横向思维的方法：
(1) 对问题本身产生多种选择方案（类似于发散思维）；
(2) 打破定式，提出富有挑战性的假设；

（3）对头脑中冒出的新主意不要急着做是非判断；

（4）反向思考，用与已建立的模式完全相反的方式思维，以产生新的思想；

（5）对他人的建议持开放态度，让一个人头脑中的主意刺激另一个人头脑里的东西，形成交叉刺激；

（6）扩大接触面，寻求随机信息刺激，以获得有益的联想和启发（如到图书馆随便找本书翻翻，从事一些非专业工作等）；

（7）横向思维正好与逻辑思维对立，逻辑思维发现有不符合逻辑的就停止思考，而横向思维则继续延伸；

（8）逻辑思维的特征是分析，横向思维的特征是寻找更多答案。

> 横向思考训练题：
> 1. 怎样使童车能爬楼梯？
> 2. 如何使折叠伞自动收拢？
> 3. 如何清理水面漂浮的垃圾？

四、反向求索

（一）反向求索的含义

反向求索就是逆向思维，是与传统的、逻辑的和群体的思维方向相反的一种思维。简单说就是"从反面去想一想"。

在发明创造和思考问题时，如果从正面不易突破，就改从相反方向去探求，常常会收到意想不到的效果。

反向求索也是十分重要的思维方式，有着广泛的应用。许多企业家也喜欢用反向求索来取得突破，著名的日本企业家丰田公司总经理丰田章一郎说："我这个人如果说取得一点成功的话，是因为什么问题我都喜欢倒过来思考。"丰田公司推出的"三及时原则"（时间及时，品种及时，数量及时）中规定："后道工序在需要的时刻可向前道工序索要所需数量的所需零件。"很明显，这是"反常规"的规定，但它却强化了企业的科学管理，给企业带来了生机。

事实上，数学中的"反证法"就是一种反向求索。科学上的许多重大发明都来自反向求索。在广告中，反向求索更能收到意想不到的效果。

要培养反向求索能力，就应该在思想上经常摆脱传统的习惯，多从一些反习惯、反传统、反常规思路上考虑问题。

人们在做决策时大多实行少数服从多数的原则，如果有两个不同的意见，很多时候就会采用多数人同意的那个。然而，在美国硅谷的公司里面，多数派的意见往往得不到采纳，理由是"想法太平凡""已经有人想过了"等。

大量事实证明，真理常常掌握在少数人手里。

（二）反向求索的分类

反向求索主要有时序反向、方向反向、原理反向、结构反向等。

1. 时序反向

时序反向就是从时间顺序上进行反向求索。例如，反季节瓜果的经济效益显然比正常季节的瓜果高，冬病夏治吸引许多老慢支病人提前进行治疗，冬天卖冰糕照样有相当的市场，现在还出现夏天推销皮装和羽绒服的商家。

2. 方向反向

方向反向就是从事物的基本特征的相反方向所进行的反向求索。例如，原来的长途汽车行李放在车顶，乘客坐在行李下方，后来变成行李在乘客下方，给乘客带来方便，汽车的外观也大为改观。苏联工程师米海依尔于1968年研制成的钻井火箭，能穿透土壤、冰层、冻土、岩石，每分钟钻进10米，重量只有普通钻机的1/17，耗能少2/3，效率提高5～8倍，引起钻井、打桩手段的革命。

3. 原理反向

原理反向就是从事物的原理的相反方向所进行的反向求索。例如，法拉第发现由电能产生磁效应，那么能否由磁产生电效应呢？经过9年的艰苦探索，终于在1831年发现了电磁感应现象，即在磁场中作切割磁力线运动可以获得感生电流，为发电机制造奠定了理论基础。

4. 结构反向

结构反向就是从已有事物的结构方式出发所进行的反向求索。通过结构位置的颠倒、置换等技巧，也可能产生出具有新性能的结构方式。例如，国外有人发现普通的高尔夫球在草地上滚过与带"毛"的高尔夫球在水泥地上滚有差不多的效果，于是就发明了带"毛"的高尔夫球，可以在普通的水泥地上打，深受高尔夫球爱好者的欢迎。

❋【例4-6】　蒙牛的逆向经营

蒙牛的创始人牛根生创办蒙牛集团与一般企业不同，一般企业是"投资→建厂房→买设备→生产经营"；而蒙牛是"先建市场，后建工厂"，用"别人的钱干自己的事"。他们与中国营养学会联合开发了系列新产品，然后与国内乳品厂合作，以投入品牌、技术、配方，采用托管、承包、租赁、委托生产等形式在所有店打出了"蒙牛"品牌，这样投资少、见效快，又可创出自己的品牌。

（三）反向求索的训练

（1）用逆向反转法进行下列训练。

已知事物	相反事物
发电机	电动机
串联电路	
过街天桥	
打气筒	
吸尘器	
探照灯	
风车	
话筒	
水泵	
风力发电	
冰箱通电后制冷	
加热使水分蒸发	
因起火而冒烟	
火灾时周围温度升高	
打开阀门可使水面上升	

（2）用"逆向思维卡"训练逆向思维，先设定题目，然后从3个反常识概念中找出新点子。如果有3个以上的新点子，可以再使用一张新卡。从逆向思维卡中可以生出许多打破常规的创意。

逆向思维卡

_____年_____月_____日

题目：
常识概念：
(1)
(2)
(3)
反常识概念：
(1)
(2)
(3)
由反常识概念想到的新点子：
(1)
(2)
(3)

综合应用训练题

1. 设计一个救火机器人，使其可以救人、灭火。
2. 采用"机构组合创新"的机构设计方法设计一个可跳跃前进的机械装置（机器人），并对设计方案进行评价。
3. 运用发散思维方式，提出能实现自动开闭大门的设计方案（要求3种以上），并画出原理方案图。
4. 某旅游公司要推出一项具有特色的主题旅游活动，请撰写一份计划书。
5. 针对"盲人上网"这个课题，请分析主要困难，并提出解决方案。
6. 富翁的两个儿子各有一匹好马，他们常为夸耀自己的马而发生争吵，富翁便让他们进行一场赛马比赛。不过他提出的方法与众不同，不是赛快，而是赛慢，谁的马晚到目的地，谁就是优胜者。比赛开始后，两个儿子想尽一切办法，以最慢的速度前进，结果过了好久才走了几里路。两人都不耐烦了，但又不肯认输。这时来了一位聪明人，他只说了一句话，两人听后，依计行事而以最快的速度直奔目的地。于是，比赛很快便分出胜负。问：这位聪明人说的是什么话？
7. 一只蚂蚁居然从四川爬到了东京。可能吗？
8. 在周围一个好同学身上寻找缺点，是否有意外发现？
9. 苍蝇是公认的害虫。逆向思考——为什么它整天生活在肮脏的地方却不受细菌侵害？能否利用这种抗菌能力为人类造福？
10. 迟到者进电影院，只能摸黑找座位。怎样排号才能方便迟到者？

五、钟情假如

（一）钟情假如的含义

许多创意产生于对情景的假设，也就是说产生于"假如……"之后。20世纪最伟大的科学家之一阿尔伯特·爱因斯坦的相对论并不是在书桌上或是黑板上发现的，而是他在一个夏日躺在山坡上的时候想出来的。根据他自己的说法，他半眯着眼睛，阳光透过树叶射在他的眼睛上，形成数千个光束。他想象，假如在其中一个光束上旅行会是一种什么情景，然后想象自己开始通过这些光束在宇宙中漫游。海尔的不用洗衣粉的洗衣机来自"假如没有洗衣粉如何把衣服洗干净？"自动取款机的发明设想来源于"假如银行下班了，我需要取款怎么办？"最近有人发明一种飞行汽车，它既可以像普通汽车一样在街道上行驶，又可以飞上天，由卫星导航保障安全。显然开始时的创意来源于"假如汽车在路上堵车，我有急事该怎么办？"

钟情假如实际上就是培养想象力。想象是人在头脑中塑造过去未曾感触过的事物的形象，或者将来才有可能出现的事物的形象的思维方式。从心理学的角度看，想象是对头脑中已有表象进行加工、排列、组合而建立起新表象的心理过程。

爱因斯坦曾说过："想象力比知识更重要，因为知识是有限的，而想象力概括着世界上的一切，推动着进步，并且是知识进化的源泉。"

想象是一家伟大的工厂，在这家工厂里可以塑造出人类所能创造的所有形象。在想象力的帮助下，人们最抽象的思想构成的概念被赋予了生动的形式和形态，一个具备冲击力的主题正是在想象力的刺激下从概念中催生的。

（二）想象的分类

想象可以按有无预定目的，分为有意想象和无意想象两大类。

1. 有意想象

有意想象是指有预定目的的、自觉的想象，也被称为积极的想象，是在第二信号系统的参与和调节之下所进行的想象，包括再造想象、创造想象和幻想。

2. 无意想象

无意想象是指没有预定目的、不自觉的想象，如做梦、走神等。无意想象也称为消极想象，它不需要第二信号系统参与，而是顺其自然进行的想象。无意想象虽然是无法控制的，但有时也会产生积极的结果，如日思夜想未能解决的问题突然在梦中得到解决。

创新者可以把自己置身于发明对象的情景之中，如把自己设想为所要设计的工具和产品的一部分，尽情想象在各种假定的条件下，自己将如何感受和如何反应。再如，有的发明者把自己想象为某发明的使用者，从而想象出各种可能的希望和要求。

想象力是创造性思维的重要品质，它能使我们超越已有的知识经验，使思维插上翅膀，超越逻辑思维的束缚而达到新的境界。

（三）想象力的训练

为了提高想象能力，经常有意识地提出"假如"式的问题是十分有效的。例如：

（1）假如记忆可以移植，人类的教育会发生怎样的变化？

（2）假如人脑可以与计算机联网，世界将会怎样？

（3）假如太阳有一天燃烧完，人类将怎样生存？

（4）假如洗衣机不用水，应当如何实现？

（5）假如摩天大楼高达 1 000 米，怎样设计电梯？

（6）假如现在发生大地震，你是幸存者，怎样组织救灾？

（7）假如未来通过国际合作建成宇宙飞船，可以让人类大规模移居太空和其他星球，对人类社会会造成哪些影响？

（8）假如未来的人不用吃食物就能维持生命，世界会发生什么变化？

（9）假如未来的人除大脑外其他身体组织和器官都可以换成高分子材料的人造组织和器官，对人的生活会产生什么影响？

（10）假如未来充分利用基因组技术，能使人的寿命延长到 160 岁，世界会发生什么变化？

（11）假如遥远的将来人们造出了超光速的飞船，世界会发生什么变化？

（12）假如未来人们造出了可以植入大脑的生物计算机，人的能力会发生哪些变化？

（13）假如未来发现了大量反物质，解决了人类对能源不断增长的需要，世界会发生什么变化？

（14）假如将来克隆人的技术向负面方向恶性发展，会给世界带来哪些恶果？

（15）假如放任某些国家制造针对某一个民族的基因武器，会对人类的和平发展造成什么危害？

（16）假如世界水资源继续遭到破坏和污染，缺水危机继续发展，会给世界带来哪些灾难？

我们还可以借助于形象思维，把研究对象形象化，如把电流想象成水流，把声音的传播想象成一石击水形成的波，把植物想象成有头脑有思维能力的人等。我们可以通过大量阅读科幻小说，看科幻影片，看没有声音的电视片想象其对白和情节，欣赏高雅音乐、舞蹈作品，想象其描写的内容等来进行想象力训练。

需要指出的是，幻想是想象的一种非常有意义的特殊形式。

❋【例4-7】 凡尔纳的科学幻想

18世纪法国著名科学幻想作家儒勒·凡尔纳（1828—1905），一生写了80多部科幻小说和探险小说。书中写的霓虹灯、直升机、导弹、雷达、电视台等，在20世纪都已出现。他在一个多世纪前就生动地描写在美国佛罗里达州，建立火箭发射场向月球发射火箭的情景，并描绘宇航员在失重下的状态。这些都被现代科学所证实。后世的许多科学家，如德国的"航空之父"齐奥尔柯夫斯基、美国的火箭先驱罗伯特·戈打德等人都曾表示，他们深深地感激凡尔纳，因为他们都从凡尔纳的科幻小说中得到过宝贵的启示。

科学幻想小说和科幻电影、电视中，存在着许多有价值的设想。欧洲航天局就曾经组织了一批读者，从科幻小说中寻找有价值的设想，然后交给科学家评估，研究这些设想能否用于未来的空间探索任务。欧洲航天局"从科幻小说到空间探索创新技术"项目协调人大卫·雷特介绍说，事实已经证明，科幻小说中的部分设想确实具有实用价值。19世纪80年代，现代电子技术还没有出现，就有人提出传真机的设想；1928年，行星着陆探测器出现在科幻小说里；1945年，小说家设计出了供宇航员长期生活、从地面由航天飞机定期运送补给的空间站；在20世纪40年代的一部著名的卡通片里，大侦探使用的手表既是可视电话，又是照相机。这些设想在刚刚问世时不易被理解，但随着科技的进步，它们陆续变成了现实。英国华威大学的数学教授兼科幻小说家伊恩·斯图尔特说，美国宇航局也经常向科幻小说作者咨询，征求创新设想。例如，在探测木星卫星木卫二的任务中，科幻小说家格雷戈里·本福格里格、比尔和拉瑞·尼文等人都贡献了有价值的意见。

六、尽情发散

（一）尽情发散的含义

尽情发散就是提高发散思维能力。

创造性思维的特征，决定了人们在以事物的现状和科学的现有成果为出发点的同时，必须突破旧的知识界面和思维定式，超越事物的现有发展状况和暴露层次。因而其思维方式首先是发散的，扩张的。但在最终确定解决方案时，必须从众多的方案中选取一个最佳方案，此时的思维方式又是集中的。发散思维与集中思维是创造性思维最基本的形式，任何创造性思维都是发散思维与集中思维的对立统一。

心理学家吉尔福特把发散思维定义为："从所给的信息中产生信息，从同一来源中产生各式各样的为数众多的输出。"他还认为，智力结构中的每一种能力都与创造性有关，但发散思维与创造性的关系最密切。发散思维是创造性思维中最基本、最普遍的方式方法，它广泛存在于人的创造性活动中，是人类创造性思维的原动力，在人的创造性思维活动中起着至关重要的作用。

【例 4-8】　垃圾变宝贝

美国的一座有百年历史的自由女神铜像翻新后，现场留下 2 000 多吨废料，这些废料既不能就地焚化，也不能挖坑深埋，清理装运到相距甚远的垃圾场，运费又十分昂贵。许多人眼睁睁地看着一大堆废料毫无办法。这时，一个名叫斯塔克的人自告奋勇地承包了这件苦差事。他对废料进行分类利用，把废铜皮铸成纪念币，把废铅废铝做成纪念尺，把水泥碑块做成小石碑……这样一来，本来一文不值、难以处理的垃圾竟身价百倍，人们争相选购。2 000 吨废料很快一抢而空，斯塔克也因此大发横财。很明显，是发散思维方式帮了斯塔克的大忙。

（二）发散思维的基本特点

从一定意义上说，发散思维能力的强弱决定了创新性思维能力的强弱。那么，如何来判定一个人的发散思维能力的强弱呢？我们可以通过检测和比较发散思维的流畅性、变通性和独特性三大特点来判定。

1. 流畅性

流畅性是指短时间内就一发散源表达出较多的观念和方案，即对提出的问题反应敏捷，表达流畅。例如，提出一系列问题，让 A、B 分别在相同的时间内回答，A 提出的方案总是比 B 多，则可以认为 A 的发散思维流畅性比 B 强。

2. 变通性

变通性是指思维能触类旁通、随机应变，不受消极的心理定式影响，能够提出类别较多的新概念。例如，在回答"红砖头有什么用"时，A、B 两人均在两分钟内说出 10 种用途，A 说可以造房子、造围墙、造猪圈、造羊圈、造狗窝、造鸡窝、造兔窝、造鸭窝、铺路、造台阶等。而 B 说可以造房子、铺路、练气功、练举重、做涂料、写字、做武器、下象棋、防台风和放在汽车轮下防滑等。比较而言，B 所涉及的类别较多，A 只局限于做建筑材料，故 B 的创新性思维变通性比 A 强。

3. 独特性

独特性是指提出的设想、方案或方法有与众不同、匠心独具的特点。众多的人回答同一个问题时，唯有 A 能提出与众不同的方案。例如，在回答"红砖头有什么用"时，只有 A 说"红砖头可以当作多米诺骨牌作为比赛用具"而与众不同，可以认为 A 的创新性思维独特性较强。

当然，发散思维的三个特征是相互关联的。思路的流畅性是产生其他两个特征的前提，变通性则是提出具有独特性新设想的关键。

（三）发散思维的训练

发散思维可以使人思路活跃、思维敏捷，办法多而新颖，考虑问题周全，能提出许多可供选择的方案、办法及建议，特别能提出一些别出心裁、一语惊人或完全出乎人们意料的见解，使问题奇迹般地得到解决。因此，发散思维是创新性思维的灵魂。提高创新性思维能力的关键是提高发散思维的能力。

为了提高发散思维的能力，可以从以下 8 个方面进行训练：

（1）材料发散。以某事物作为"材料"，作为发散点，设想它的用途。如列举幻灯机、雪碧瓶、电吹风、手机的用途等。

（2）功能发散。以某事物的功能为发散点，设想实现该功能的途径。如怎样实现自行车防盗？怎样高效地利用太阳能？怎样使聋哑人可以打电话？

（3）结构发散。以某事物的结构为发散点，设想具有该结构的事物或该结构的用途。如四面体结构有何用途？书页式结构有何用途？

（4）形态发散。以事物的形态（如形状、颜色、音响、味道、气味、明暗等）为发散点，设想出利用该形态的可能性。如椭圆形可以用在哪里？红颜色可以用在哪里？

（5）组合发散。以某一事物为发散点，尽可能多地设想与另一事物联结成具有新价值的事物的可能性。如手机可以与什么组合？警棍可以与何物组合？

（6）方法发散。以某种方法为发散点，设想该方法的多种用途。如"爆炸"的方法可以办成哪些事情？"把空气压缩"的方法可以用在何处？

（7）因果发散。以某事物发展的结果为发散点，推测产生该结果的原因；或以某事物的起因为发散点，推测其可能产生的结果。如分析造成学生负担过重的原因有哪些，列举"重男轻女"会造成怎样的后果等。

（8）关系发散。以某事物为发散点，尽可能多地设想与其他事物的关系。如回答"你是谁？"的问题，月亮与人类有哪些关系等。

发散思维训练题

1. 图形发散练习

图形意义的发散、花边设计、图形组合设计发散等，分别有以下训练题目：

(1) 分别说出下列图形代表什么？（10 分钟）

○ < ×

(2) 利用下列图形组合设计更多的实物。（10 分钟）

□ △ ○

2. 功能发散练习

功能发散也是方方面面的，如事物性质发散、物品用途发散、组合发散等。

(1) 把两个分开的东西结合起来，你能想到哪些用品？(10分钟)

(2) 请把以下物品组合发散。(20分钟)

鞋子　笔　书　帽子　电风扇　项链　收音机　手电筒　剪刀　汽车

(3) 怎样才能达到暖和目的？(办法越多越好)

(4) 怎样给脏衣服去污？

(5) 怎样才能达到休息的目的？

(6) 怎样才能达到锻炼身体的目的？

(7) 怎样才能使一件东西裂开？

3. 分类发散练习

能看出同中之异及异中之同是归纳和分类的思维，而分类发散就是共性的发散。此训练旨在提高分类能力和分类发散能力。

(1) 请对下列词按意义进行分组，要求每组至少有3个词，可以有几种分法？(10分钟)

A. 布谷鸟　　　B. 飞机　　　C. 帆船　　　D. 鲸

E. 黄蜂　　　　F. 小刀　　　G. 鳄鱼　　　H. 枪

(2) 请对以下球类分组，写出名称，有几种分类？(5分钟)

A. 篮球　　　　B. 足球　　　C. 排球　　　D. 羽毛球

E. 保龄球　　　F. 高尔夫球　G. 乒乓球　　H. 台球

4. 结构发散练习

结构发散是指用已知的事物结构形式，如材料结构、模式结构、原理结构、方法结构等，用到未知问题中去解决问题的创新过理。

(1) 尽可能多地想出用钢筋水泥结构都能创造什么。(10分钟)

(2) 尽可能多地想出在自然界，类似物质结构模式的事物有哪些。(5分钟)

(3) 尽可能多地画出包含"＜"结构的东西，并写出（或说出）名称。(5分钟)

(4) 尽可能多地画出包含"A"结构的东西，并写出（或说出）名称。(5分钟)

5. 因果发散练习

因果发散是探讨原因、预测可能结果的创新方法，它包括原因发散和后果发散两种。

原因发散是以某事物发展的结果而推测造成此种结果的各种原因。如一个人发烧了，就要分析发烧的原因，可能是受凉感冒了，也可能是发炎引起的等。

后果发散是以某事物的发展起因为扩散点，推测可能发生的各种结果。如一个人爱冲动将带来哪些后果？诸如人际关系不好、容易与人吵架打架、不能晋升乃至受处分等。

(1) 尽可能多地列举出扑灭森林大火的办法。

(2) 随着汽车的增多，现代社会死于车祸的人越来越多。为减少死亡事故，可采取哪些对策？

6. 综合思维发散训练

除以上几种发散思维之外，还有很多发散思维，如数学发散、材料发散、操作发散、关系发散等，在此不单独训练。很多创新发散并不是单一的，往往是几种发散的组合，即形成多维度发散。请接受以下训练：

(1) 尽可能多地列举出用敲、压、拉、摩擦、爆炸等方法各能解决哪些问题。(20分钟)

(2) 请尽量写出 1 = ？(10分钟)

(3) 请开发帽子的多功能系列产品。(20分钟)

(4) 在无钱做广告的情况下，你如何把新产品推销出去？(讨论题)

(5) 在守法的情况下，限你一个月内净赚一万元，有哪些办法？(讨论题)

(6) 请写一篇"零的断想"的文章。(45分钟)

七、抓住灵感

（一）灵感的含义

人们在创造活动中，对要解决问题的难点和技术关键，长期冥思苦想，总找不到一个好的解决办法和一个满意的答案，忽有一日，受到某一事物、语言或信息的启示，突然恍然大悟、茅塞顿开，问题迎刃而解，这种现象称为灵感，也称顿悟。

"灵感"二字，来源于古希腊文，它的原意是"神的气息"，已沿用两千多年，所以灵感总是带有异常神秘的面纱。唯心主义者把它神秘化，说成是"人与神的沟通"。

现代科学研究证明，灵感是大脑的一种特殊技能，是思维发展到高级阶段的产物，是人脑的一种高级的感知能力。正如著名科学家钱学森所说："我认为现在不能以为思维仅有逻辑思维和形象思维这两类，还有一类可称为灵感。也就是人在科学和文艺创作的高潮中，突然出现的、瞬息即逝的短暂思维过程。它不是逻辑思维，也不是形象思维，这两种思维持续的时间都很长，以致人们所说的废寝忘食。而灵感时间极短，几秒钟而已。总之，灵感是又一种人们可以控制的大脑活动，又一种思维，也是有规律的。"

在美国，有人曾调查100多位著名的学者，80%的人回答说曾借助于灵感。爱迪生说过："天才是百分之一的灵感加百分之九十九的汗水。"爱因斯坦也说过："我相信直觉和灵感。"

人们所熟知的阿基米德看到溢出盆外的水而突然想到鉴别金王冠真伪的方法，光着身子跑出门外，大叫"尤里卡，尤里卡"（我明白了）的故事，正是灵感最生动的写照。

事实上，除了天才、学者之外，一般人的头脑中也常常会出现灵感。比如，我们常听说："我一下子突然想到了……"所谓"灵机一动，计上心来"，就是指灵感。

【例4-9】 等电梯时产生的灵感

在上海太平洋百货电梯门合上的一刹那，没赶上电梯的江南春无奈地看着电梯门上印刷着的明星广告，突然，一个要在电梯门上打平面广告的创意冒了出来。

"在电梯门上打广告虽然符合分众、创造性和强制性三个原则，但是不符合高技术这个原则"，最终创意发生演变，电梯门成了电梯旁边的墙，而平面广告成了具有动感的液晶视频广告，29岁的江南春在白领聚集的写字楼的电梯旁开辟了一个全新的广告媒体空间。

从2002年7月开始，江南春开始亲自上门说服楼宇安装液晶电视。江南春惯用的销售术语是："装液晶电视是人性化的体现，可以通过楼宇电视广告播放物业通知提高物业的形象，此外还能带来收入。"

1年后，分众传媒首创中国户外视频广告联播网络，以精准的受众定位和传播效果博得消费者和广告客户的肯定。

2年后，"电梯门"成了2万多栋写字楼电梯旁的液晶电视，而江南春则成了月入4 000万元人民币公司的老总。

3年后，2005年7月，分众传媒成功登陆美国纳斯达克，成为海外上市的中国纯广告传媒第一股，并以1.72亿美元的募资额创造了当时的IPO（首次公开募股）纪录，截至2006年5月，市值已超过30亿美元，成为纳斯达克中国上市公司龙头股。此时，拥有分众传媒40%股份的江南春身价突破10亿美元。

2005年10月，分众传媒收购占据全国电梯平面媒体市场90%份额的框架媒介，进入社区平面媒体领域，目前拥有约13万个平面广告位。这一网络成为分众生活圈媒体群的重要组成部分。2006年1月，分众传媒合并中国楼宇视频广告第二大运营商聚众传媒，覆盖全国75个城市，以约98%的市场占有率进一步巩固了在这一领域的领导地位。

…………

每当江南春回忆创业的旅程时，都会情不自禁地谈到当年等电梯瞬间产生的创意。有记者问他："你的座右铭是什么？"他回答道："创意创造生意，想象力创造利润率。"

但是，迄今为止，人们对灵感产生的机理尚不够清楚，有待于进一步的研究。

（二）灵感的性质

灵感具有以下性质：

（1）突发性，即灵感是突如其来的，飞跃性地产生，何时来临，无法预测。

（2）时间性，即灵感持续的时间很短，一闪而过，转瞬即逝，不注意随时记下，可能再也想不起来。因此产生灵感应及时抓住，用笔记下或写进手机的备忘录。

（3）情感性，即灵感只有在良好的精神状态下才会产生，产生的瞬间创造者往往情不自禁，欢欣快慰，伴随着不可抑制的激情，甚至如醉如痴，进入忘我的精神境界。爱因斯

坦在回忆获得灵感后写《论供体的电动力学》的过程时说:"这几个星期,我在自己身上观察到各种精神失常现象。我好像处在狂态里一样。"

(三)怎样促使灵感早日到来

虽然灵感的到来无法预测,但只要有解决问题的强烈愿望和执着追求,注意力高度集中,在充分研究和实践的基础上,保持良好的精神状态,灵感就会早日到来,成为创造活动中神奇而有效的思维方式。

灵感往往发生在经过长期紧张思索之后的暂时松弛状态。古今中外重大发现、发明灵感的时机与环境大致可概括如下:在散步、旅途中,上下班、骑车、坐车时,花园里赏花、搞园艺时,听音乐、钓鱼时,与人讨论、争辩中,吃饭、上街时,欣赏自然景色、看画时,或洗澡、穿衣、刮脸,从事轻微劳动时,在梦中或半睡状态中,看电影、电视时,听广播时,看杂志、小说、报纸、画报时,甚至在病中。

❋【例4-10】 达·芬奇获得灵感的方法

达·芬奇不仅是一位伟大的画家,也是一位发明家。他获得灵感或思路的方法非常奇特,就是闭上眼睛、全身放松,并在一张纸片上涂鸦,然后睁开眼睛看看自己画出的图案,开始利用这些杂乱无章的图案,在自己的脑海中形成一定的图形和联系。他的许多发明都是通过这种涂鸦的办法得出的灵感而获得的。

这并不是说随手乱画就可以得到灵感。毫无疑问,这是因为他的脑子里已经具备了创造发明所必需的所有材料。随手画出的杂乱无章的图案只不过提供了一种暗示机制,但它能够产生新的联想、新的思维组合。

(四)正确认识直觉

与灵感比较接近的是直觉。人们在解决问题时,不经过逐步的分析和推理,而迅速对问题的答案做出合理的猜测和设想,这种跃进式的思维称为直觉思维(或直观思维),简称直觉。

❋【例4-11】 爱迪生确定鱼雷形状

在海战中常用的鱼雷,最初是由亚德里亚海沿岸的一个工程公司的英国经理怀特·黑德于1866年发明的。在1914—1918年期间,处于发展中期的德国传统鱼雷,共击沉总吨位达1 200万吨的协约国商船,险些为德国赢得海战的胜利。当时美国的鱼雷速度不快,德国军舰发现后只需改变航向就能避开,因而命中率极低。美国人想不出改进的方法。

他们去找爱迪生,爱迪生既未做任何调查也未经任何计算,立即提出一种意想不到的办法,要研究人员做一块鱼雷那么大的肥皂,由军舰在海中拖行若干天,由于水的阻力作用,肥皂变成了流线型,再按肥皂的形状建造鱼雷,果然收到奇效。爱迪生所用的思维方法就是直觉思维。

不难看出，直觉思维实际上是宏观地把注意力放在事物整体上的一种思维，与逻辑思维是微观地把注意力放在事物的各个部分是很不相同的。它与灵感也不相同，因为灵感何时来临是无法控制和无法预测的。

日本创造学家新崎盛记把直觉思维对应于人的第一信号系统，认为这是建立在人类直观感觉上，通过人的感觉（视觉、听觉、触觉）而进行的一种思维活动。他把逻辑思维对应于人类的第二信号系统，认为这是建立在人类理性认识（概念、判断、推理等）上的思维。

美国加州大学神经科学家奎尔通过大量研究认为，大脑的不同部分贮存着不同的记忆。当我们进行一般性学习时，我们使用的是"陈述记忆"，而当我们对所学的东西十分稔熟时，它们就成了"程序记忆"的一部分，潜入我们的意识，这种潜意识产生直觉。

直觉的创造功能主要表现在对事物的直观判断、猜测和预感上，它是以丰富的知识、经验为基础的。例如，骑手相马，农夫识牛，工人师傅根据声音判断机器故障，老中医通过望、闻、问、切确定病因等，都是直觉思维的典型。

值得注意的是，直觉思维的结果不可能全部正确，但是正如诺贝尔奖获得者西蒙所说："一个人的经验越丰富，他的直觉或预感也就越准确。"因而，不断积累知识和经验，可以提高直觉思维的能力和准确性。为了避免过分相信直觉，导致头脑发热做出蠢事，有必要对直觉进行审视和选择。纽约大学的心理学教授詹·布鲁勒指出："直觉可以把你带入真理的殿堂，但如果你只停留在直觉上，也可使你陷入死角。"

八、追求理想化

（一）理想化的含义

创新学认为，当今世界的一切都不是完美的，都可以通过创新使它更完美，即没有最好，只有更好，创新无止境。

创新者应当有一追求完美的心态，我们称为追求理想化。

什么是理想化呢？简单地说就是不花费成本，不消耗任何资源，没有任何危害，但却能够实现所有必要的功能，是"既要马儿好，又要马儿不吃草"。当然，这样的物理实体并不存在，然而，向最终理想化方向进化是所有技术系统始终遵循的法则。

向提高理想化进化，旨在增加系统有用功能的数量或效能，减少有害功能的数量或效果，生产出理想的、能满足各项功能需求的最终产品。

最初的手机仅有通话功能，而且既大又重，目前的手机不仅可以通话，还可以摄影、摄像、上网、银行取付款、视频通话、语言翻译等。寻找手机的新用途是手机理想化的重要途径。

（二）理想化结果的特性

理想化最终结果有五个特性：

（1）减少原始系统的缺点；

（2）保留原始系统的优点；

（3）并不会让系统更趋复杂（使用免费或可得资源）；

（4）不会增加新的缺点；

（5）无任何设备或机构即可达到目的。

当我们规划理想化最终结果时，可以透过上述特性进行确认，看一下是否符合理想化最终结果的五个特性。

【例4-12】 某些物品的理想化方案

试找出下列物品的理想化方案：

1. 能使饮料自动降温的杯子；
2. 不用调羹就可以搅拌的速溶咖啡；
3. 完全没有噪音的剪草机；
4. 飞机黑匣子。

解：1. 把水注入预先准备的模具并放入冰箱的冷冻室，便得到冰杯子，装进饮料便自然成冰镇饮料，且不需洗杯子（图4-1）。

2. 把速溶咖啡做成棒棒糖的形状，搅拌时完全不用调羹（图4-2）。

3. 把草种改良成不会长高的品种，永远不需要修剪。

4. 在飞机飞行途中，随时把各种数据无线发送到地面接收站，完全取消黑匣子。

图4-1 冰杯子

图4-2 咖啡棒棒糖

【例4-13】 医院抽血验血方法的理想化

原来医院里抽血是用针筒，要用力抽还要再注入小瓶子，显然不理想，后来用抽成真空的小瓶，非常方便，提高了理想度。不久前，美国Sandia国家实验室发明电针式生物医学传感器，它是一小片带有经电气化学加工过的探针的装置，用该装置接触皮肤，即可获知患者血液中的化学成分，根本不用抽血，患者血液或空隙细胞液中的碳水化合物、电解液、油脂、生化酶、毒素、蛋白质、病毒和细菌含量便可一清二楚。

追求理想化法则为评估什么是好的产品提供了一个明确的概念，激励人们以发展理想产品的目标，设计和制造出更多更好的新产品。

追求理想化往往可以不从现有产品出发，而是从实现功能的理想化出发，考虑其可能性，若做不到就退一步，再做不到再退一步……

(三) 理想化的训练

理想化的训练可以随时随地进行，不必要有什么条件限制，大可天马行空地思考。例如：

试找出你现在能看到的 10 件事物，找到将其理想化的构思。

试找出你现在能想到的 10 件事物，找到将其理想化的构思。

试找出你刚才看到、想到的事物中，能找到将其最有可能实施的理想化构思。

思考与练习

1. 什么是多向性思维？试列举生活中的一个事例，进行多向性思维。
2. 灵感有何特征？如何抓住突然而来的灵感？
3. 为什么说产品和设计的理想化是相对的，在实际生活中不可能存在最理想化的产品和设计？请从理论上和实践中的事例来说明。

第五章

群体创新思维模式——六顶思考帽法

第四章介绍的八种创造性思维都是适用于个人的。中国有句古话叫"三个臭皮匠,顶个诸葛亮",说明群体的智慧应当胜过个体,但是在理论界和实践中,结论常常是相反的。

群体思维有三种基本现象:

第一种现象为受权威定式的影响,因团队中某人是领导或权威,他的观点表达后,谁都不愿意提出不同于领导权威的观点,此种群体思维实际上是个人思维。

第二种现象为受从众定式的影响,因团队中多数人同意某种观点,使群体对少数人的、不寻常的或不受欢迎的观点没有耐心听取,甚至嘲笑和攻击,从而得不出客观的评价,导致错误的结论通过。

第三种现象是群体对立,各抒己见,激烈争论,无法统一观点,以讨论失败而告终,白白浪费了大量时间。

一、六顶思考帽法——创新思维领域的伟大创造

(一)六顶思考帽法的创立者

六顶思考帽法的创立者是爱德华·德·波诺博士。他首次把创造性思维的研究建立在科学的基础上,被誉为20世纪改变人类思考方式的缔造者,是横向思维(也称水平思维)理论的创立者,是创新性思维领域和思维训练领域举世公认的权威,被尊为"创新思维之父"。欧洲创新协会将他列为人类历史上贡献最大的250人之一。如今"横向思维"(lateral thinking)一词已经被收入《牛津英语大词典》《朗文词典》,在全世界50多个国家的政界、企业界和教育界得到推广和肯定。

爱德华·德·波诺博士写过67部著作,其中《我对你错》一书受到三位诺贝尔奖得主推崇。他的学员既有儿童、少年,也有高层行政人员和诺贝尔奖获得者。爱德华·德·波诺这个名字已经成为创造力和新思维的象征。

爱德华·德·波诺的代表作《六顶思考帽》和《水平思考》被译成37种语言,畅销54个国家和地区,在这些国家和地区的企业界、教育界、政界得到了广泛的推广和肯定。长期以来,爱德华·德·波诺思维作为政府、企业和个人生活的决策指南,一直被公认为是最有效的创新思维训练工具,国际思维大会由于爱德华·德·波诺对人类思维的杰出贡献而授予他"先驱者"称号。

（二）六顶思考帽法的主要价值

六顶思考帽法是平行思维工具，是创新思维工具，也是人际沟通的操作框架，更是提高团队智商的有效方法。

这里说的平行思维的本质，就是在思维时，大家一次同时在一个方面交换意见。比如，一阶段只能说方案的好处，不允许说坏处；二阶段只说不好的地方；三阶段发表个人的主观额外意见；等等。这样做的结果就是，整体上信息没有减少，好的、不好的、猜的等都有，但是冲突会大大减少，结果是富有成效的。同时因为流程化，讨论的过程可以很容易被分解打散，就可以在不同的时间段分多次来完成一个讨论或一个决策过程。

六顶思考帽法使我们能够简单并礼貌地鼓励思考者在每个思考过程采用相等的精力，而不是一直僵化地固定在一种模式下。它避免了将时间浪费在互相争执上。该方法强调的是"能够成为什么"，而非"本身是什么"；它是寻求一条向前发展的路，而不是争论谁对谁错。六顶思考帽法思维是革命性的，因为它把我们从思辨中解放出来，帮助我们把所有的观点并排列出，然后寻找解决之道。

六顶思考帽法经历了从理论到课程化开发的过程，可作用于企业的会议、决策、沟通、报告甚至影响个人生活，很多企业评价六顶思考帽法的推行改善了企业文化，极大地提高了企业的管理效能。

它的主要作用和价值在于以下几个方面：

（1）用六种颜色的帽子这种形象化的手段使我们非常容易驾驭复杂性的思维。

六顶帽子代表了六种思维角色，几乎涵盖了思维的整个过程，既可以有效地支持个人的行为，也可以支持团体讨论中的互相激发。

（2）它使思考者克服情绪感染，剔除思维的无助和混乱，摆脱习惯思维枷锁的束缚，以更高效率的方式进行思考。

（3）它是一种具有建设性、设计性和创新性的思维管理工具，使各种不同的想法和观点能够很和谐地组织在一起，避免人与人之间的对抗。完全不同于通常的批判性、辩论性、对立性的方法。

（4）运用六顶思考帽法，将会使混乱的思维变得更清晰，使团体中无意义的争论变成集思广益的创造，使每个人变得富有创造性而避免自负和片面性。

（5）当你认为问题无法解决时，六顶思考帽法就会给你一个崭新的契机，经过一个深思熟虑的过程，最后找到答案。

二、六顶思考帽法的基本约定

爱德华·德·波诺认为，团体内的成员，不可能在同一时间内对所有方向都保持敏感，企图在同一时间内对所有方向进行思考，则将一事无成。

他规定的六顶帽子并非真的戴上帽子，而是一种思考方式的形象代名词，要求参加者根据主持人宣布的帽子颜色统一思考的方式。如果主持人说，现在请戴上黑色帽子，就意味着大家立即一起寻找所讨论方案的危险；如果说现在戴绿色帽子，就意味着要追寻新的观点；戴白色帽子意味着关注信息……以保证同一时间内整个与会人员只思考一件事情，都朝着同一个方向努力，使团体中所有人的智慧、经验和知识都得到充分的利用。帽子意味着自己知道，同时也让大家看到自己现在的思维模式，以便相互理解沟通。

该方法废除争论，消除自我，提高效率，对讨论的事物进行客观和中性的考察，使得我们指导自己的思考如同指挥一个乐队一般，可以唤起自己想要的。它要求思考者学会将逻辑与情感、创造与信息等区分开来。六项思考帽法的最大特点是高效、实用和便于操作。

六项帽子的约定如下所述。

（一）白色帽子

想象白色的纸，代表中立和记录信息。

白色思考帽与信息和数据直接相关。

当你在会议上要求进行白色帽子思考的时候，就是在要求与会人员只能把注意力直接放在信息上，其直接目的就在于搜寻和展示信息。例如：

我们有些什么信息？

我们需要什么信息？

我们缺乏什么信息？

我们需要征询哪些信息？

我们怎样去获取所需要的信息？

……

当被提供的两条信息相互冲突的时候，我们不必对此进行争论，除非必须在两者之间进行选择，我们可以把这些信息平行放置起来。

白色帽子通常用在思考过程一开始的时候，以便提供一个思考的背景。在思考过程快结束的时候也可以用它做一下评估：我们的目标与现存的信息相符合吗？也就是说，白帽子是表示事实、数据、引用原话等。这些应当是最原始的资料，没有修饰，只有中立和客观。

（二）红色帽子

想象红色、火焰和温暖。

红色帽子是关于情绪、感觉和非理性的思考。

在严肃的会议中，一般不能让你提出自己的感情化的意见，但是人们往往在所提出的意见逻辑中隐藏着自己的情感。

戴上红色帽子就是允许人们直接表达他们的感觉和直觉，而无须进行任何解释、道歉和纠正。例如：

我对这个项目的感觉是……；

我内心觉得这不会有用；

我不喜欢这样的方式；

那个设计太乏味了；

我有预感，教堂后面的那块地在几年后一定会大大升值；

…………

由于红色帽子相当于感觉之类的"信号"，所以，感觉、直觉等可以直接进入讨论，而不必伪装成其他的方式进入。即使直觉的背后没有可以明白说出来的理由，也可能具有很高的价值，当然也可能是错的。

也就是说，红帽子表示感觉、感性、直觉、情绪、好恶等比较主观的思维方式。

（三）黑色帽子

想象一个身穿黑色长袍的严肃的法官，他严厉地批评那些做错事情的人。

黑色帽子是谨慎的帽子，用来阻止我们犯错、做傻事和做不合逻辑的事情，用来进行严格的判断，指出为什么有的事情不能做、不适合做。例如：

现有的规定不允许我们做那个项目；

我们没有足够的生产能力来满足那个订单；

如果我们提价的话，销售量会下降；

他在出口管理方面没有任何经验；

…………

错误可能带来灾难性的后果，没有人愿意犯错误或者做蠢事，因此黑色帽子是极其有价值的。也许它是运用得最多也是最有用的一顶帽子。但同时，人们也很容易滥用黑色帽子，过度使用会扼杀好的创意。就像酒是好的，但是过度喝酒就成了酒鬼。也就是说，黑帽子表示劣势、缺点、坏的地方、消极、谨慎、风险等。戴上黑帽子意味着专谈负面的内容。

（四）黄色帽子

想象一下阳光。

黄色帽子是乐观的，是对事物的积极方面做出逻辑评价。

黄色帽子寻求可行性和如何能够做某件事情。它寻找事物的优点，但这必须基于逻辑的判断。例如：

这可能会起作用，如果我们把生产工厂搬到离消费者比较近的地方的话；

招徕回头客对我们是大有好处的；

它很可能成为年度名车，我们必须赶上这股热潮；

…………

黄色帽子思考常常需要我们进行刻意的努力。很多事情的好处并非是一开始就显而易见的，我们需要努力去寻找它们。每个创意都值得进行一定的黄色帽子的关注。

也就是说，黄帽子表示优势、优点、好的地方、积极意义、机会等。戴上黄帽子意味着专谈正面的内容。

(五) 绿色帽子

想象一下草木生长,想象一下新发的绿叶和枝芽。

绿色思考帽使我们提出新的想法。在绿色思考帽下,可以排列出各种可能的选择,包括原有的选择、新产生的选择,以及对方案提出的修正和改进的意见。

绿色帽子是"活跃的"帽子,绿色,是用来进行创造性思考的。事实上,绿色帽子包含了"创造性"一词本身的含义。也就是说,绿帽子表示办法、创意、跳跃、"还有其他办法吗"等。它促使与会者产生跳跃性的畅想,进行创造性思考。

创造性思考意味着带来某种事物或者催生出某种事物,它与建设性思考相似。绿色帽子关注的是建议和提议。

创造性思考意味着新的创意、新的选择、新的解决方案、新的发明,重点在于"新"。例如:

我们在这里需要一些新的主意。

还有其他选择吗?

我们可以用不同的方式做这件事吗?

还有其他的解释吗?

……

(六) 蓝色帽子

想象天空和俯瞰。

蓝色思考帽是对思考的思考。

戴上蓝色思考帽以后,就不再思考讨论的主题,而是考虑对这个主题我们应该进行什么样的思考。天空是覆盖一切的,所以蓝色代表整体的控制,也代表控制所需的超然和冷静。蓝色帽子是用于过程控制的,是建议下一步进行什么样的思考、可以提出戴上什么帽子来思考,它要求参与者进行简要总结、给出结论或做出决定,也可以对思考过程或做出评论。例如:

我们花费了太多的时间来指控谁该为这件事情负责;

我们能对你的观点做一个总结吗?

我想我们现在应该来看看这个创意的优点;

我建议我们现在试试戴绿色帽子来获得一些创意;

……

戴上蓝色思考帽,可以让思考者更加直接坦率地提出要求、发表观点。也就是说,蓝帽子表示综合、总结、归纳、决策、结论、规范、标准等。

三、六顶思考帽法的应用

(一) 六顶思考帽法的应用关键

对六顶思考帽法理解的最大误区就是仅仅把思维分成六种不同颜色,但其实六顶思考帽法的应用关键在于使用者用何种方式去排列帽子的顺序，也就是组织思考的流程。只有掌握了如何编织思考的流程，才能说是真正掌握了六顶思考帽法的应用方法，不然往往会让人们感觉这个工具并不实用。

六顶思考帽法中的帽子顺序非常重要。六顶思考帽不仅定义了思维的不同类型，而且定义了思维的流程结构对思考结果的影响。一般人们认为六顶思考帽是一个团队协同思考的工具，然而事实上六顶思考帽对于个人同样具有巨大的应用价值。

假设一个人需要考虑某一个任务计划，那么他有两种状况是最不愿面对的。一个是头脑中的空白，他不知道从何开始；另一个是他头脑中的混乱，过多的想法交织在一起造成思维的淤塞。六顶思考帽可以帮助他设计一个思考提纲，按照一定的次序思考下去。就这个思考工具的实践而言，它会让大多数人感到头脑更加清晰，思维更加敏捷。

在团队应用当中，最大的应用情境是会议，特别是讨论性质的会议，因为这类会议是真正的思维和观点碰撞、对接的平台，而我们在这类会议中难以达成一致，往往不是因为某些外在的技巧不足，而是从根本上对他人观点的不认同。在这种情况下，六顶思考帽就成为特别有效的沟通框架。所有人要在蓝帽的指引下按照框架的体系组织思考和发言，这样不仅可以有效避免冲突，而且可以就一个话题讨论得更加充分和透彻。所以，会议应用中的六顶思考帽法不仅可以压缩会议时间，也可以加大讨论的深度。

除此以外，六顶思考帽也可以作为书面沟通的框架，例如，用六顶思考帽的结构来管理电子邮件，利用六顶思考帽的框架结构来组织报告书、文件审核等。除了把六顶思考帽应用在工作和学习当中，在家庭生活当中使用六顶思考帽也经常会取得某些特别的效果。

（二）应用步骤

下面是一个六顶思考帽在会议中的典型的应用步骤：
（1）陈述问题（白帽）；
（2）提出解决问题的方案（绿帽）；
（3）评估该方案的优点（黄帽）；
（4）列举该方案的缺点（黑帽）；
（5）对该方案进行直觉判断（红帽）；
（6）总结陈述，做出决策（蓝帽）。

（三）典型案例

❋【例5-1】 用六顶思考帽法讨论对付强大对手的方案

一个项目的竞争对手非常强大，甚至部分成员已经明显表现出悲观的情绪。某公司讨论对策时就部分地运用了六顶思考帽法。

1. 要求大家必须先讲这个项目中我们的优势有哪些。每个人都要讲几点。这实际上就是在用黄帽子。在主持人的强制要求下，连比较悲观的成员都能够讲出三点优势。

2. 总结了十几条优势后，主持人又要求大家用黑帽子共同讲我们的劣势。总共罗列了六七条。在黄帽子和黑帽子的讨论中，实际上大家已经逐步清晰地看到什么对我们有利，什么对我们不利。那么如何去引导项目的形态，应当怎么说服客户就很自然地清晰了。

3. 大家再用绿帽子总结我们自己应当如何组织方案。针对前面分析的优劣势，提出方案就比较自然了。

4. 用蓝帽子。总结一下方案，让这个方案能够有一定的结构和理论依据。

虽然整个讨论还有很多问题，但是就这个局部的讨论而言，由于运用了六顶思考帽法，应当说讨论还是比较有成效的。

【例 5-2】 六顶思考帽法用于沟通

某培训老师 A 在培训结束后，主持人 B 希望 A 给他指出主持中的不足，加以改进。A 采用六顶思考帽沟通术，整个过程不断发问，深度解决了 B 的问题。现将整个过程简单介绍如下：

第一步，明确沟通目的。

帮助 B 自我分析，找出主持中的不足，不断完善主持能力。A 归结一句话就是：认识不足，寻求改进方法。

第二步，建立六顶帽的序列。

建立六顶帽的序列，即红、白、黄、黑、绿、蓝（一个非常实用的逻辑链）。

第三步，六顶帽的序列之问题转换。

整个过程沟通对话如下：

A：你能做一个简单的自我评价吗？你这次主持自我感觉如何？（红帽思维）

B：感觉还可以，感觉大家还是比较满意，比较认可的。

A：你能举些例子或者数据来证明你的感觉是对的吗？试举出三个出来好吗？（白帽思维）

B：第一，有两个同事表扬了我说我比以前好；第二，我有好几次把学员逗笑了，我看得出来这笑是自然的；第三，结束时，还有六七名学员主动和我握手呢，有的还主动和我交换了名片。

A：你觉得这次主持对你个人产生了什么样积极的因素（好处）？对你有哪些帮助？（黄帽思维）

B：好处多了，比如锻炼了我的语言组织能力、即兴演讲能力、控场能力，还锻炼了我的情绪控制能力。

A：你觉得表现好的地方在哪里？换句话说，哪些地方是可以传承和发扬的？（黄帽思维）

B：首先，我设计的主持活动流程很有系统性，可以拷贝；其次，我采用的热场活动和破冰游戏，很快让学员放松，拉近了与学员的距离，效果超出了我的意料之外；还有，我精心设计的开场白，起到了很好的塑造老师价值、挖掘学员需求的作用，调动了他们的积极性和参与性。

A：同样的，你觉得还有哪些地方是欠妥的，或者说是需要改进的？你不妨好好回忆一下！（黑帽思维）

B：（思考了大概5分钟）我觉得自己不足的地方主要是激情度还不够，不够兴奋，没有达到巅峰状态；还有休息的时候，没有有意识地主动和学员接触（其实，这是一个和学员建立亲和力的很好的机会）还有……还有……

A：你知道老师为什么会拖堂半个小时吗？

B：喔，我知道了，下午的时候，我主持的时间太长了，连续做了两个破冰游戏，占了老师的时间。

A：如果你是学员，你有什么感觉？（黑帽思维）

B：我可能感觉这个主持有点喧宾夺主，还有就是时间管理不善。

A：那以上问题如何来改进呢？你有什么好的方法吗？（绿帽思维）

B：激情方面，我要学习一下自我激励的方法，再找一个学习的榜样。第二个很好解决，下次主动出击，积极沟通。时间管理方面，我不能自以为是，主持前要演练一遍，在流程上把时间分配好。

A：如果时光可以倒流，这个培训可以重来的话，你认为如何做才能够做得更好？（蓝帽思维）

B：我会建议培训经理，在我们开课之前开个会，把分工再明细一点，尤其要注意细节。我把我主持的流程告诉大家，希望大家多给我提一些宝贵意见，我想这样我们培训的整体服务品质就会更好！

以上问题，就是按红、白、黄、黑、绿、蓝的顺序提问，产生逻辑的，这样思路清晰，有利于解决问题。

第四步，开始使用，有效倾听。

大家可以看出在整个沟通过程中，我多问少说，完全符合80/20定律。在这个过程中，问话技巧是很重要的，它是换帽的按钮。倾听也很重要，倾听的主要目的是建立信任感。

第五步，纠偏，深度发问。

在整个沟通过程中，难免答非所问，尤其当你采用开放式问题时，这种情况比较容易出现，因为封闭式问题容易给对方产生压力，不太容易建立信任感。所以，你可以通过问题转换来纠偏，或者通过第二次或多次发问的形式，达到深度发问、深度沟通的目的。①

❋【例5-3】 互联网家电企业的案例分析

【案例背景】几年前，一家诞生没多久的互联网家电企业由于砍掉了传统渠道等中间环节，将一款款设计精良、性能优异的"爆品"通过线上进行销售，在很短的时间内领先同行竞品，夺得市场第一份额。但不久之后的一些市场问题突显出来了：销量下滑，投诉增加，甚至很多地方开始出现了假货、仿冒品。

---

① 选自《"六项思考帽"沟通术的五大步骤》，中国企管网，2006年3月3日，有删减。见http：//www.china-qg. com/viewArticle. asp？ID＝3825。

公司总结出现问题的最大原因，是缺乏线下体验和线下购买方式的多样化。于是，战略决策部门组织公司骨干一起商量对策，开始了一场六项思考帽的战略讨论。

【思维工具】六项思考帽

【组合方法】蓝帽＋白帽＋黄帽＋黑帽＋绿帽＋红帽＋蓝帽

【应用目的】

蓝帽：确定主题，聚焦讨论重点；

白帽：梳理关键事实、数据和资料等信息；

黄帽：通过议题思辨，发现价值和机会；

黑帽：分析可能面临的问题、困难和风险；

绿帽：针对黑帽发现的问题，创造性地提出解决办法；

红帽：了解团队成员意见，保证最终决策一致；

蓝帽：形成最终决策及解决方案。

【会议过程】

蓝帽

设定讨论的议题：是否开设线下销售和线下体验服务来解决投诉问题？

白帽

1. 一个月内，A产品在线销量下滑了40%。
2. 在投诉量的统计上，线上、线下投诉的占比分别是35%和65%。
3. 线下投诉的70%是中老年人，绝大多数是功能使用不当造成问题的。
4. 电话接到投诉最多的两个问题是线上"抢"不到产品、线下被骗而买到假货两类。
5. 多家自媒体在视频网站上以视频指责公司搞"饥饿营销"。
6. 广东省某一用户在当地数码市场买到假货，充电时短路，造成重大损失。

黄帽

1. 开设线下销售可以满足一部分不会使用在线购买的中老年用户的需求。
2. 开设线下销售可以向客户推荐配件或其他产品，提高单价和提升毛利。
3. 有了线下体验环节，线下顾问可以指导客户使用产品，避免使用不当造成的客户投诉。
4. 线下终端和门店可以帮助客户进行免费验货、免费维护和保养，提升用户体验。
5. 开设线下销售可以提高企业形象和影响力，提高口碑。

黑帽

1. 如果开设线下商店，租金成本、运营成本将大大增加。
2. 人力资源储备不够，一下子招募不到足够的人手满足线下销售和体验支持。
3. 公司定位是"互联网公司"，大规模开设线下渠道销售是与公司定位矛盾？
4. 线下渠道投资增加，最终成本转嫁为价格，用户利益将严重受损，与经营理念不符合。
5. 进一步开放线下销售，可能会使黄牛更加猖獗。

绿帽

1. 储备一部分货源在原有的城市服务网店销售。（不增加额外租金成本）

2. 要求购买产品实名制，一张身份证可购买一件产品。（防黄牛）
3. 每一个服务网店增设若干产品体验师，专职指导用户使用产品。（提升用户体验）

红帽

会议发起者组织大家投票，90%的参会者同意开展开设线下销售服务。

蓝帽

最后做出如下决定：

1. 在原有的数百家服务网点开通部分产品线下销售，满足部分客户需求。
2. 用户凭身份证限购，严格管理。防止黄牛炒货。
3. 服务网点员工全员定期开展产品培训，以轮岗的形式服务每一位客户。

【案例结果】

该公司通过线上销售、线下服务的O2O模式，满足了不同用户群体的需求。在不增加运营成本的前提下，用已有的直营与授权服务网点部分开放销售，增加客户体验师的投入和培养，大大提高了用户满意度，原来困扰大家的客户投诉问题也得到了部分解决。①

需要注意的是，六顶思考帽法并不容易掌握，需要进行专门的培训和大量的实践。这里我们仅仅做简单的介绍，网上有大量案例和考题可以借鉴。

思考与练习

自选三个问题，试用六顶思考帽法寻找解决方案。

---

① 例题来源：http：//www.xuehu365.com/Article/ArticleInfo/436，有改动。

第六章

基本创新方法

古今中外的科学家,都非常重视科学研究的方法。笛卡尔说:"人类历史上最有价值的知识是方法的知识。"巴甫洛夫说:"科学随着方法学上获得的成就而不断跃进。方法上再前进一步,我们也就仿佛上升了一个阶梯。"

人类诞生至今从事的任何活动都有方法,如,《孙子兵法》总结了打仗的谋略、技巧和套路,简单地说就是争取打胜仗的方法;以色列发明的滴灌技术是把沙漠变绿洲的方法;诺伊斯有方法把沙子(硅)变成芯片。

创新既然是人类最重要的活动,当然也有方法。

人们通过长期研究与总结得出创造发明活动的规律,经过提炼而成程序化的创新技巧和科学方法。目前全世界已经研究出创新技法 400 种以上,成为创新学中不可缺少的重要内容之一。但是,我们至今仍有很多搞科研的专家,不知道创造发明有方法。

自近代科学产生,尤其是进入 20 世纪以来,思维、方法和工具的创新与重大科学发现之间的关系更加密切。据统计,从 1901 年诺贝尔奖设立以来,大约 60%~70% 是由于科学观念、思维、方法和手段上的创新而取得的。例如,1924 年哈勃望远镜的发明与应用揭开了人类对星系研究的序幕,为人类的宇宙观带来新的革命;1941 年,"分配色层分析法"的发明,解决了青霉素提纯的关键问题,使医学进入了抗生素防治疾病的新时代;20 世纪 70 年代,我国科学家袁隆平提出了将杂交优势用于水稻育种的新思想,并创立了水稻育种的三系配套方法,从而实现了杂交水稻的历史性突破。近现代科学技术的发展历程表明,科学思维、方法和工具的创新已经成为科学技术发展与进步的重要动力。

通过前面内容的学习,我们已经认识到人类创新活动的重要意义,初步掌握了创新学的基本思想和创造性思维的基本方法,破除了创造发明的神秘性,产生了跃跃欲试的愿望。

为了提高创新的速度和效率,本章将介绍创新活动通用的方法——基本创新方法,它来源于经典创新学。这些创新方法的学习和运用,可以帮助读者打开神秘的创新发明的大门,可以大大提高创新的速度和效率,产生事半功倍的效果。

本章选择的创新技法都是普遍适用的、具有代表性的、被实践证明确实是有效的、易于学习和操作的技法。

一、列举法型创新技法

（一）缺点列举法

1. 技法原理

缺点列举法就是有意识地列举现有事物的缺点，分析原因并进行改进，从而创造出新事物的创新技法。

创新学认为，当今世界上的一切都不是完美的，都可以通过创新使它更完美。人类社会的发展、技术的进步突出体现了上述基本思想。事实上，我们仔细观察任何产品，一定能发现它总是或多或少存在着一些缺点和不足之处，如不顺手、不方便、不省力、不节能、不美观、不耐用、不轻巧、不省料、不安全、不省时、不便宜、寿命短等，只要不断地对现有事物的缺点、不足之处加以改进，推陈出新，吐故纳新，就能创造出许许多多新的产品来。

由此可见，缺点列举法是一种简便有效、很容易理解和掌握的发明创新方法，它没有什么深奥的道理，采用这一方法发明创新，获得成功的例子不胜枚举。

对已有产品同样可以采用缺点列举法，从功能、材料、颜色、大小、形状等方面出发，问一问是否可以转换、扩展、代替、缩小、增加、减少……进一步提高产品性能或变成一种新的产品。

从功能的角度，可以通过开发一种全新功能的产品，增加或减少现有产品的功能，改变现有产品功能和用途的市场定位，改变产品的精神功能等来实现产品创新。

从质量的角度，可以选择产品的关键质量特性作为创新点，如产品的耐久性、可靠性。

从人机工程的角度，可以通过改善外观设计、品牌形象，提高其舒适度来实现产品创新。

从价格的角度，可以通过改变现有产品的价格、用新的价格推出新的产品等途径进行产品创新。

从服务的角度，可以通过扩大服务的范围、改善服务质量、提高服务效率等来获得产品创新。

由此可知，新的产品原理、新的产品材料、新的产品功能、新的产品包装、新的产品形式、新的产品售价、新的产品用户、新的售后服务、新的经销方式等，凡具备了其中任何一种新产品要素和新产品属性的产品，都可以视为新产品。

2. 运用要点

（1）做好心理准备。

缺点列举法的应用基础就是发现事物的缺点，找出事物的毛病。应当说这是很容易掌握的。但是，并不是所有的人都愿意挑缺点，都会挑毛病。因为人们常常具有惰性，对于看惯了的东西，就会习以为常，不愿意去挑它的缺点；对自己亲手设计或生产的产品，有着深厚的感情，看到别人"横挑鼻子竖挑眼"，会觉得心里不好受甚至反感，认为能达到如此水平和完善程度已经不容易了。因此，在列举缺点之前必须先解决这些思想障碍，以

"追求完美"的动机对待一切事物。

（2）列举缺点的方法。

① 用户意见法。对于已投放市场的产品，采用适当的形式，让用户充分提意见，对于改进企业产品或提出产品概念最有参考价值。这里的适当形式可以是印制用户调查表随产品发给用户，可以电话调查，可以登门调查，也可以通过媒体宣传采用有奖征求改进意见等。

② 开会列举法。召开缺点列举会，是充分揭露事物缺点的有效方法。其最大特点就是可以互相启发，产生连锁反应。

③ 对比分析法。将所研讨的对象与目前市场上最先进的同类产品就各种技术参数、性能、功能、质量、价格、外观、包装等诸方面进行分析比较，从而找出自身的缺点，取各家之优点设计出超过同类产品的具有竞争力的新型产品。例如，日本的机床工业就是使用对比分析法发展起来的。

在列举缺点的过程中，既要列举那些显而易见的缺点，更要善于发现那些潜伏的、不易被人觉察到的缺点。事实表明，发现同类产品的共同缺点比发现自身单独存在某一缺点更有创新价值。

【例6-1】 小螺丝克服缺点成就大事业

螺丝螺帽是一切产品最简单、最常用的紧固件。针对螺丝螺帽易自然松脱的缺点，美国 NYLOK 公司于 1942 年成功开发研制了世界上首例防松螺丝，其技术奥秘仅仅是在螺丝螺帽的螺纹上涂上一层薄薄的特种树脂，该公司却凭此申请并获得了国际专利，因为防松螺丝永远不可能自然松脱，取得了产品质量的绝对优势。NYLOK 公司现在是世界上最大的生产防松紧固件跨国企业。全世界至少 18 个国家和地区购买了该专利的使用权，并购买该公司不断更新的生产设备。

连小小的螺丝螺帽都可以通过创新成就大事业，还有什么产品设备不能创新呢？

【例6-2】 金王蜡烛的创新——中小企业创新的榜样

1993 年，毕业于北京大学，在美国获得工商管理硕士后回国创业的陈索斌扔掉了"金饭碗"，与四个朋友一起东拼西凑了不足 2 万元资金，办起了小企业。他发现，全世界每年蕴藏着 120 多亿美元的烛光制品需求量，他带领科研人员寻找现有蜡烛的缺点，研制出与传统蜡烛截然不同的新产品——"果冻蜡""水晶蜡"。1999 年，陈索斌的金王集团自主研发的"新型聚合物基质复合体烛光材料及其制品"成功问世，颠覆了上百年来以石蜡为主要原料的蜡烛制造史，第一次赋予蜡烛透明、无烟、环保、耐燃等优良特性。这些全新的产品一上市，立即引起了沃尔玛等世界商业巨头的热切关注，他们纷纷主动上门要求供货，在广交会上竟然出现平均每天光顾其展位的外国客商达 1 万人次的"奇观"。2005 年，金王国外国内的总销售额达 16 亿元，产品在国外销售遍及 110 多个国家与地区，直接为全球 1 500 余家客户服务。金王蜡烛点亮了一条"出口 1 支蜡烛等于出口 2 台DVD，出口 3 支蜡烛等于出口 1 台彩电的利润"的"微笑曲线"。

(二) 希望点列举法

希望点列举法主要是组织专家和外行人士,针对问题,提出希望,以找到新的突破口,也可以撇开已有产品的束缚,"无中生有",创造市场。缺点列举法一般来说是一种被动式的创造发明法,因为缺点列举法不可能离开事物的原型。但是,希望,就是人们心理期待达到的某种目的或出现的某种情况,是人类需求心理的反映和对美好愿望的追求,是创造发明的强大动力。

1. 技法原理

希望点列举法,就是发明创造者从个人愿望和广泛收集到的他人愿望出发,通过列举希望和需求来形成创新课题的创新技法。希望点的背后,往往是新问题和新矛盾的解决。因此列举新的希望点,就是发现和揭示有待创新的方向或目标。只要能想出满足希望要求的新点子、新创意和新方法,就意味着新的创造的诞生。将希望点化为明确的创新课题并提出完成课题的途径,是希望点列举法的基本内容,也是这种方法具有创新功能的基本原理。

希望点列举法具有很大的主动性,它完全可以不受事物原型的约束,只从创新者的希望与追求的出发点为创新构思的基点。因此,希望点列举法是一种积极主动的发明创新技法。

古今中外,世界上的许多东西都是根据人们的希望和需求创造出来的:人们希望像鸟一样飞上天,于是就发明了气球、飞机;人们希望冬暖夏凉,就发明了空调设备;人们希望成为"顺风耳""千里眼",就发明了电话、望远镜、收音机和电视机;人们希望夜如白昼,就发明了电灯;人们希望快速计算,就发明了电子计算机;人们希望夜间上下楼梯时,路灯能自动亮、自动灭,就发明了光声控开关;人们希望打电话时能看到对方的形象,就发明了可视电话;人们希望洗手后不用毛巾擦也能干手,于是发明了电热干手器;人们希望擦高楼上的玻璃窗不会发生危险,于是发明了磁性双面擦窗器;等等。

❋【例 6-3】 逃生轮入选年度十大发明之首

"9·11"发生后,凯文·斯通一直追看电视直播,看着那些悲惨的画面,一个念头萦绕在他脑际,挥之不去:为何困在世贸中心里的人无法安然返回地面?"应该有种更好的方法,帮助人们在灾难时刻成功逃离摩天大楼。"于是他受渔线轮启发,设计了一种简单的新装置,依靠足够坚固的长绳,将人们从高楼平稳送至地面。使用者只需打开一个抽屉大小的盒子,将一条杜邦凯夫拉尔纤维制成的绳索钩在某个安全牢靠的物体或连接点上,然后将类似外衣的安全吊带套在身上,打开窗即可一溜而下,距地最高可达 100 层楼。使用者无须接受专门培训,完成全部准备动作不用一分钟。每套装置售价 1 500 美元左右(图 6-1)。

图 6-1 大楼逃生轮

【例6-4】 "史上最可笑的发明"——桌子防摇器

英国的戈登发现很多家具、电器放在地上会摇,于是发明了桌子防摇器,其结构非常简单,8张塑料片用铆钉一订就成,宜家、百安居等均已向他下了订单,英国王室也对这种小装置产生了兴趣,英国考试协会订购了20万个。桌子防摇器曾被评为"史上最可笑的发明",却给发明者赚取了近千万美元。

2. 基本类型

按照是否有明确的固定的创造对象,我们可以把希望点列举法分为两大类:

(1) 目标固定型。即目标集中在已确定的创新对象上,通过列举希望点,形成该对象的改进和创新的方案。有人将其简称为"找希望"。

(2) 目标离散型。即开始时没有固定的创新目标和对象,通过对全社会、全方位、各层次的人在各种不同的时间、地点、条件下的希望点的列举,寻找发明创造的落点以形成有价值的创新课题。它侧重于自由联想,特别适用于群众性的创造发明活动。有人将此类希望点列举法简称为"找需求"。为了相对集中,也可以在列举前规定一个范围,例如,通过对老年人的希望点的列举,为老年人设计新的用品。

3. 运用要点

(1) 重视人类需求的分析。希望实际上是人类需求的反映,因而,利用希望点列举法进行创造发明就必须重视对人类需求的分析。大千世界,各种各样的人有各种各样的需求。由于生产力的飞速发展,供不应求的时代已经成为过去,社会已经跨入一个多样化、有选择的时代,我们该怎样去寻找人们新的需求呢?首先我们应该知道,人类有哪些需求。

行为科学将人类的需求归纳为六大类,并形成由低到高的层次。这六大需求是:

① 生理需求,包括人们对衣、食、住、行等维持基本生活条件的需求。

② 安全需求,即对自己所有的财产及自身安全的需求,如各种医疗、保健用品、安全用品设备等。

③ 社交需求,即人们之间交往、友情、爱情等社交和归属的需要,如娱乐用品、交际用品、礼品等。

④ 自尊需求,即满足自尊心愿望的需求,如自主、自由、自信和受人尊重,以及职业、身份、地位、民族、特征等。

⑤ 自我实现需求,即实现自我目标、人生价值的需求,如各种与心理、精神需求相关的产品。

⑥ 生产和科研需求,即为维持正常运转和未来发展的需求。

上述6种需求,①②属于低级需求,基本上是属于生理上的需求,是基础。只有满足了基础需求,才能实现其他层次的需求。③④⑤属于心理上的、精神上的需求,是高级需求。⑥实际上是社会集团的需求。人类这种由低级到高级的动态需求模式是科学技术进步、文化教育水平和生活水平提高共同作用的结果。

不同的需求展示不同的心理状态与价值观念,如求实心理、求新心理、求廉心理、求美心理、求奇心理、求乐心理等。因此，创新者应当按照社会需要的不同层次和不同的需求心理去构思不同的发明创造课题，捕捉不同年龄、不同性别、不同文化、不同爱好、不同种族、不同区域、不同信仰、不同单位（机关、学校、工厂、农村）等千差万别的需求信息，使发明创造的天地无限广阔，使发明创造的课题、成果源源不断地涌现出来，满足社会多样化的需要。

例如，瑞士有家制表商用石头作手表的外壳，由于石头的花纹不同，故不可能有两只完全一样的手表，满足了西方人的求异心理；日本的吴百福（日本籍中国台湾人）发明了方便面，是适合了紧张工作的人们需要快速的方便食品的需求，被日本天皇授予"方便面之父"的美称；日本某公司研制出一种手表状的自身保护器，是为了满足单身妇女对付歹徒的需要，只要遇到歹徒，保护器就能喷出辣椒液，使歹徒睁不开眼。

（2）注意特殊群体的需求和希望。人们大多习惯于寻找正常人在正常条件下的需求，而忽略了某些特殊群体或正常人在特殊条件下的需求，如老人、儿童、盲人、聋哑人、残肢人、住院病人、精神病人、左撇子和有特殊嗜好的人等。

例如，通常的手表盲人不能使用，于是有人发明了语音报时手表；普通的电话聋哑人不能使用，黑龙江省有人发明了聋哑人电话；日本一家公司针对残疾人的需求研制出一种会爬楼的残疾人车，解决了残疾人上下楼的大问题。

（3）善于发现潜在的需求。社会需求还可以分为现实需求和潜在需求两种。现实需求是眼前的需求，潜在需求是相对于现实需求的一种未来需求。善于研究和发现潜在需求是希望点列举法的灵魂，是企业立于不败之地的法宝。根据国外有关资料的介绍，在社会对产品的需求中，潜在需求约占60%～70%。正因为如此，世界著名企业无不重视对潜在需求的研究。

例如，日本一家公司发现许多人在工作时受了气，精神压抑，没有地方发泄，于是在公司里专门安排了特殊的小房间，里面设有模拟的人像，供客人任意殴打和谩骂，以解心头之恨。

4. 列举希望点的方法

（1）观察联想法。要使列举的希望点尽可能地符合社会的需求，就必须善于观察，发现人们在日常生产、生活、学习中有意或无意流露出来的某种希望和要求，充分利用联想构思出满足需求的方案。

（2）召开希望点列举会。希望点列举会的形式与缺点列举会的形式大体相同。

（3）向用户和商店征求意见。对于现有产品的改进，可以采用向用户和商店征求意见的方式来列举希望点。可以是电话征求，可以发放征求意见表，若能召开意见征求会将更好。

（4）对社会各阶层进行抽样调查，可以较全面地了解各阶层用户的各种希望。例如，日本三洋公司的新产品开发部就曾经聘用过5名女士，这5名女士并非科技人员，而是普通市民。三洋公司要这5位女士终日畅想市民们的需要和希望。她们还真的想出了女士们的许多希望点，如晾晒内裤、胸罩之类小衣物有诸多不雅，最好有个小型烘干机取代。经理立即组织科技人员开发，推向市场后果然畅销，原因就在于这确实是社会所需要的。

（三）特征点列举法

1. 技法原理

特征点列举法是由美国创造学家克拉福德教授研究总结出的创新技法。它采用的主要手段是先对发明对象的特征进行分析，并一一列出，然后探讨能否改革以及实现改革的方法，所以也被称作分析创新技法。

在创造发明的过程中，我们的研究对象有时比较复杂，如果从整体上来考虑改进往往难以找到改进的落点。但是，如果我们把问题进行分解，化整为零，逐个解决，那么就容易得到解决的方案。

克拉福德把一般事物的特征分为以下三种：

（1）名词特征，指采用名词来表达的特征，如事物的全体、部分、材料等。

（2）动词特征，指采用动词来表达的特征，主要指事物的功能、制造方法和使用时涉及的有动作。

（3）形容词特征，指采用形容词来表达的特征，主要指事物的性质，如颜色、形状、大小等。

2. 操作步骤

使用克拉福德的特征点列举法的一般步骤如下：

（1）确定课题并加以分析，即确定一个目标比较明确的创新课题。课题宜小不宜大。如果是较大的课题，应分成若干个小课题，分几次完成。确定课题后，应分析了解事物现状，熟悉其基本结构、工作原理及使用场合等。

（2）列举特征，即按照名词特征、形容词特征和动词特征的顺序，详细列举创新对象的特征。

（3）分析特征提设想，即依次针对所列出的各个特征，充分利用创新性思维，通过提问，诱发出用于革新的创新性设想。

❋【例6-5】 用特征点列举法革新自行车

1. 名词特征

车把、车座、车轮、链条、刹车、车铃、支架、书包架……

2. 动词特征

行驶、加速、降速、停止、拐弯……

3. 形容词特征

颜色、材料、重量、硬度、大小、光泽……

把所列特征依次分析，就可以产生改进的创意，于是生产出了各式各样的自行车。

二、推理型创新技法

（一）移植法

1. 技法原理

技术创新中的移植法，是指把某一事物的原理、方法、材料、结构等移植到新的载体，用以变革和创造新事物的创新技法。

现代科学技术的发展，使得学科与学科之间的概念、理论、方法等相互转移、相互渗透，从而产生新的学科、新的理论、新的事物和新的成果，这是现代科技突飞猛进的巨大动力之一。因而移植法就成了一种应用极其广泛的创新技法。在人类科学发展史中，许多创新来自移植。正如贝弗里奇所说，移植是科学研究最有效、最简便的方法，也是应用研究中运用最多的方法。

移植法采用"拿来主义"，把已成熟的技术特别是最新科技成果移植到新领域"为我所用"，这就容易使我们绕过重复思考、重复研制的泥坑，迅速实现"它山之石，攻我之玉"的目的，它是现有成果在新目标下的再创造，是现有成果在新条件下的延续和拓展。

2. 移植的分类

（1）原理移植，即将某种科学技术原理移向新的研究领域和新的载体就是原理移植。

例如，把电子语音合成技术（数码录音技术）移植到汽车上，能实现汽车倒车提示、公交车自动报站名。深圳某公司推出一种能提醒人们按时服药的药瓶，当拧紧瓶盖时，计算器开始工作，到规定时间便发出柔和的女性声音："时间到了，快服药吧。"有人把电击棍原理移植到衣服上变成"碰不得外套"，打开电池开关后任何人不能碰，一碰就遭到高压电击。该发明是2003年全球最佳发明之一。

（2）结构移植。结构是事物存在和实现功能目的的重要基础。将某种事物的结构形式和结构特征向另一个事物移植，以产生新的事物，就是结构移植。

例如，拉链被科学家们列为20世纪改变人类生活方式的最重要的发明之一。拉链除了用在衣服、裤子、鞋子、被子、枕头、包等方面外，许多人将其移植到新的领域。某公司为一个口蹄疫地区的羊群做了成百上千双"拉链靴"，以防止这种传染病的蔓延。不久前，美国的 ATROX 医疗公司，已正式将拉链移植到外科手术，完全取代用线缝合的传统技术。他们把一条拉链和两片多层辅助胶布结合在一起成为"手术拉链"，只需两分钟就可闭合伤口，比针线缝合快10倍，且不需要拆线，大大减轻了病人的痛苦。

有人正在设想，能否将拉链移植到城市建设中去，使马路不再屡挖屡填，影响市容，影响交通，读者不妨考虑一下如何实现。

珠海有位发明人把儿童乐园的空中旋转大转盘的结构移植到停车场，已经获得国家专利（图6-2）。

图6-2　摩天轮车库

（3）方法移植。科学研究每提出一种新的理论，技术创新每完成一项新的发明，都伴随着方法上的更新和突破，而这种方法的诞生和推广，其意义有时比科学研究和技术创新的成果本身还重要。方法的移植能在很多领域的科研和技术创新中发挥启迪和催化作用，方法的生命力往往超过成果自身的生命力。许多发明构想之所以未能实现商业化而"胎死腹中"，很可能是未找到实现这种构想的工业化生产的方法。

例如，面包发酵后变得松软多孔，这是司空见惯的小事。而美国科学家在橡胶中加入发泡剂，将面包发酵方法移植到橡胶新产品的开发中，发明出海绵，令整个橡胶工业为之一震。后来有人将之移植到塑料，得到泡沫塑料。日本的铃木信一将发泡方法往水泥制品业移植，开发出质坚而轻的发泡水泥制品，这种多孔混凝土制品内含有空气，是理想的隔热、隔音新材料。发泡方法还可以移到什么地方呢？有人继续思考，于是，移向玻璃制造业得到隔音隔热的发泡玻璃，移向制皂业产生了能浮在水面上的"松皂"，移向冷饮制造业产生了发泡冰糕，等等。

（4）材料移植。产品的使用功能、使用价值和制造成本，除了取决于技术原理、结构、方法外，还取决于物质材料。许多工业产品是通过材料的更换实现创新的，这就是材料移植。

例如，用塑料取代金属做汽车的外壳具有成本低、重量轻、耐撞击的优点；用陶瓷材料做成的发动机具有耐高温、不变形的优点；美国世界造纸公司设计出一种造价低廉、容易拆迁和建造迅速的纸造房屋，这种房屋的板壁由一种专门设计的经化学处理的带皱纹的牛皮纸板涂上树脂和玻璃纤维制成，使用寿命可达 15～20 年；英国研制的世界上第一辆塑料坦克于 2000 年 3 月 17 日正式亮相，这种由塑料和玻璃纤维制造出来的坦克车，不但重量轻，能以飞机运载，而且具有避开雷达的隐形功能。

3. 运用要点

在运用移植创造技法时，一般有以下两种思路：

（1）成果推广型移植。成果推广型移植就是主动地把现有科技成果向其他领域铺展延伸的移植，其关键是在搞清现有成果的原理、功能及使用范围的基础上，利用发散思维方法寻找新载体。

✳【例 6-6】　宠物的身份证——芯片

随着计算机芯片技术的不断发展，计算机的运算速度越来越快，体积也越来越小，其价格也不断降低。那么计算机芯片还能用在什么地方呢？动物学家经过研究和探索，把计算机芯片用到宠物的身上，成为宠物的身份证。

他们研制成功米粒大小的芯片，内存有宠物主人的详细资料，植入宠物皮肤后，对预防宠物走失能够发挥积极作用。当被遗弃和走失的宠物被发现后，只要送交兽医部门或有关机构，用扫描仪对准宠物进行扫描，就能确认宠物主人的身份、居所以及联系方法，通知主人来领取或直接将其送回去。如果查出是有意遗弃，还要对宠物主人进行批评教育甚至处罚。

这种"宠物芯片"的问世，受到了世界各国宠物爱好者的青睐。一些国家和地区甚至做出规定,强制对所有猫狗等宠物植入芯片。香港在1996年开始实施这项条文,澳大利亚则规定所有出口的猫狗都得植入芯片。据悉,芯片及植入费用都不贵,普通家庭完全能够接受,植入的方法也很简单,利用针管将芯片植入宠物的皮下,与打针没有区别,宠物不会受到伤害。

目前科学家已经开始试验可以植入人体的芯片,这样不仅可以根据芯片携带者身份的数据信号用来辨别身份,还可保存重要的医疗信息,可以用来寻找走失的儿童或老年痴呆症患者,对监控病情也有益处。目前应用数据公司还在开发一种更为精密的芯片,它可以接收卫星发出的全球定位坐标,因此无论芯片携带者身在何处,都可以传回方位信息。如果把这项技术运用到军事中,那么指挥官们绝对能做到调兵遣将于千里之外,并且非常准确。

(2)解决问题型移植。解决问题型移植就是从研究的问题出发,通过发散思维,寻找其他现有成果,通过移植使问题得到解决。

【例6-7】 器官移植中的创新

器官移植是挽救人的生命的极为重要的途径。早在20世纪40年代,美国医学家斯内尔就开始致力于异体器官移植"排异"现象的研究。他发现一组特殊抗原系统H2系统,并证实用不同H2系统进行组织移植就会产生"排异"现象,从而揭示了组织"排异"的秘密,获得1980年诺贝尔生理或医学奖。此后,科学家发明了多种抗排异反应的药物,使异体器官移植的范围不断扩大。

但是,随着社会需求的不断扩大,怎样解决器官供体严重不足的问题成为最重要、最迫切的课题。

科学家发现,猪的血液和器官与人的血液和器官最接近,于是他们把人的基因移植到猪身上,使猪的血液和器官能够移植到人体而不产生排异反应。目前正在研究的是如何防止猪的病毒随着器官传给人体。

我国深圳武警医院著名眼科专家王元贵成功地将鲤鱼角膜经处理后移植到人眼中,一个月后,原来仅有光感的患者徐某的视力恢复到0.2。

(二)类比法

1. 技法原理

类比法是建立在类比基础上的一种创新技法。

所谓类比,就是人们在创新活动中,应用比较的方法,把陌生的对象与熟悉的对象相对比,把未知的东西与已知的东西相对比,这样由此及彼、由表及里,起到启发思路、提供线索、举一反三、触类旁通的作用。

类比创新法的基本原理在于类比推理,其基本模式是:

如果A对象中有属性a,b,c,d;B对象中有属性a',b',c';那么B对象中可能有属性d'。

这里的属性包括类比对象的成分、结构、功能、性质等。利用类比推理,常常可以发现事物所具有的尚未被发现的重要属性，从而创造出新的事物。

2. 类比的分类

（1）直接类比。直接类比就是根据原型的启发，直接将一类事物的现象或规律搬到另一类事物上去，创造出新事物。

【例6-8】 "一孔值万金"的类比

美国一家制糖公司，每次向南美洲运方糖，都因受潮而遭受巨大损失。有人提出，既然方糖用蜡密封还会受潮，不如用小针戳一个小孔使之通风。经试验，果然取得意想不到的好效果。此人申请了专利，据媒体报道，该专利的转让费高达100万美元。

日本一位K先生，发现在打火机的火芯盖上钻个小孔，可以使打火机灌一次油由原来的使用10天变成50天。发明终于给他"戳"出来了。

日本某厂商在纽扣上戳个小洞注入香水，香水不但不易消失，而且"永远"香味扑鼻，大受女士的欢迎；国内某饰品厂把香水注入项链坠中，销量明显增加。

读者不妨也试试，能否"戳"出个新发明来。

（2）仿生类比。人类很久以前就懂得向自然的创造物学习创造了。自然界的动植物以其精妙绝伦的工作为人类孕育出新事物和新方法提供了学习样板。

科学研究表明，生物界所具有的精确可靠的定向、导航、探测、控制调节、能量转换、信息处理、生物合成、结构力学和流体力学等生物系统的基本原理和结构，是人类创造新事物的巨大智慧源泉，有着十分广阔的前景。1960年在美国诞生的边缘学科——仿生学，就是为解决技术上的难题而应用生物系统知识的学问。因此，有人称仿生类比法为仿生学法。

PC（个人计算机）技术的发明人高登·艾吉说："如果你希望解决一个问题，你可以参考一下这个问题在自然界的解决方案，作为进化的成果，生物总是有着最为经济实用的答案。"他领导的小组研究了夜蛾的眼睛在吸收光线的同时不反射光线的原因，发现这是由于夜蛾的眼睛被一个精巧的十字图案所覆盖。他们利用这一点作为信息存储系统的基础，发明出记录信息的光盘。

【例6-9】 易拉罐的发明

在易拉罐发明之前，人们只能在瓶盖上挖个小洞，然后用管子吸，既费力又不方便。于是，技术人员开始研究如何非常容易地在瓶盖上开个大口子。

他们从自然界的动植物开始研究：哪些东西是能自动张口的呢？他们选择了具有开口功能的蛤蜊、凤仙花的荚果和火山口等作为研究对象。他们对这些物体的结构、作用、属性等进行仔细的研究，寻找有用的材料。他们发现：蛤蜊一开一合，是因为它的壳内有一道俗称瑶柱的肌肉，一开一合就是由这道肌肉的抽紧和放松来进行的。凤仙花的荚果，在成熟后啪地裂开了大口，原因是荚果的外皮有一部分有裂缝，在裂缝上有细细的筋拉合着，因此，荚果的口看来是密合的，但一到秋天，荚果成熟，那些细筋就枯萎没力了，弹力使荚果张开了口。火山口的形成则不同。火山口所在之处,下面有熔岩往上涌,哪儿的地壳比别处薄,地下熔岩的量大,哪里就成为火山口。

易拉罐就是选择了蛤蜊开口的原理、凤仙花荚果开口的结构和火山口的形成原理,将它们的特征加以协调综合而发明的。

(3) 因果类比。两种事物都有某些属性,各属性之间可能存在同一种因果关系,根据某一事物的因果关系推出了另一个事物的因果关系,这种类比就叫作因果类比。

例如,为了解决海水与船的摩擦问题,研究人员邀请动物学家参与讨论,动物学家寻找到了类比对象——鲸和海豚。他们通过研究发现,鲸和海豚在进化中有减少摩擦的系统,即它们的外皮上有一种黏液,降低了摩擦力,于是产生设想:模仿鲸和海豚外皮的黏液研制高级涂料喷在船体上。

(4) 对称类比。自然界中许多事物之间存在着对称关系,利用对称关系所进行的类比就叫作对称类比。

例如,原先化妆品是女性专用的,根据对称类比,男士也有爱美和护肤的需要,于是男士化妆品就应运而生了。现在许多人想方设法发明新型儿童玩具,但是,如果利用对称类比为老人们设计玩具,以减缓大脑的衰老,一定会有巨大的市场。

(5) 综合类比。根据一个对象与另一对象属性的多种关系的综合相似性而进行的类比推理叫作综合类比。

例如,设计飞机时,为了了解其平稳性、阻力大小等综合数据,先按比例做成飞机模型,放在风洞中进行模拟飞行试验,这就可以综合飞机在飞行中的许多特征进行类比,发现设计中可能存在的问题,提高实际试飞时的成功率。

许多新药的研制,都是先在动物身上进行试验,了解动物在服药后产生的生化反应,在确定药物有效且基本没有副作用的情况下,才能在人身上进行试验。这里用的也是综合类比。

3. 运用要点

(1) 注意选择好类比对象。类比法立足于把未知的对象和已知对象进行对比和类推,加以启发,开阔思路,为创造发明提供线索,促进创造发明的实现。在实际使用时,类比对象的选择一般应根据创新课题来决定,要注意两种事物的相似性。但是也不排除任选一个对象进行强制性类比,从而获得创新性设想的启示的可能性。

(2) 要拓宽知识面。进行类比创造,需要积累有关对象的丰富知识,需要学科之间的相互渗透。一般说来,发明创造者所积累的有关知识越丰富,类比时就越能左右逢源、运用自如。否则,在知识贫乏的情况下勉强运用类比,就容易做出牵强附会的推理,从而使创造发明误入歧途。

(3) 通过类比得出的新设想必须进行验证。比如,牛奶是液体,可以干燥成奶粉,如果把牛奶和汽油进行类比,把汽油干燥成"汽油粉",显然是荒谬的。

(三) 形态分析法

1. 技法原理

形态分析法是一种系统搜索和程式化求解的创新技法。该方法由美国加州理工学院兹维基教授发明。

兹维基教授原是瑞士的一位天文学家,第二次世界大战期间来到美国工作。当时,德国法西斯首先研制成功先进武器:带脉冲发动机的F-1型巡航导弹和F-2型火箭,并将其作为核心机密而采取了最严格的保密措施。在军备竞赛中,不甘落后的美国也集中了一批优秀科学家进行火箭研制。兹维基教授参加了研制。

在研制过程中,他分析了火箭的各主要组成要素及其可能具有的各种形态,认为任何火箭都必须具有6个基本要素:使发动机工作的媒介物;与发动机相结合的推进燃料的工作方式;推进燃料的物理状态;推进的动力装置的类型;点火的类型;做功的连续性。而这些基本要素各有若干种可能的不同形态。例如,使发动机工作的媒介物有真空、大气、水等4种;与发动机相结合的推进燃料的工作方式有静止、移动、振动、回转4种;推进燃料的物理状态有气体、液体、固体3种;推进的动力装置的类型有内藏、外装、没有3种;点火类型有自动点火、外点2种;做功的连续性有持续的、断续的2种。如果应用数学中的排列组合原理,则这些基本要素组成的可能形态总数为 $4 \times 4 \times 3 \times 3 \times 2 \times 2 = 576$ 种火箭方案。只要对这些方案进行分析和筛选,就可以找到最佳方案。这就是兹维基教授创造的"形态分析法"。

运用形态分析法,兹维基教授在一周内就得到了576种不同的火箭构造方案,而其中轻而易举地包括了德国人绝对保密的F-1型和F-2型的方案,在经过先发散后集中的创新过程后,美国很快获得了同样的先进方案,在军备竞赛中赶上了德国。

形态分析法的应用面非常广泛,应用效果也很好,常常会找到原来难以想到的方案,对于探究国外先进技术有重要作用。显然,形态分析法的实质是用矩阵的方法产生创意。

如果某事物是2个要素,就可以构成二维矩阵,每根轴10个想法,两两结合产生100个想法;如果某事物是3个要素,就可以构成三维矩阵,每根轴10个想法,就可以构成1 000个想法。

❋【例6-10】 用形态分析法开发新型的MP3

首先可以确定,MP3有3个基本要素,即使用目的、使用地点和外形(图6-3)。

使用目的有欣赏音乐、录音、复读、催眠、噪音、动物叫声6种;

使用地点有公园、教堂、办公室、厕所、足球场、机场、商场7种;

外形有钢笔、手表、耳饰、眼镜、手杖、日记本、纽扣、徽章8种;

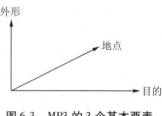

图6-3 MP3的3个基本要素

进行组合后产生 $6 \times 7 \times 8 = 336$ 种想法,从中可以选择市场前景比较广的进行开发。

【例6-11】 用形态分析法创作言情小说

台湾某创造学研究者曾探索把形态分析法用于文艺创作的情节构思。首先确定以男女间的言情小说为创作对象，然后根据对大量古典言情小说和戏曲故事的调研，认为总体模式的雷同性很大，其中典型模式大致分为书生落难，小姐搭救，后花园私订终身，应考及第，衣锦团圆。这个典型模式可以分解出"书生""落难""小姐""搭救""后花园""定终生""应考落第""衣锦团圆"这8个独立的基本要素。再把这8个要素广义化后开展形态分析，列举可能的广义性形态。如广义的"书生"，即小说的第一主人公，可以有旧式书生、新式大学生、留学生、音乐家、画家、武师、外国书生、企业家、外籍企业家、女书生、女博士、女医生等各种人物；广义的"落难"，即第一主人公遇到的事变，则可以有遇上盗匪、被抄家破产、生癌症、出车祸、游泳遇险、未婚妻变心等各种情况；广义的"小姐"、广义的"搭救"……都可以列出各种可能性。然后进行排列组合，各种不同的言情小说的主要情节方案就出笼了。再加上各种人物描绘、景色形容、节外生枝、感情纠葛、添油加醋、精心润色，一部言情小说就创作出来了。

2. 运用要点

（1）因素分析。因素分析就是确定操作对象的构成要素，它是应用形态分析法的首要环节，是确保取得创新性设想的基础。分析时，要使确定的因素满足三个基本要求：一是在逻辑上彼此独立，二是在本质上是重要的，三是在数量上是全面的。要满足这些要求，一方面要参考创新对象所属类别的其他所有技术系统，都包含哪些共同的子系统或过程，哪些是可能影响最终方案的重要因素；另一方面要与可能的方案联系起来理解因素的本质及重要性。这就要求必须预先能感觉到经过聚合所形成的全部方案的粗劣结构，而这需要丰富的经验和创造性的发挥。

如果确定的因素彼此包含或不重要，就会影响最终聚合方案的质量，且使方案的数量大幅度增长，为评选工作带来困难。如果不全面，遗漏了某些重要因素，则会导致有价值的创新性设想的遗漏。

（2）形态分析。形态分析就是按照创新对象对因素所要求的功能属性，列出各因素可能的全部形态（技术手段），无论是本专业领域的还是其他专业领域的都要考虑。显然，这一过程中，情报检索工作是十分必要的。

（3）方案列举。方案列举就是在因素分析和形态分析的基础上，采取适当的形式列出所有可能的方案；如果方案的总数不大，则可以采用表格的形式，如果方案的总数很大，为了保证完整、不遗漏，则最好借助于计算机进行。

（4）方案筛选。由于方案列举所得的可行方案数量往往很大，所以必须进行筛选以找出最佳的可行方案，一般用新颖性、先进性和实用性三条标准进行初评，再用技术经济指标进行综合评价，好中选优。

（四）条件变异法

条件变异法是周道生先生在2006年创造创新与可持续发展国际学术研讨会（北京）

上提出的创新技法。

1. 技法原理

任何产品或技术，都需要一定的条件，才能使用、生产或销售等，如果改变了条件，产品就无法使用、生产或销售。条件变异法是在刻意取消或改变事物的某些必要条件的情况下，寻求实现完整功能而产生创意的方法。

✳ 【例 6-12】 用条件变异法对洗衣机进行改造

使用普通洗衣机的必要条件有：
(1) 必须有水；
(2) 必须有电；
(3) 必须有洗衣粉；
(4) 必须用手控制开关；
(5) 洗完后必须晒干或晾干。

刻意取消其中的任一条件，就可以得到以下 5 个设想：

A1：不用水的洗衣机；
A2：不用电的洗衣机；
A3：不用洗衣粉的洗衣机；
A4：不用动手的洗衣机；
A5：自动烘干的洗衣机。

刻意取消其中任 2 个条件，就可以得到以下 10 个设想：

B1：不用水和电的洗衣机；
B2：不用水和洗衣粉的洗衣机；
B3：不用水也不用动手的洗衣机；
　……

刻意取消其中任 3 个条件，又可以得到 10 个设想：

C1：不用水、电和洗衣粉的洗衣机；
C2：不用水、电且不用动手的洗衣机；
C3：不用水、洗衣粉且不用动手的洗衣机；
　……

再刻意取消其中任 4 个条件，有可以得到 5 个设想：

D1：不用水、电、洗衣粉且不用动手的洗衣机；
D2：不用水、洗衣粉且不用动手自动烘干的洗衣机；
　……

把 5 个条件全部取消，又得到 1 个设想。

总共可以得到 31 个设想，从这 31 个设想中可以选择最实用、最有价值、最受欢迎的新机型。

一般情况下，如果有 n 个必要条件，我们就可以用数学中的组合方法取得：

$C_n^1 + C_n^2 + \cdots + C_n^{n-1} + C_n^n = 2^n - 1$ 个设想。

当 $n = 6$ 时，有 63 个设想；

当 $n = 7$ 时，有 127 个设想；等等。

2. 运用要点

条件变异法中的条件主要是指使用条件，但是也可以指其他条件，如生产条件、运输条件和销售条件等。

条件变异法得到的只是设想，不一定有开发价值，但是这些设想应采用发散思维的方法仔细思考实现设想的可能性。例如，上面所举洗衣机设想 A2，不用电的洗衣机就可以采用太阳能的、煤气的、酒精的甚至把洗衣机与健身器结合；再如设想 B2，不用水和洗衣粉的洗衣机除了干洗以外，澳大利亚一名华裔大学生已经设计成功无水、无洗衣粉洗衣机。几年前，他从晒太阳萌发用阳光紫外线洗衣的灵感。紫外线可以氧化很多种有机物，同时也可消毒杀菌。他设计的洗衣机可通过日常室内光产生强力氧化剂自由基，将污垢分解为二氧化碳和水。

（五）成分细述法

此法兼有特征点列举法和形态分析法的特点，是两种技法的结合。其步骤如下：

（1）小组以团队形式开始活动。小组成员列出问题的主要成分。

（2）由小组来确认每一种成分的属性，并将其列出来。

（3）交给小组每个成员一种不同的问题成分。

（4）小组成员对问题的成分及其属性进行研究。研究过程需精心细致，不放过每个细节。

（5）对所分派的问题成分，每个小组成员画制一幅成分图。成分图尽可能包含大量细节。

（6）把每个成员的成分图收集起来，并予以展示，以便所有成员都一目了然。但须注意，应以逻辑顺序将图加以展示。

（7）对图展详加考察，以求观念创新。

通过这种方法可以探究各种各样的问题，但其最大用处在于改进产品。

例如，假设问题是如何组织用于讨论公司发展战略的外出活动日。

首先，小组要把所有外出活动日的组成要求列举出来，如参加人员、集合地点、讨论议题、所需房间和膳食等。接着把这些要素的诸属性列举出来，如要素集合地点可用已知的不同地点来描述。然后把要素图收集起来，以反映问题的全貌。最后对图示详加审察，以求创意。

在这种方法中，成分和要素图画法占有重要位置。图画的大小和式样可灵活掌握。无论如何，通过画图可以拓宽对问题的认识视野。但是，此法也有欠缺的地方，主要是只适用于处理目标明确的问题。当然，对一些抽象性表征的问题也会有用，只是多带有主观色彩。

三、组合与分解型创新技法

（一）组合法

1. 技法原理

"组合"在辞海中解释为"组织成整体"；在数学中，"组合"是从 m 个不同的元素中任取 n 个成一组，即成为一个组合；创新学中组合型创新技法，是指利用创新性思维将已知的若干事物合并成一个新的事物，使其在性能和服务功能等方面发生变化，以产生出新的价值。组合法是发明创造中最重要的技法之一，具有永恒的魅力。

2. 组合法的分类

组合法常用的有主体附加法、异类组合法、同物自组法、重组组合法以及信息交合法等。

（1）主体附加法。

以某事物为主体，再添加另一附属事物，以实现组合创造的技法叫作主体附加法。在各种市场上，我们可以发现大量的商品是采用这一技法创造的。

例如，在电风扇中添加香水盒，使电风扇运转时满屋飘香；在摩托车后面的储物箱上装上电子闪烁装置，为摩托车增添了时代色彩；日本人发明了带计数器的跳绳，计数器装在跳绳的手柄上，可自动计数；北京某公司生产的网球添加了一根长牛皮筋，牛筋的另一端连在已装满重物放在地上的小包上，网球打出后可自动弹回来，一个人打网球就不用捡球了，巧妙极了；湖南某啤酒厂在矿泉水中加碘，成为增智新饮料，颇受欢迎；青岛海洋学院的研究人员在挂面中加少量麦饭石浸泡液，竟然使早上下的面条晚上还不会糊；在油漆中加上超微型玻璃球，就成为有强烈反光功能的"反光漆"，被普遍用在公路标牌上；在电饭煲上装上定时器就成为"自动定时电饭煲"；等等。

（2）异类组合法。

将两种或两种以上的不同种类的事物组合，产生新事物的技法称为异类组合法。其特点是：第一，组合对象（设想和物品）来自不同的方面，一般无明显的主次关系；第二，组合过程中，参与组合的对象从意义、原理、构造、成分、功能等方面可以互补和相互渗透，产生 $1+1>2$ 的价值，整体变化显著；第三，异类组合是异类求同，因此创造性较强。

例如，收录机是收音机与录音机的组合；电吹风与熨斗组合成"电吹风熨斗"；日本电气工业株式会社把黑板和复印机组合在一起成为电子黑板，这种黑板上写的内容，只要按一下右方的电钮，便全部复印出来，发给听讲者作为笔记，方便极了；手机与投影仪组合得到"投影手机"（图6-4）。

当参与异类组合的事物比较多时，就必须具有高度的创造性与综合性。

图6-4　投影手机

（3）同物自组法。

同物自组法就是将若干相同的事物进行组合，以图创新的一种创新技法。

例如，曾经风靡一时的网状地面防滑垫就利用了同物自组法，可以拼出文字图案，美观实用，备受欢迎；把巧克力糖做成形状各不相同的贝壳，放到精致的包装盒内成为高档礼品，比原来论重量出售显然增值不少；香港某商家把中国大米、泰国大米和澳洲大米混合在一起成为"三合米"，集中国大米香、泰国大米嫩、澳洲大米软的优点于一身，使销售量大增；日本科学家领导的一个科研小组利用同物自组法把33台个人电脑连接起来，使用Linux操作系统或美国阿尔贡国家实验室开发的并行计算用的操作系统，构成运算能力可与超级计算机相匹敌的廉价超级并行计算机；有人把太阳能电池板与若干水缸组合得到"太阳能泉水"（图6-5）。

图6-5　太阳能泉水

同物自组的创造目的，是在保持事物原有功能和原有意义的前提下，通过数量的增加来弥补原有事物功能的不足或产生新的意义和新的需求，从而产生新的价值。

任何事物似乎都可以自组，设计难度不大，技术含量较低，但自组后的效果相差甚远，其关键是选择哪些事物进行自组能产生新的价值。

（4）重组组合法。

任何事物都可以看作是由若干要素构成的整体。各组成要素之间的有序结合，是确保事物整体功能和性能实现的必要条件。有目的地改变事物内部结构要素的次序，并按照新的方式进行重新组合，以促使事物的功能和性能发生变革，就是重组组合。

例如，儿童的组合玩具之所以很受儿童的欢迎，是因为不同的组合方式可以得到不同的模型。由北京市某家具公司开发设计的新型构件家具，由20多种基本板件组成，通过不同的组合，能拼装出数百种款色，使人们不仅拥有可以随意改变式样的家具，也拥有可以随意改变格局的房间，充分体现主人的审美观念。某电器集团在开发电冰箱的新品时，对电冰箱进行重组，开发出冷藏室在上、冷冻室在下的新型电冰箱，给用户带来了方便。

首先，在进行重组组合时，要分析研究对象的现有结构特点。其次，要列举现有结构的缺点，考虑能否通过重组克服这些缺点。最后，确定选择什么样的重组方式，包括变位重组、变形重组、模块重组等。

（5）信息交合法。

信息交合法是建立在信息交合论基础上的一种组合创新技法。信息交合论有两个基本原理：其一，不同信息的交合可产生新信息；其二，不同联系的交合可产生新联系。根据这些原理，人们在掌握一定信息的基础上，通过交合与联系可获得新的信息，实现新的创造。

信息交合法可以利用直角坐标系，横、纵坐标分别标注已给信息（图6-6），点P的坐标（B，d）表示考虑由信

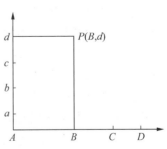

图6-6　信息交会坐标

息 B、d 交合生成的新的设想。

（二）分解法

分解的原意是将一个整体分成若干部分或者分出某部分。例如，数学上因式的分解，物理学上力的分解，化学上的分解反应，体操、美术和舞步动作的分解等。

创新学中的分解技法是指将一个整体事物进行分解后，使分解出来的那部分经过改进完善，成为一个单独的整体，形成一个新产品或新事物。例如，普通的螺丝刀，刀把、刀头是固定的，遇到不同规格的螺钉就要准备不同的螺丝刀。通过分解，把刀把、刀头分开，分别再做改造，发明出多用活动螺丝刀。

分解创新有两种情况：一种是"分解成若干部分"仍构成"一个整体"，但有了新的功能，这是一种分解而不分立的创新。例如，将一圆桌面分成一块正方形和四块相同的圆弧形，再铰链成一块桌面，除了当圆桌，还能变方桌。另一种是从"一个整体"中分出某个组成部分或某几个组成部分，由此构成功能独立的新的"一个整体"，这是一种既分解又分立的创新。例如，把录像机的放像功能分解出来成为放像机，满足了只需要放像功能的消费者的需求。

四、设问型创新技法

爱因斯坦说过，提出问题往往比解决问题更重要，因为解决一个问题也许仅是一个数学上或实验上的问题，而提出新的问题、新的可能性、从新的角度去看旧的问题，需要有创新性的想象力，而且标志着科学的真正进步。设问型创新技法就是按照一定的规则提出问题产生创意的方法。

（一）奥斯本检核表法

所谓"检核表"，是人们在考虑某一问题时，为了避免疏漏，把想到的重要内容扼要地记录下来制成的表格，以便于以后对每项内容逐个进行检查。

奥斯本是首位将检核表用于创造发明的创造学家，他根据需要解决的问题或者需要创造的对象，列出的检核表依次提出以下问题：

（1）"有无其他用途?" 就是考虑现有事物有无其他用途或能否稍做改进扩大它的用途。

（2）"能否借用?" 就是考虑现有事物能否借用其他事物；能否引入其他的创新性设想；有没有可供模仿的事物。

（3）"能否改变?" 就是考虑现有的事物能否改变意义、颜色、运动形式、形状、式样、声音、气味；能否改变包装；能否做其他改变。

（4）"能否扩大?" 就是考虑现有事物能否扩大使用范围，延长使用寿命；能否增加强度、牢度；能否在现有事物上加一点什么，以增加其功能和附加值。

（5）"能否缩小?" 就是考虑现有事物能否减少什么；能否减轻重量，缩小体积；能否微型化；能否折叠；能否浓缩；能否"轻、薄、短、小"。

(6)"能否代用?"就是考虑现有事物有无代用品;能否用别的材料、别的元件、别的工艺、别的方法、别的动力、别的设备、别的场所取而代之。

(7)"能否调整?"就是考虑现有事物能否改变型号、顺序、结构、布局、速度、日程、因果等。

(8)"能否颠倒?"就是考虑现有事物能否倒过来用,如上下颠倒、内外颠倒、任务颠倒、顺序颠倒、由对称变为不对称等。

(9)"能否组合?"就是考虑现有事物能否与其他事物实现组合或自身实现同物自组和重组组合,如装配组合、部件组合、材料组合、目标组合、方案组合等。

不难看出,奥斯本的检核表,内容比较全面,涉及不少其他创新技法,有利于创新者进行多角度的发散性思考,有利于突破习惯性思维和突破不愿提问的心理障碍,几乎适用于各种类型和场合的创新活动,因而被许多人誉为"创新技法之母"。

【例6-13】 幻灯机的创新

老式的幻灯机是已被淘汰的产品,能否通过检核表法使其东山再起、再显辉煌呢?完全可以。如果我们在向生产厂家的全体员工发放检核表之前讲清能否设计生产出适销对路的幻灯机新产品,关系到工厂的兴衰存亡和职工的切身利益,再介绍怎样利用奥斯本检核表去思考问题,并宣布奖励办法,那么,就一定会产生许多意想不到的创意。

表6-1 幻灯机的创新检核表

序号	检核内容	设想名称	设想概述
1	有无其他用途	服装剪裁幻灯机	把该幻灯吊在裁剪桌的上方,把各型号服装的最佳排料图拍成幻灯片,装入幻灯机内,遥控选定后投影到布料上,用激光刀裁剪。
2	能否借用	吸顶式动景幻灯机	借用吊扇原理,使画面随电机转动而活动,投向地面的彩色图案可动、可静。
3	能否改变	带状幻灯片	把幻灯片用塑料薄膜制成电影胶卷那样的带状,以便于遥控操作,增加容量,降低成本。
4	能否扩大	巨幅广告投影幻灯	用巨幅广告幻灯取代原有的大楼美化灯,既可变换色彩和图案,又有广告效应。
5	能否缩小	儿童玩具幻灯机	用干电池供电,可在黑暗中向墙上投射出各种彩色图案,可用于儿童看图识字,增加知识。
6	能否代用	塑壳简易幻灯机	把幻灯机外壳用深色塑料取代原有的金属外壳,降低重量和成本,可做成手提式或折叠式。
7	能否调整	电视式幻灯机	把幻灯机与幕布结合在一起做成电视状,从幕布后方投影。
8	能否颠倒	户外动静监视器	利用照相机原理,使户外情景出现在门内的毛玻璃上。
9	能否组合	壁挂式多功能幻灯	既是壁灯,又能向对面墙壁投射彩色风景画或其他图像。

可以想象,如果有几百张这样的检核表,能产生多少新的设想。数量一多,就一定会

有好的设想，工厂就一定能走出困境。

（二）和田十二法

我国著名的小学创造教育基地——上海市和田路小学在上海市创造学会的大力支持下，早在20世纪80年代初就开始对学生开展创造教育。

在开展创造教育过程中，他们把奥斯本的检核内容简化为十二个关键动词，即把检核问题归纳为：加一加、减一减、扩一扩、缩一缩、变一变、改一改、拼一拼、学一学、代一代、搬一搬、反一反、定一定。

其中，"加一加"是指该事物（指检核对象，下同）还可添加些什么；"减一减"是指该事物可以减去点什么；"扩一扩"是指该事物在功能、结构上能否扩展；"缩一缩"是指结构上能否缩减；"变一变"是指形状、颜色、音响、味道、气味、功能、结构能否改变；"改一改"是指还有哪些缺点需要改进；"拼一拼"是指该事物与哪些事物可以联系起来或者进行组合；"学一学"是指有什么事物可以让自己模仿和学习；"代一代"是指能否用别的事物取代；"搬一搬"是指该事物搬到别的场合能否产生新用途；"反一反"是指如果把该事物的正反、上下、左右、前后、横竖、里外颠倒一下，会有什么结果，"定一定"是指为了完善此事物还要规定些什么。

由于此技法只涉及十二个动词，又是上海市和田路小学首先使用，故称为"和田十二法"，有时也称为动词提示检核表法。显然，该技法实际上是奥斯本检核表法的一种派生形式，其用法与奥斯本的检核表法类似。

和田十二法具有简单易记、操作方便、内容较全面等优点，特别适合青少年创新活动和企业合理化建议活动，是值得推广的创新技法之一。

（三）5W1H法

1. 技法原理

5W1H法是由美国创造学家发明的一种创新技法。它从6个方面去设问，而这6个方面的英文的第一个字母正好是5个W和1个H，因此称为5W1H法。这几个方面的问题是：① What（什么）；② Who（谁）；③ Why（为什么）；④ When（何时）；⑤ Where（何处）；⑥ How（怎样）。

显然，以上6个问题所反映的要素，已包括了任何一个事件必须考虑的要素。在创造发明过程中，这些要素还可以做下面的具体解释：

What 可以理解成：什么是革新对象？什么是问题的关键？有什么有利条件？有什么不利因素？

Who 可以理解成：谁是该对象的使用者？谁会喜欢它，谁不会喜欢它？谁适合承担该任务？

Why 可以理解成：为什么要搞该项目？为什么别人没有搞或搞失败了？

When 可以理解成：何时开始？何时必须完成？何时投放市场最合适？

Where 可以理解成：从什么地方入手？地点选在什么地方？首先在什么地方销售？

How 可以理解成：怎样实施？怎样进行？怎样解决可能发生的问题？怎样防止非法仿

造？怎样突破旧框框？

在使用5W1H法时，美国学者帕尼斯设计了一种创造性解决问题的教学模式。这种模式是在创造性解决问题的步骤中，反复交替使用5W1H法及发散思维与集中思维的方法。

2. 运用实例

【例6-14】 用5W1H法确定校庆50周年纪念建筑

某学校即将迎来建校50周年校庆，需要建造一座纪念性建筑，利用5W1H法怎样确定呢？可以按照下面的步骤进行：

（1）What（建造什么？）

发散：①造一座21层高的主楼。②在校内的小山最高处造一座纪念塔。③造建校50周年纪念碑。④建造大型雕塑。

集中：考虑到时间、经费、意义，选择方案④。

（2）Who（谁设计？）

发散：①请美国著名雕塑设计师设计。②请中央美术学院著名教授设计。③请本市设计院设计。④请本校美术系教授设计。⑤发动本校美术系校友、教师、学生设计，由专家评选确定，并颁奖。

集中：选择⑤。

（3）When（何时建？）

发散：①立即开始。②利用暑假建。

集中：选②。

…………

如此进行下去，最终确定整套方案。

实际上，任何一项决策，都应当用这种科学模式进行，以避免决策失误，造成重大损失。

五、智力激励型创新法（头脑风暴法）

（一）奥斯本智力激励法

智力激励法是当今最负盛名、最实用的一种集体式创新性解决问题的方法，对此很少有人怀疑。它有多种变形或变式。它产生于1938年，发明人是创造学的奠基人美国的亚里克斯·奥斯本。美国创造协会和天才学校的创始人安德雷·阿莱尼柯夫说："美国人创造了数不胜数的方法以产生新思想，头脑风暴法仅是其中一例。其实质是集思广益，只有集众人之思才能广益。"

1. 技法原理

奥斯本智力激励法的原理来自下面的事实：当一个人为了解决问题而苦思冥想的时候，由于自身知识和经验的限制，传统习惯性思维的力量又总是企图将他拉回到已有的解决问题的思路上去，因而，难以产生大量的创新性设想。当一个集体用开会的形式讨论解决问题的方案的时候，往往一个人的发言能够使别人产生不同程度的共鸣，别人会由此受到启发，从而产生新的设想，而该设想提出后又会激发大家想出新的办法，如此反复进行就使与会成员之间产生智力互激、思维共振、知识互补、信息增值的效果，就可以获得大量的解决问题的方案。

奥斯本所设计的会议遵循以下四项基本原则：

（1）自由思考原则。这一原则性要求与会者尽可能地解放思想，无拘无束地思考问题，不用顾虑自己的想法是否"离经叛道"和"荒唐可笑"。特别鼓励求新、求异、求奇，与众不同。

（2）延迟评判原则。这一原则规定在讨论问题时，不得对任何设想提出批评或者做出结论。也就是说，不管设想是多么荒唐和不切实际，也不得对其进行指责；不管设想多么新颖和实用，也不应该当场夸奖。

（3）以量求质原则。奥斯本认为，在讨论解决问题的方案时，设想的数量越多，就越有可能获得有价值的创意。通常，最初的设想不大可能是最佳创意。有人曾用实验表明，一批设想的后半部分的价值要比前半部分高出78%。因此，奥斯本智力激励法强调与会者在规定的时间内，提高思维的流畅性、灵活性和求异性，尽可能多而广地提出新设想，以大量的设想来保证高质量的设想的存在。

（4）结合改善原则。该原则就是鼓励与会者积极参与知识互补、智力互激、思维共振、信息增值活动。要求与会者仔细倾听别人的发言，注意在他人启发下及时修正自己不完善的设想，或将自己的想法与他人的想法加以综合，再提出更完善的创意和方案。

2. 运用要点

（1）会前准备。

① 确定会议主题。

在用智力激励法开发产品或技术攻关时，首先应当确定智力激励会的主题。为了便于集中注意力，一次会议的主题宜小不宜大，目标必须明确而具体。对于涉及面广和包含因素过多的复杂问题，应进行分解，通过几次会议解决。比如，以"电冰箱的新产品开发"为会议主题，显然是不合适的，因为题目太大，设想必然分散，难以再通过集中思维得到好的方案。如果将此问题分解成若干子问题，如"电冰箱的功能扩展""电冰箱的结构异样化""电冰箱的外观艺术造型"等，分别召开智力激励会，就容易得到有价值的方案。

②选择会议的主持人。

智力激励会的主持人对会议的效果起着至关重要的作用，他要善于引导大家的思路朝着目标方向发展，使会议能够在愉快而又热烈的气氛中进行，以产生尽可能多的新设想。会议的主持人应当具备以下基本条件：第一，熟悉智力激励法的基本原理以及召开智力激励会的程序与方法，有一定的组织能力和表达能力。第二，对会议所要解决的问题有比较深入的理解，以便在会议中作启示和诱导。第三，能坚持智力激励会规定的原则，始终围绕着会议的主题展开讨论，以充分发挥激励机制的作用。第四，能灵活地处理会议中出现的各种情况。在会议偏离主题时，应迅速把话题拉回来；在会议冷场时，善于用巧妙的、幽默的、启发性的语言使会议的气氛热烈起来，以保证会议按程序进行到底。

③ 确定参会的人选。

一般情况下，会议的人数（包含主持人、记录员）以 8～12 人为宜。如果人数过少，会造成知识面的过分狭窄，难以达到解决问题所需的不同业务领域的足够的知识互补，同时也难以形成信息碰撞和思维共振的环境和气氛，影响群体互激的效果。如果人数过多，则无法保证与会者有充分发表设想的机会，还会增加对问题理解的分歧，使会议的思维目标分散，降低激励的效果。

人员的专业构成要合理，并保持大多数与会者都是对议题熟悉的行家，但不要选择同一专业，要考虑全面多样的知识结构。此外，最好有少数外行参加，以便突破专业思考的约束。

同一次激励会，具体与会者应尽可能注意到等级的相近性，即知识水准、阅历、技术级别等大致相近，以免差距太大，缺乏共同语言。

尽量选择一些对问题有实践经验的人以及对智力激励会比较熟悉的人，这对提高会议的效果有利。可以选拔几个经验丰富的人组成激励会核心小组，然后再根据问题的特点扩充会议成员。

④ 提前下达会议通知。

提前几天将会议通知下达给与会者，有利于与会者思想上有所准备，并提前酝酿解决问题的设想。会议通知以书面请柬为好，通知上应写明会议日期、地点、要解决的问题及其背景。最好也写上奖励办法，以增加激励效果。

（2）会议步骤。

① 热身活动。

如同参加体育运动之前要进行准备活动一样，参加智力激励会也要有一个准备期，称为"热身活动"。热身活动的目的在于让与会者从原来紧张的工作环境中解脱出来，尽快进入角色，以饱满的创造热情参加会议。此外，经过热身阶段，可以使与会者的大脑开动起来，摆脱习惯性思维的束缚，使大脑"软化"，由平静趋于极度兴奋活跃的思维状态，以尽量减少会议中僵局的时间。

热身活动的内容可以有多种形式，如看一段有关创新的录像，讲一个创新技法灵活运用的小故事，或者出几道"大脑急转弯"的智力题要大家限时回答。时间一般在 10 分钟左右。

② 主持人公布课题和介绍情况。

主持人公布课题的同时要把目前存在的主要问题说明清楚。最好把希望得到解决的问题讲得通俗易懂，让非本专业的人也了解所需解决问题的关键是什么。介绍问题时应掌握简明扼要原则和启发性原则。

所谓简明扼要原则，是要求主持人只向与会者提供有关问题的最低数量信息，不要把背景材料介绍得过多，以免形成框框，束缚与会者的思路。所谓启发式原则，是指介绍问题时要选择有利于开阔大家思路的方式。为了有利于明确问题和集中精力进行思考，组织者也可以将问题化整为零，利用提问方式表述智力激励会的主题。一旦与会者对智力激励会所议问题的实质有明确无误的理解后，会议便可以转向自由畅谈阶段。

③ 自由畅谈。

自由畅谈阶段是智力激励会最重要的环节，是决定智力激励技法能否成功的关键阶段。这里的要点是想方设法造成一种高度激励的气氛，使与会者能突破种种思维障碍和心理约束，让思维自由驰骋，借助与会者之间的智力互激、知识互补，提出大量有价值的设想。

为了保证自由畅谈的顺利进行，除了必须遵守前面所讲的四项基本原则以外，还应当规定，必须针对目标、围绕主题进行讨论，不得来回走动，不得接打电话，不得私下交谈和消极旁观，参加会议的人不分上下级一律平等，建立一种同志之间十分融洽的气氛，始终在轻松愉快的环境中进行思考。

自由畅谈的时间，一般控制在30分钟至1个小时，如果与会者设想未能讲完，余兴未尽，可以适当延长。

会议提出的各种设想，不管好坏全部记录在案，以便在畅谈结束后进行分类整理和筛选。

④ 会后的加工整理。

自由畅谈结束后，会议的组织者应组织专人对设想记录进行分类整理，并进行去粗取精的提炼和筛选工作。

整理者必须有较高的技术水平和敏锐的洞察力，对所讨论问题的技术背景和市场行情十分清楚；有严谨的科学精神和认真负责的工作作风，要善于发现有价值的创意和设想。对于看起来是"荒唐的""不切实际"的设想，也要仔细分析它的可行性和潜在的价值。

【例6-15】 高空电线上积雪的清除方法

在美国，为了得到高空电线上的积雪的清除方法，有人举行了一次智力激励会，参加者一共提出了150多条建议，其中大多数使用现代技术来解决，但是这些方法使用起来比较复杂。后来有一个人根据自己的体会和能力提出，"准备一架直升机，我穿上皮衣、皮裤坐在机舱门口，用长柄扫帚沿线路清扫"。这显然是不切实际的设想，因为靠人扫雪是无法解决几千公里电线积雪的问题的。可是后来恰恰由于这条设想引发出采用直升机清除积雪的方法，即让有大型螺旋桨的直升机沿电线低空飞行，螺旋桨转动产生的气流使电线上的结雪纷纷掉落，扫雪成功了。

可见，有些从表面上看来不可能的、不现实的，甚至是荒谬的设想，只要其中包含一丝创意也不要轻易放过，有时它会产生意想不到的效果。

（二）默写式头脑风暴法（635法）

默写式头脑风暴法是奥斯本智力激励法传入德国后，德国创造学家鲁尔巴赫根据德意志民族习惯于沉思的性格，进行改革而创造的技法。

默写式头脑风暴法的基本原理与奥斯本智力激励法相同，都是通过特殊的会议来实现智力互激和思维共振而获得新设想的。不同的是，默写式头脑风暴法不是通过口头表达，而是通过填写卡片的方法来实现的。该法规定，每次会议有6人参加，每个人在5分钟内提出 3 个设想，所以又称为 635 法。

举行 635 法会议时，由会议主持人宣布议题，即发明创造目标，并对与会者提出的疑问进行解释。之后，发给每人几张设想卡片，每张设想卡片上有 1、2、3 编号，在两个设想之间留有一定的空隙，可让其他人填写新的设想，填写的字迹必须清楚。

在第一个 5 分钟内，每人针对议题在卡片上填写 3 个设想，然后将设想卡片转给右邻的与会者。在第二个 5 分钟内，每个人从别人的 3 个设想中得到新的启发，再在卡片上填写 3 个新的设想，此后再将卡片传给右邻的与会者。这样半小时可以传递 6 次，一共能产生 108 个设想。

默写式头脑风暴法可以避免出现由于少数人争着发言，而使部分与会者失去发言机会，使设想遗漏的情况，而且还可以避免因为某些与会者表达不清楚而影响智力激励的效果。

实际使用后我们感到，使用默写式头脑风暴法时，使用卡片不如使用较长的纸条，纸条的长度应保证可以写上 18 个设想，并预先编好号码 1、2、3，1、2、3，……1、2、3。与会者对号入座，围成一圈，严格按照 5 分钟内写 3 个设想进行，并注上自己的姓名或代号，以便于整理时知道每一个设想的提出者。

此外，在传递一周后，让所有与会者参与筛选创意是有益的。让每一组的组员对自己手中纸条上的创意进行评价，选出最佳者打五角星的记号，2 分钟传递一次，最终选出每张纸条上的最优者，并按照五角星的多少排序，由组长参加大会交流，由评委对交流的优秀创意打分，选出 3 个最佳创意。

实践证明，在中国的企业，用 635 法比用奥斯本的头脑风暴法效果要更好些，原因可能是中国企业员工开会的效率比较低，常常扯到与主题无关的话题上去。

（三）度假牧场法

美国的道格·霍尔运用并改进奥斯本的头脑风暴法，以加速创新过程，称为"度假牧场法"，还专门成立了"度假牧场"的创造协会，其特点是会议时间延长，并且在参加会议的人员中补充一批训练有素的人员，进行连珠炮式的大脑刺激。

举一个具体的例子：道格从一个公司邀请了二三十名员工，包括领导层在内，到他的牧场来。然后他在这个客户队伍里补充了一些他自己的训练有素的人员，进行了一整天连珠炮式的大脑刺激，大家畅所欲言，结果产生了 2 000 个创意。道格的人员通宵工作，把这 2 000 个创意筛选后合成了 200 个看法群。第二天，道格只让领导层组成的小组参加，创造出了 12 例 20 个臻于完美的主意：它们已不仅是各个主意，而是主意包（图画、方框、菜单、发明的一切）。结果，经过 48 小时的高强度工作后，公司领导层得出了 12～20 个随时可以采用的产品创意。

这样，道格既为公司节省了几百万美元的开发资金，又保证了会议的趣味性。

六、产品创意的综合挖掘技法

在进行新产品开发时，创意并非是实施某种技法而得到的，而是综合应用的结果。

新产品多种多样，千姿百态，各具特色，各种不同类型的产品创新也有其一定的规律，除了改进原有产品时，我们还可以着眼于以下方面。

（一）产品功能挖掘

产品的新功能是要花力气去挖掘的，这样才能从原来的产品、一般的产品中挖掘出新的产品来。

挖掘产品功能，可以通过改变产品规格、容量、造型、结构、配方等方法，使产品的功能，即产品的作用、效能有所扩大，从而给产品开拓出新的使用领域。

（二）流行产品跟进

用户的需要有时是捉摸不定的。究竟什么样的新产品能打动顾客的心，用户的享受需要究竟是什么，是很不明确、很不稳定的，也可以说是变化多端的，还会随着社会环境的变化、心理状态的变化而变化。今天需要的东西，到了明天就不一定需要；今天市场的畅销品，到了明天也许会无人问津。

所谓的"流行""时兴"，也是一种需要的形式，"流行商品""时兴商品"也因此而诞生，但它们不是人类生活所必需的，不是和人类生活密切相关的，生命周期又比较短促，有时它们会像星星一样突然出现，又很快消失。例如，国内外曾经兴起的魔方热、魔棍热、呼啦圈热曾给制造商在短时间内带来了巨大利益。

（三）模仿产品开发

模仿是新产品开发过程中最常用的方法，包括原理的模仿，结构的模仿，材料的模仿，用途、功能的模仿等。

例如，仿制出土文物，开发新产品，常常产生巨大效益。我国的出土文物闪耀着我国古代文化的光彩，仿造出土文物制成的工艺品，如仿古陶俑、仿唐三彩马等，在市场上深受欢迎；还可以制成仿古日用品，如仿古钱币、仿古陶瓷用品、仿古家具、仿古灯具等。

（四）着眼方便用品

随着人们生活水平的提高，生活节奏的加快，方便用品应运而生。

方便用品从方便消费者出发，力求在使用时省时、省力、不费心，还要便于携带和储存，这样用户才乐于使用。对于一般日常生活用品的方便化，可通过自动化、定时化、轻便化、微型化、省力化等途径来实现。

现代产品市场，正在由大批量、单一品种，向小批量、多品种转移，企业适应市场这种变化，也开始从经营一般产品转向经营专用产品，而且专用产品生产正在提高专用程度，使产品从通用变为专用。

（五）增加产品功能

一般产品在向专用化方向发展的同时，也有一些产品向多用途方向发展，特别是轻工产品方面，多用途新产品深受用户欢迎。

多用途产品包括两大类,即一种产品具有多种用途和一种产品具有多种功能,以满足人们不同的需要。

(六)挖掘传统特色

我国是一个历史悠久、幅员辽阔的国家,全国各地有许多具有传统特色的产品,它们驰名中外,得到广大用户的好评。所以,挖掘传统特色,也是新产品开发的一种技法。

例如,近年来,广东凉茶的开发就非常成功,销售范围从特别怕上火的南方地区扩大到全国,年销量已经达数十亿元,对可口可乐、百事可乐构成威胁。

(七)赋予艺术品位

新产品不仅要有高的质量、新的功能,还要有艺术化的外表。美是无止境的,所以要对新产品进行美化。

不同种类的产品有不同的美化方法。例如,使产品造型设计优美化、对新产品表面进行处理、变换外壳、使日用品与艺术品相结合等。前面提到的金王蜡烛就是典型的成功案例。

(八)形成系列产品

系列产品开发一般有这样几种情况:按一种材料的不同特性来开发系列产品,按某种用途开发系列产品,利用不同材料开发同一种功能、用途的产品,等等。

索尼公司 1979 年发明的随身听是风靡世界的非常成功的创新产品,此后的 10 年中,随身听的系列产品不断推向市场,产生了巨大的利润。

思考与练习

1. 综合运用列举法探讨日常用品,如皮鞋、钢笔、雨衣、日光灯、饮水机等,进而提出改进的新设想。
2. 按希望点列举法,为长期卧床的病人设计一种床。
3. 尝试将太阳能原理移植到新领域。
4. 怎样减少城市交通的拥堵?
5. 试用检核表法对汽车提出改进方案。
6. 以形态分析法构思出革新台灯的方案(不少于 5 个)。
7. 用 635 法解决老人生病无人照料的社会问题。
8. 综合运用创新技法对手机进行改进。

创新学

第七章

创新的 TRIZ 方法

上一章所介绍的基本创新方法是适用于一切领域的通用方法。但是，它们存在难以克服的缺点：其一是成功率低，产生的成千上万的创意中只有极少数有价值；其二是筛选创意的过程需要耗费大量时间；其三是即使筛选出相对比较好的方案，但只是创造者从自己头脑中产生的方案，未必是世界最先进的方案。

有没有更高效的方法？有！那就是 TRIZ 方法，它是当前世界公认的解决发明问题的最有效工具。

本章将对 TRIZ 方法做一简单介绍，为深入系统地学习掌握 TRIZ 做准备。

一、TRIZ 的产生与应用

（一）TRIZ 的产生

TRIZ 是 20 世纪 40 年代起源于苏联的一种系统化的技术发明方法论。它具有完整的理论体系和较强的可操作性。TRIZ 本身就是解决工程技术领域问题系列经验的集合，是"方法论 + 知识库"的实用理论体系。

TRIZ 创始人是苏联天才发明家、创造学家根里奇·阿奇舒勒。从 1946 年开始，他在担任苏联海军专利审查员期间就发现，许多不同时期、不同领域的发明，虽然各不相同，但其原理是相同的。他断言，虽然历史上的创造发明有无穷多，但其原理是有限的。他的基本思路是分析大量的好专利并将其解决问题的原理提取出来，人们就可以通过学习这些原理来提升发明能力。阿奇舒勒揭示出了隐藏在专利背后的规律，提出了经典 TRIZ 的基本概念，构建了 TRIZ 的理论基础，开发出了经典的 TRIZ 工具。

TRIZ 的基本作用是把"从自己的大脑中寻求解决问题方案"转向"从世界专利成果中寻求解决问题方案"，把"一切从头开始"变为"站在巨人肩膀上创新"，把发明从"困难的"任务转向"简单的"任务，使发明"傻瓜化"。因此，将 TRIZ 应用到技术创新领域，无疑能够起到事半功倍的效果，TRIZ 因而被誉为"工程技术领域的孙子兵法"。

TRIZ 是与俄文"Теория Решения Изобретательских Задач"对应的拉丁文"Teoriya Resheniya Izobreatatelskikh Zadatch"的首字母的缩写，英文同义语为"Theory of Inventive Problem Solving"，也可缩写为 TIPS。翻译成中文的意思是"发明问题解决理论"。我国不少著作将其音译为"萃智"。在我国台湾地区，在音译的基础上结合意译，将其译为"萃思"。

在冷战时期，TRIZ 在苏联的军事、工业、航空航天等领域均发挥了巨大作用，因此一直被当作苏联的国家核心机密，世界各国对其知之甚少。西方国家特工称之为"神奇的点金术"。苏联解体后，大批 TRIZ 研究者移居美国等西方国家，促进了 TRIZ 的发展和在全世界范围内的传播。

美国、西欧各国、日本、中国台湾等地相继出现了以 TRIZ 为基础的研究、咨询机构和公司。TRIZ 的发展还催生了计算机辅助创新（CAI），创造出了成千上万项重大发明。

（二）TRIZ 的应用

自 1993 年以来，美国数以百计的公司如通用汽车、克莱斯勒、洛克威尔以及摩托罗拉等开始研究和应用 TRIZ，其中最成功的是福特汽车公司，利用 TRIZ 创新的产品每年为其带来超过 10 亿美元的销售利润。

1999 年，克莱斯勒发动机公司应用 TRIZ 解决企业生产过程中遇到的技术问题，共获利 1.5 亿美元。2001 年，波音公司聘请 25 名苏联的 TRIZ 专家对 450 名波音工程师进行 2 周培训，取得波音 767 空中加油机关键技术的突破，赢得 15 亿美元空中加油机订单，使波音战胜了空客。洛克威尔汽车公司针对某型号汽车的刹车系统进行创新设计，通过应用 TRIZ，在保持原有功能的前提下，刹车系统发生了重大的变化，由原来的 12 个零件缩减为 4 个，成本减少 50%。福特发动机公司遇到了推力轴承在大负荷时出现偏移的问题，通过应用 TRIZ 产生了 28 个解决方案，其中一个非常吸引人的方案是：利用热膨胀系数小的材料制造这种轴承，经过实践，该方案很好地解决了偏移问题。

韩国三星公司于 1997 年引入 TRIZ，到 2003 年的近 7 年时间里，取得了显著的创新成果。他们采用 TRIZ 指导项目研发而节约相关成本 15 亿美元，同时通过在 67 个研发项目中运用 TRIZ 技术成功申请了 52 项专利。一个在 1997 年亚洲金融危机中濒临倒闭的韩国企业，到了 2006 年，在八大领域确立了领头羊的地位，市值超过 1 000 亿美元，取得 1 600 多项专利。三星公司持续推动 TRIZ 的应用，2007 年在美国申请的专利数量已由世界排名第五名跃升为第二名。三星总裁李正龙向世界郑重宣布："是什么救活三星？是 TRIZ。"

（三）TRIZ 在中国

在中国最早介绍 TRIZ 的书籍产生于 1987 年，是由著名创造学者赵惠田、谢燮正撰写的《发明创造学教程》（东北工学院出版社，1987）。当时由于各种原因，此书的出版没有引起中国学术界和企业界的重视。

2008 年 4 月 23 日，科技部、发改委、教育部、中国科协四部委联合发出《关于印发〈关于加强创新方法工作的若干意见〉的通知》（国科发财〔2008〕197 号），提出创新方法工作的指导思想和实施的具体要求，文件提出：抓住科学思维、科学方法、科学工具三个层面；重点面向企业、科研机构、教育系统三个对象；实现技术创新、管理创新和体制创新三个创新；采取"培训先行""试点先行"的策略，积累经验。2008 年 11 月 28 日，国家级创新方法研究会在北京成立，一场普及推广以 TRIZ 为重点的创新方法的热潮在全国各地掀起，涌现了大量创新成果。

二、TRIZ 解决问题的思路和理论体系

（一）发明的五个级别

阿奇舒勒认为，发明的数量是无限多的，可以用五个等级来准确划分，各个发明等级的特性如表 7-1 所示。发明等级越高，其发明难度越大，所需跨领域的知识也越多。发明的独特之处在于解决矛盾，解决现有技术系统中存在的问题。

表 7-1 发明的五个级别

发明级别	创新程度	知识来源	典型案例	比例
第一级	对系统中个别零件进行简单改进，属常规设计	利用本行业中本专业的知识	以厚度隔离减少热损失，用大卡车提高运输效率等	32%
第二级	对系统的局部进行改进，属小发明	利用本行业中不同专业的知识	把灭火器附加到焊接装置，中空斧头柄等	45%
第三级	对系统进行本质性的改进，大大提升系统的性能，属于中级发明	利用其他行业中本专业的知识	计算机鼠标、圆珠笔等	18%
第四级	系统被完全改变，全面升级现有技术系统，属于大发明	利用其他科学领域中的知识	集成电路、气压轮胎、冶金等	4%
第五级	使用新的原理实现系统主要功能，催生全新的技术系统，推动全球的科技进步，属于重大发明	所用知识不在已知的科学范围内，是通过发现新的科学现象或新物质来建立全新的技术系统	蒸汽机、飞机、晶体管、青霉素、自行车、聚合物等	1%

阿奇舒勒认为，一级发明过于简单，不具有参考价值；五级发明对于工程技术人员来说又过于困难，也不具有参考价值。于是，他从海量专利中将属于二级、三级和四级的专利挑出来，进行整理、研究、分析、归纳、提炼，最终发现了蕴藏在这些专利背后的规律。

可见，从来源上来看，TRIZ 是在分析二级、三级和四级发明专利的基础上，归纳、总结出来的规律。因此，利用 TRIZ 只能帮助工程技术人员解决二级到四级的发明问题。一级发明不需要 TRIZ，而五级的发明问题，是无法利用 TRIZ 来解决的。

（二）TRIZ 解决问题的基本思路

代数学中要求解一个一元二次方程 $3x^2 + 5x + 2 = 0$ 的根，谁也不用试错法，更不用头脑风暴，只要把它归结为一个标准的一元二次方程，套用一元二次方程的求根公式，就能快速得到方程的根（图 7-1）。

TRIZ 解题思路类似于代数学问题求解方法，思路是：首先，将要解决的特殊问题加以定义、明确；然后，根据 TRIZ 提供的方法，将需解决的特殊问题转化为类似的标准问

题，从而获得针对类似的标准问题已总结、归纳出的类似的标准解决方法；最后，依据类似的标准解决方法就可以解决用户需要解决的特殊问题了（图7-2）。这显然比利用试错法、头脑风暴法方便、迅速、命中率高。

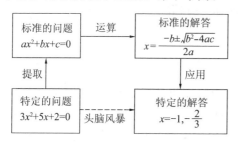

图 7-1　代数学解题思路

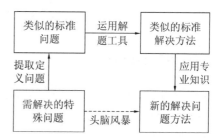

图 7-2　TRIZ 解决问题思路

（三）TRIZ 的理论体系

如果从理论的高度来看，TRIZ 的理论体系可以表示为如图7-3所示的屋状结构。

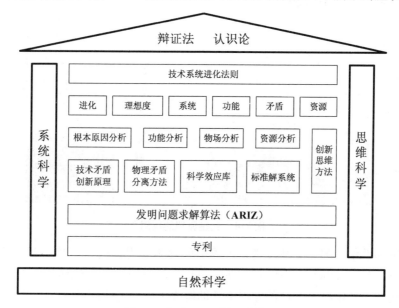

图 7-3　经典 TRIZ 的理论体系

从图7-3可以看出：

TRIZ 的理论基础是自然科学、系统科学和思维科学；

TRIZ 的哲学范畴是辩证法和认识论；

TRIZ 来源于对海量专利的分析和总结；

TRIZ 的理论核心是技术系统进化法则；

TRIZ 的创新问题分析工具包括根本原因分析、功能分析、物场分析、资源分析和创新思维方法；

TRIZ 的创新问题求解工具包括创新原理、分离方法、科学效应库、标准解系统和创新思维方法；

TRIZ 的创新问题通用求解算法是"发明问题解决算法（ARIZ）"。

受篇幅的限制，本书只对 TRIZ 理论体系中的主要概念和工具进行基本的入门介绍。

三、40 个发明原理

（一）发明原理的由来

从 1946 年到 1971 年，阿奇舒勒阅读了 10 多万份发明专利文献，从中挑选出了 4 万份发明级别为二级、三级和四级的发明专利。通过对这 4 万份发明专利进行深入的统计和分析，他发现，虽然不同的专利解决的是不同领域内的问题，但是它们所使用的方法（技巧）却是相同的，即一种方法可以解决来自不同工程技术领域的类似问题，从中提炼得到的解决问题的规律就是发明原理。

例如，电视拉杆天线、折叠式钓鱼竿、玩具娃娃的包装、伸缩式汽车起重机等就是套叠原理（图 7-4）在不同领域的应用。

图 7-4 套叠原理的应用

通过归纳和总结，阿奇舒勒发现，世界上的发明是无限的，但其用到的原理很有限，只有 40 个，这就是所谓的 40 个发明原理（也称创新原理），用有限的 40 个原理引导可能的发明者利用某一特定技术领域的知识来帮助解决无限的发明问题。

阿奇舒勒对这 40 个发明原理从 1 到 40 进行了编号。每个发明原理有固定的名称和使用指导原则。

以下将 40 个发明原理及其具体方法结合一个实例进行逐条叙述。

（二）发明原理的内容

钢筋混凝土梁广泛用于民用和工业建筑，往往是先在工厂造好，再运送到工地。过宽的单段工字形钢筋混凝土梁在公路上运输时需要专用的运输车辆，那么，怎样运输比路还宽的大型钢筋混凝土梁呢？

美国一项专利的方法是，把巨型梁预制为两部分运输，然后再组装（图 7-5）。这里用到的原理就是 TRIZ 的第 01 号原理——分割原理。它包含 3 种含义（指导原则）。

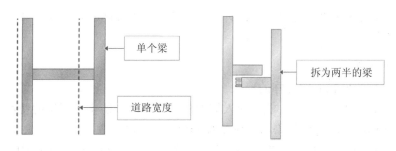

图7-5 "工"字型钢筋混凝土梁的拆分运输

01 分割原理

A. 将一个物体分割成几个独立的部分

实例：火车或大货车分割成车厢和车头独立的两部分，便于按货运量进行搭配使用。

B. 使物体容易组装和拆卸

实例：整体家具做成组合式的，以便于运输。

C. 增加物体可分割的程度

实例：将整幅的窗帘改成由多个长条铝（或塑料）片组成的百叶窗，可以根据需要随意调整，使用起来也更加灵活。

02 抽出原理

A. 从一物体中提炼、移除、分离出不想要（有害）的部分或属性

实例：中央吸尘系统把吸尘器的"负面部分"——抽气泵独立出来，安置在车库或室外不怕噪音的地方，在室内各处装上抽气插孔，不需要拖着沉重庞大的吸尘器四处移动，只需要带着管子与吸尘把手，即可在屋内任何空间使用。

B. 从一物体中提炼、移除、分离出想要（有益）的部分或属性

实例：专为儿童、老人设计的手机，只要配备上主要的三四个按键就足够用了（两个键为自设常用号码，另一键为紧急号码），简化结构，便于儿童、老人操作，也降低了成本。

03 局部特性原理

A. 改变一个物体或系统的结构——从均质变成异质

实例：在炎热的夏天，人们往往都喜欢在饮料中放上一些冰块，以增添凉意，但是，融化的冰块会冲淡饮料的风味。夹套式冰镇壶可以放置冰块，但不会冲淡壶中饮料的风味。

B. 使一个物体或系统的每一部分能执行不同或具有互补性的有用功能

实例：带有橡皮的铅笔。

C. 使一系统每一部分的功能都能达成（局部）最佳的状态

实例：剥核桃器的关键部位，即压碎核桃的部件用具有足够强度和硬度的金属材料制成，而把手与底座则以木头材质制造，并把承接压碎后的核桃和碎壳的底座设计成环形的凹槽，为承接核桃的碎壳以及待压碎的核桃用。

D. 改变一个作用或外部环境（外部影响）——从均质变成异质

实例：医院门诊化验室的门上开设有一扇小拉门，可以随时递送化验单而不影响室内人员的正常工作。

04 不对称原理

A. 用不对称的形状取代对称的形状

实例：形状不对称的电插头能引起人们的格外注意，以防止不正确的使用。

B. 如果物体已是非对称性形状，则增加不对称的形状

实例：锤子本是不对称的，将锤头向前稍倾斜一些，有利于将重力的中心更多地转移到锤头。

C. 改变物体或系统的形状，以适应外部的非对称性

实例：德国人设计的不对称雨伞，没风时短的一头遮头，长的一头遮背，可以遮住更多的雨水。有风时，短的一头朝着风的方向，可抵御时速300千米的强风，雨伞被吹翻的情况很少发生。

05 组合原理

A. 将相同或相关的物体、作业或功能实体连接或组合在一起

实例：让爷爷和众多孩子一起坐的轮椅。

B. 组合物体、作业或功能，使其在同一时间起作用

实例：火锅、烤盘一体的两用锅。

06 多用性原理

A. 集多种功能于一身，以消除对其他系统的需求

实例：数码版瑞士军刀除了依旧配备刀子、指甲锉、螺丝刀、剪刀等工具外，还加了一个32GB的U盘，支持数据加密，整合了指纹识别功能，集成了蓝牙模块，在连接计算机后，可用蓝牙刀上的两个按钮来控制幻灯片播放，并附带了一个常用的激光灯，使一把军刀拥有了115项不同的功能。

07 嵌套原理

A. 一个物体放置在另一个物体内，该物体又被放置在第三个物体内

实例：俄罗斯嵌套式娃娃。

B. 一物体（动态性）通过另一物体的空隙（空洞）

实例：推拉门是将一扇门滑行在另一扇门的凹槽里，既能够大大节省使用空间，启闭时又不会受前后障碍物的影响。

C. 将多数物体或系统放置在其他物体或系统内

实例：海上用嵌套式储油库由多组储油舱组成，全部油舱包含在一个空间里，一组油舱套叠在另一组油舱里，每组油舱分别装有不同型号的原油，彼此不会发生干扰。

08 反重力原理

A. 结合能提供上升力的物体，平衡物体的重量

实例：气体机翼飞机是将原本利用机翼与引擎（或螺旋桨）所提供的举升力，换成充有比空气还要轻的气体机翼，利用气体机翼来为飞机提供提升力，再利用螺旋桨与机翼的

力学原理,使飞机轻松升空翱翔。

　　B. 利用环境中产生的空气动力、水动力、浮力,平衡物体的重量

　　实例:水上脚踏车轮胎用的是塑料质地,既大又空心,利用水的浮力,使它具有足够的提升力,令人和车子浮于水面。

09　预先反作用原理

　　A. 对物体施以预作用力,以抵抗有害的工作应力

　　实例:人们在刷牙时,总是用牙刷向下施加压力,久之,会造成刷头上弯的情况发生。高露洁生产的弹力牙刷,就是在改变牙刷材质的同时,将牙刷事先设计成往下弯,借此用事先的反作用力来抵消刷牙时产生的作用力。

　　B. 如果一个作用包括有害与有用的效益,则进行反作用的行动,以去除或降低有害的效果

　　实例:安眠药外覆催吐剂,如果一次吞服过量就会呕吐,防止用药过量而受到伤害。

10　预先作用原理

　　A. 预先导入有益的作用到物体或系统中(部分或全部)

　　实例:不干胶粘贴是将塑料带预先涂上胶水,制成卷状"胶带纸",使用时,随用随扯,十分方便。

　　B. 预先安置物体或系统,以期能在最方便的时间与位置发挥作用

　　实例:在停车场预先设置停车米表,凡是来停车,就能随时计时和收费。

11　预先防范原理

　　A. 采用事先预防的方式(备案),以补救物体潜在的低可靠性

　　实例:为了预防窃贼,商店业主在物品上贴上磁性标签,未经付款的物品在通过商店的出入口时会触发报警器,从而抓获窃贼。

12　等势原理

　　A. 重新设计工作环境,以消除(或减少)举起或放下物体的操作;或根据工作环境执行该操作等

　　实例:维修汽车站内设置地沟,工人们在地沟内进行操作,可以减少使用或不用昂贵的升降设备。

13　反向作用原理

　　A. 不以常规的方式作用,而是用相反的方式作用来替代

　　实例:要使内外两个套紧的物体分离,通常采用加热外层物体的方法,现在采用冷却内置件的方法,使内外两个紧固件分离。

　　B. 把物体、系统或程序翻转或倒置

　　实例:电动扶梯人不动,扶梯动。

　　C. 使活动的部分(或外在的环境)固定;使固定的部分活动

　　实例:在进行浇铸铸件时,通常铸件处于静止状态,浇包处于运动状态;但当铸造大型薄壁铸件时,就得反过来,装有铁水的浇包是静止的,而装有铸型的工作台是运动

着的。

14 曲面化原理

A. 使用曲线取代直线，使用曲面取代平面，使用球面取代立方体

实例：在建筑上使用弧形、拱形代替直线形以增加建筑的结构强度，在结构设计中，用圆角过渡，以免应力集中。

B. 使用滚轮、球、螺旋

实例：将拖拉机的犁头由刀片式改为滚刀式，使工作效率提高1倍。

C. 将直线运动变成旋转运动，利用离心力

实例：携带型打印机呈环形状，环形的打印设计结构更加紧凑，大大节省了空间，便于携带。这一突破性的创意无疑为打印机设计提供了全新的思路。

D. 利用离心力

实例：洗衣机高速旋转，产生离心力去除衣物中的水分；Dyson 离心式吸尘器，利用气流的旋转，造成离心力，将灰尘直接落在透明筒内，可免去集尘袋因灰尘塞住而降低吸力。

15 动态性原理

A. 在不同条件下，物体或系统特征要能（自动）改变，以达到最佳效果

实例：使用可调直径的电焊条，根据焊缝的大小，电焊条直径在焊接过程中是可调整的，这样就能始终保持满焊的焊接质量。

B. 分割成为可以相互移动的元件

实例：通过液压钢筒将卡车分成能相对改变位置的前后两个部分，以使其能在恶劣崎岖的路面上行走，甚至可以爬坡。

C. 如果物体或系统是不活动的，使其能活动或能置换

实例：将攀岩训练机放置在室内，使攀岩训练不受天气制约。一台固定式攀岩训练机通常由于受训练场地的高度限制，不可能制作得很高。利用动态化原理，使攀岩训练机能向训练者攀爬方向相反的方向转动，从而能在高度有限的房屋内进行无限高度的模拟攀岩训练。

D. 增加自由度

实例：可弯式吸管、医疗检查用的柔性状胃镜和直肠镜，可以随意调整使用。

16 不足或过量作用原理

A. 如果很难达到百分之百的理想效果，则使用较多一点或较少一点的做法来简化问题

实例：傻瓜相机拍照质量距理想效果甚远，但价格便宜，操作方便，不用调焦距，也不用对光圈大小，即使拍照质量差一些，一般人也能接受。

17 多维化原理

A. 变一维的运动（物体或系统）成为二维的运动（物体或系统），或变二维的运动（物体或系统）为三维的运动（物体或系统）

实例：螺旋形楼梯可以减少占用空间，人们每上一步台阶，就是在三维方向上向上

移动。

　　B. 使用多层的结构取代单层

　　实例：多层汽车库、位于商业大厅的多层仓库货架、多层集成电路、高层建筑等。

　　C. 将物体倾斜或侧向放置

　　实例：倾斜式滚筒洗衣机。

　　D. 使用物体的另外一面

　　实例：日本悬空单轨电车。

　　E. 利用照射在临近面上或照射在背面的光线

　　实例：在树下放置反射镜提高对太阳光的利用，增加对树的光合作用；利用反射器给暖棚采暖。

18　振动原理

　　A. 使物体振动或振荡

　　实例：微波炉运用涡流和低频振动减少烹调时间，节省能源。

　　B. 对已振动的物体，提高其振动频率

　　实例：将需要清洗的机械零件放在超声波振动的清洗液体中，能够得到更彻底的清洗效果。

　　C. 使用共振频率

　　实例：共振频率器械在医疗上经常有使用。如频率相当于心脏收缩的振动装置用于人体按摩，超声波共振装置用来粉碎人体的胆结石或肾结石等。

　　D. 使用压电振动取代机械振动

　　实例：通过石英晶体机芯振荡驱动的高精度钟表。

　　E. 使用超声波和电磁场振动耦合

　　实例：在低频炉里混合合金，使混合均匀；在手术中采取超声波接骨法。

19　周期性动作原理

　　A. 以周期性的动作或脉动取代连续性动作

　　实例：警车的警铃周期性鸣叫，更易招人注目。

　　B. 如果已经是周期性的动作，改变周期的大小或频率，以适应外在的需求

　　实例：使用 AM（调幅）、FM（调频）、PWM（脉宽调制）来传输信息。

　　C. 利用脉动的间歇来完成另一个动作，将一些其他的动作穿插在原本周期性的动作之间

　　实例：心肺呼吸器的使用。在使用心肺呼吸器时，每五次胸廓压缩后，进行一次心肺呼吸，如此周期性地交替着进行。

20　有效持续作用原理

　　A. 物体或系统的所有部分应以最大负载或最佳效率操作

　　实例：立可白修正带，利用两个齿轮互相牵引，可以连续修正一整行的文字，不会中断。

　　B. 去除闲置或非生产性的活动或工作

实例：点阵或喷墨打印机的打印机头在回程中连续执行打印任务。

C. 将往复运动以旋转运动取代

实例：将焊接机的焊头做成轮状，用旋转运动代替往复运动，以使其持续作业。

21　急速作用原理

A. 用高速度执行一项行动，以消除有害的副作用

实例：薄壁塑料管特别容易变形，为此，在切割薄壁管时，必须以极高的切割速度进行。

22　变害为益原理

A. 利用有害的因素获得有益的效果

实例：生活垃圾发电、工厂废热发电、炼油厂废料生产塑料制品等，将废料污染环境的过程转变成为人类创造财富的有益过程。

B. 增加另一个有害的物体或作用来中和或去除有害的效应

实例：当原油通过管道时会在管道内壁留下沉积物，当酸性液体通过管道时会腐蚀管道内壁，让原油和酸性液体交替从管道中通过，能始终保持管道光洁。这与发电厂废水处理时，用炉灰的碱性与废水的酸性中和同理。

C. 加大有害因素的程度，使有害不再发生

实例：高频电流会使金属表面发热，可用它来做表面处理。

23　反馈原理

A. 引入反馈以改善过程或动作

实例：在消防车顶上，额外安装一个反射红外线的顶灯，作用范围为500米，红绿信号灯的探测器（接收器）接收到汽车发出的信号后，打开绿灯或延长绿灯的时间，直至汽车通过十字路口，确保消防车可以通行无阻。

B. 若已使用反馈机制，则改变反馈方式、控制反馈信号的大小或灵敏度

实例：室外路灯的控制方法，用亮度控制取代时间控制，更为理想和节能。

24　中介原理

A. 在两个物体、系统或作用间使用中介物

实例：在举重配重盘的外部覆盖橡胶，以便降低器械落地时对地板的冲击和产生的噪声。

B. 使用暂时性中介物，当其功能完成后能自动消失，或是很容易移除

实例：人工搬运钢轨时，在钢轨的两边各装两个极易装卸的半圆形磁铁插入器，使钢轨暂时变成圆形而便于滚动，从而减轻劳动强度。

25　自服务原理

A. 一个物体或系统执行辅助的有用功能来服务于自己

实例：在高压电线上每隔5米安一个铁氧体环，利用铁磁性材料的居里点特性，当气温低于0℃或有冰雪时，能自动感应发热，高压电线因冰冻积雪而被压断的现象就不会发生。

B. 使用废弃（或损失）的资源、能源或物质

实例：太阳能道路照明灯白天将太阳能转为电能，自动充电，晚上或光线不足时，照明灯就会自动启动，发出闪亮的灯光。

26 复制原理

A. 用简易和廉价的复制品替代复杂的、不便于操作的、不容易获得的或易损、易碎、昂贵的物体

实例：利用塑料花代替鲜花，永不会凋谢，可重复使用。

B. 用光学的复制品（影像）取代一个物体或程序

实例：对复杂地形的勘测，首先通过卫星或飞机对该区域地形进行拍摄，然后通过校对转换拍摄到的照片来完成勘测任务。

C. 如果已使用可见光的复制品，改用红外、紫外线光等的复制品

实例：利用紫外光诱杀蚊蝇和杀菌。

27 一次性用品替代原理

A. 使用多个便宜或寿命短的物品，取代昂贵的物品或系统

实例：抛弃式马桶刷头上含有清洁剂，遇水后，蓝色的清洁剂会自动散开，在刷完马桶后，清洁剂颜色变淡接近白色，此时只要将把手上的推钮往前推，刷头即可随污物直接冲于马桶而不会堵塞马桶，使用既方便又卫生。

28 机械系统替换原理

A. 使用另一种感测的方法（声、光、视觉、味觉、嗅觉、触觉等）取代现行的方法

实例：利用话筒的声音控制抛光过程；利用嗅觉了解钻入岩层钻头磨损程度的信息；用电热器加热金属棒，通过金属棒的微量运动，对显微镜的焦距进行精确调节。

B. 使用电场、磁场或电磁场，与物体或系统交互作用

实例：使用感应钥匙取代传统的钥匙；使用静电感应更好地使两种带不同电的粉末混合。

C. 用运动的场取代静止的场；用结构化的场取代非结构化的场；用变化的场取代固定的场

实例：用机械系统喷雾的方法在热塑材料上喷涂金属层会导致覆盖层太厚，添加了稀释剂后，又会出现气泡和裂纹。改用结构化的场来代替随机场，将金属粉末加热到熔融温度，在电磁场作用下，就能在热塑材料表面涂敷一层极为均匀稀薄的金属层。

D. 将磁场和强磁性的铁磁粒子组合使用

实例：在磁性门的密封装置里充满有一定居里点的磁性液体，当温度低于居里温度时，磁性液体产生磁场作用，门就关闭；当温度高于居里温度时，磁性液体的磁性就会消失，门就打开了。

29 气压或液压结构原理

A. 使用气体或液体取代固体的元件或系统

实例：日本应用纳米技术开发的喷雾剂式丝袜，随喷随穿；传统的千斤顶无法在泥地、沙地、雪地、崎岖不平的山地，或在部分车辆掉入沟渠的情况下使用，充气式千斤顶

利用汽车排放的废气，50秒即可将上述情况下的汽车顶起。

30 柔性壳体或薄膜结构原理

A. 使用柔性壳体或薄膜取代固态结构

实例：农业上种菜使用的塑料大棚；建造临时性的或季节性的水池；充气服装模特比用刚性材料制成的模特适应性强，使用方便。

B. 使用柔性壳体或薄膜将物体或系统与外界有潜在危险的环境隔离

实例：真空铸造时，在模型和砂型间加一层柔性薄膜，以使铸型有足够的强度。

31 多孔材料原理

A. 使物体变成多孔性的或加入具有多孔性的元素

实例：建筑上使用的多孔砖，既减轻重量又节省能源。

B. 如果物体已是多孔性的，在孔隙中加入有用的功能物质

实例：打印机墨水盒；出风均匀的多孔导风系统；用煤灰烧结成的多孔砖等。

32 变换颜色原理

A. 改变物体或其环境的颜色

实例：尿液试纸片；感温变色的汤匙。

B. 改变物体或其环境的透明度

实例：使用透明绷带代替普通的纱布包扎伤口，可以随时从绷带外部观察伤口的变化情况；在半导体的处理过程中，照相平版印刷术要将透明材料改成实心透过板；在丝绸网印花处理中，要将遮盖材料从透明的改成不透明的。

C. 使用颜色添加物或发光的元素，以提高事物的能见度

实例：夜间发光的斑马线；会随着气温而变化颜色的衣服；电焊工佩戴带黑色脸罩的安全帽，以及在炼钢厂使用彩色水帘，都是为了增加可视性并保护工人免遭强辐射伤害。

D. 在不同辐射热下，改变物体的发光性质

实例：钢厂用布帘减少工人受到的热辐射；婴儿用测温澡盆洗澡。

33 同质原理

A. 产生交互作用的物体，应使用同一种材料（或有相同性质的材料）

实例：用金刚石作为制造切割钻石的工具，以便于将在切割过程中产生的粉末回收利用。

34 自弃与修复原理

A. 已执行完成功能的物体或系统的元件，能自行消失（溶解、挥发、抛弃）

实例：使用字迹自动消失技术，文件上印好的文字，24小时后自动消失，纸张可重复使用达30次。

B. 动作中将已消耗或退化的元件，恢复其功能或形状（再生）

实例：抽取式卫生纸；自动售货机。

35 状态和参数变化原理

A. 改变物理状态（固态、液态、气态）

实例：以液体的形式而不是以气体的形式运输氧气、氮气或天然气，以减少体积，方便运输。

B. 改变浓度或密度

实例：用液态的洗手液代替固体肥皂，浓度降低了，但洁净效果更好，且可以定量控制使用，减少浪费。

C. 改变弹性（伸缩性、弯曲性）的程度

实例：对橡胶进行硫化处理，以提高其柔性和使用的耐久性。

D. 改变温度

实例：改变温度以松开或紧固内外套件；改变烹饪温度会改变食品的色、香、味。

E. 改变压力

实例：爆米花和硬果脱壳技术等。

F. 改变长度、体积

实例：容量只有8升的小冰箱。

G. 改变其他参数

实例：日本开发厚度为0.4毫米的太阳能板和近乎眼睛大小的照相机。

36 相变原理

A. 利用在相变的过程中所发生的效应和现象（如体积改变、热释放或热吸收）

实例：利用水在冰冻后会膨胀的物理效应以胀裂岩石或混凝土构件。

37 热膨胀原理

A. 利用材料的热胀冷缩性质取得有用的效应

实例：当外部温度升高时，封闭在温度计里的乙醚膨胀，带动液面上升；当外部温度下降时，乙醚收缩，带动液面下降。

B. 利用不同膨胀系数的多种材料，取得不同的有用效应

实例：热敏开关由两片不同热膨胀系数的金属片组成，由于各自对温度的敏感程度不一样，温度改变时会发生弯曲，从而实现对温度的控制。将双金属片和温室屋顶窗扇连接，窗扇就会随温度改变打开或关闭，实现自动控温。

38 加强氧化作用原理

A. 使用富氧取代普通空气

实例：高炉富氧送风可以获得更多的热量，提高铁的产量；为延长在水下呼吸时间，水下呼吸器中储存的是富氧空气。

B. 用纯氧替代富氧

实例：用氧气-乙炔发生器高温切割；在转炉中加入纯氧，可直接将铁水吹炼成钢水。

C. 使用离子辐射

实例：利用离子辐射可得地球成像。

D. 使用氧离子

实例：通过电离处理空气，用离子化氧捕获污染物，达到净化空气目的的过滤器；用等离子电弧切割不锈钢。

E. 使用臭氧

实例：利用臭氧的杀菌功能来保护衣物避免霉菌的侵蚀，并利用臭氧蒸汽系统彻底去除污渍，不用洗涤剂的洗衣机的推广应用对保护环境具有十分重要的意义。

39 惰性介质原理

A. 用惰性环境取代普通环境（一般大气中）

实例：为防止焊缝氧化，在焊接时使用惰性气体罩；为防止灯丝氧化，用氩气等惰性气体填充在霓虹灯内代替普通空气。

B. 在物体或系统中加入中性物质或惰性添加物

实例：向大型轮船舱内充填氮气，为的是保养船只，防止腐蚀。同样，为了提高储藏棉花的安全性，防止棉花在运输和存储过程中发生燃烧，可用惰性气体处理棉花。

40 复合材料原理

A. 使用复合材料取代均质材料

实例：电动钻的制造，从握把到钻头，每个部位都是按照功能需求以不同的塑料或金属材质制成的，为的是满足在握把处使操作者感到舒适，但在钻头处需坚硬耐磨的不同要求。

40个发明原理可整理成下表（表7-2）：

表7-2 40个发明原理表

序号	原理	序号	原理	序号	原理
1	分割	15	动态性	29	气压或液压结构
2	抽出	16	不足或过量作用	30	柔性亮体或薄膜结构
3	局部特性	17	多维化	31	多孔材料
4	不对称	18	振动	32	变换颜色
5	组合	19	周期性动作	33	同质
6	多用性	20	有效持续作用	34	自弃与修复
7	嵌套	21	急速作用	35	状态和参数变化
8	反重力	22	变害为益	36	相变
9	预先反作用	23	反馈	37	热膨胀
10	预先作用	24	中介	38	加强氧化作用
11	预先防范	25	自服务	39	惰性介质
12	等势	26	复制	40	复合材料
13	反向作用	27	一次性用品替代		
14	曲面化	28	机械系统替换		

40 个发明原理可分为六大类：

（1）空间的转换（6 个）：分割、局部特性、不对称、嵌套、曲面化、多维化。

（2）时间的转换（7 个）：预先反作用、预先作用、预先防范、动态性、周期性动作、有效持续作用、急速作用。

（3）主体的转换（12 个）：抽出、组合、多用性、反向作用、变害为益、反馈、中介、自服务、复制、一次性用品替换、机械系统替换、自弃与修复。

（4）作用力的转换（5 个）：反重力、等势、不足或过量作用、振动、气压或液压结构。

（5）材料或形态的转换（8 个）：灵活的隔膜或薄片、多孔材料、变换颜色、同质、状态和参数变化、相变、热膨胀、复合材料。

（6）环境的转换（2 个）：加用强氧化作用、惰性介质。

对任何产品或技术，依次用 40 个发明原理进行思考，必能产生前所未有的发明设想。

四、用矛盾矩阵解决技术矛盾

（一）技术矛盾的含义

技术矛盾是由两个工程参数构成的矛盾，即改善其中一个工程参数时，就会导致另一个工程参数被恶化。例如，洗衣机省水、电、洗衣粉——衣服洗不干净，提高坦克车的强度——灵活性下降，等等。

如图 7-6 所示，用 A、B 表示构成技术矛盾的两个参数，A 和 B 之间的关系类似于"跷跷板"的关系，这是因为 A 和 B 之间既对立（具体表现为 A 和 B 之间的反比关系），又统一（具体表现为 A 和 B 位于同一个系统中，A 与 B 互为依存）。

图 7-6 技术矛盾示意图

通常，对于包含矛盾的工程问题来说，人们通常使用的解决方法就是折中（妥协），虽然方便，但折中的方案往往不是最佳的方案。这种情况是由我们的思维特性决定的。我们在潜意识当中奉行的简单逻辑就是：避免出现矛盾的情况，其结果是矛盾的双方都无法得到满足，系统的巨大发展潜力被矛盾牢牢地禁锢了。

阿奇舒勒采用查矛盾矩阵表的方法使技术矛盾轻松地得到解决。

（二）用通用参数描述技术矛盾

在系统改进中，将需提升或加强的特性所对应的工程参数称为"改善的参数"，将需降低的特性所对应的工程参数称为"恶化的参数"。事实上，同一个工程参数，在某种产品中，表述的是"改善的参数"，而在另一种产品中，表述的则可能是"恶化的参数"。所以就工程参数来说，"改善的参数"和"恶化的参数"是互为通用的。阿奇舒勒最初从高水平专利解决方案的分析中发现，数十万个发明问题虽然来自不同的领域，但在解决发明问题的方案中，无论是改善的还是恶化的工程参数，总是频繁地出现。为此，阿奇舒勒将反映工程（物体）特性的参数归结为 39 个通用工程参数（表 7-3），并对其进行了分类（表 7-4）。其中，运动物体是指物体自身或借助外力在一定空间内运动的物体；静止物体是指物体自身或借助外力不能使其在一定空间内运动的物体。

表 7-3　39 个通用工程参数的名称及其定义

编码	通用参数名称	定义
1	运动物体的重量	在重力场中运动物体所受到的重力
2	静止物体的重量	在重力场中静止物体所受到的重力
3	运动物体的尺寸	移动物体的任意线性尺寸,如长、宽、高、角度
4	静止物体的尺寸	静止物体的任意线性尺寸,如长、宽、高、角度
5	运动物体的面积	物体内部或外部的任意二维尺寸
6	静止物体的面积	物体内部或外部的任意二维尺寸
7	运动物体的体积	指物体的三维尺寸
8	静止物体的体积	物体的三维尺寸
9	速度	单位时间运动物体活动的过程或作用
10	力	两个物体(或系统)间相互作用的度量;试图改变物体状态的作用力
11	应力/压强	作用在物体单位面积上的力
12	形状	物体或系统的外貌或轮廓
13	结构的稳定性	整个物体或系统受外界因素影响而维持不变的能力;系统的完整性及系统组成部分之间的关系,磨损、化学分解及拆卸都会降低稳定性
14	强度	物体抵抗外力而使其本身不被破坏(分裂)的能力
15	运动物体的耐久性(实用时间)	运动物体完成规定作用的时间、服务时间以及耐久力等(即物体失去功能前的寿命)。两次故障之间的平均时间也是作用时间的一种度量
16	静止物体的耐久性(实用时间)	静止物体完成规定作用的时间、服务时间以及耐久力等(即物体失去功能前的寿命)。两次故障之间的时间也是作用时间的一种度量
17	温度	物体或系统所处的热状态,包括其他热参数,如影响、改变温度变化速度的热容量
18	物体明亮度(光照度)	单位面积上的光通量,可以理解为物体的亮度、反光性、照明质量等
19	运动物体消耗的能量	运动物体在做功期间所耗费的能量。力学中的能量指作用力与距离的乘积,包括消耗超系统提供的能量
20	静止物体消耗的能量	静止物体在做功期间所耗费的能量。力学中的能量指作用力与距离的乘积,包括消耗超系统提供的能量
21	功率	单位时间内所做的功或消耗的能量,即利用能量的速度
22	能量的损失	对系统或物体做无用功所消耗的能量

续表

编码	通用参数名称	定义
23	物质（材料）的损失	对系统或物体做无用功所消耗的物质
24	信息的遗漏（损失）	资料或系统输入项目数据的丢失
25	时间的损失	时间是指一项活动所延续的时间间隔。改进时间的损失，就是指减少一项活动所花费的时间
26	物质（材料）的数量	制造一个物体（或系统）所需要的材料、部件或子系统等物质的数量
27	可靠性	物体或系统能够正常执行其功能的能力，可理解为无故障操作概率或无故障运行时间
28	测量精度	系统或物体性质所测量到的值与其实际值之间的误差。减少误差将提高测试精度。测试精度高，增加测试的成本，也是衡量控制复杂性的一种标志
29	制造（加工）的精度	制造产品的实际性能与设计所需性能或技术规范（或标准）所预定的性能之间存在的误差
30	（物体对外部）有害作用的敏感性	物体对来自外部或环境中造成系统效率或质量降低的有害作用的影响力
31	（物体产生的）有害副作用	造成系统效应或使功能质量降低的有害因素。这些有害因素来自物体或一部分操作系统
32	可制造性（易加工性）	物体或系统在制造过程中的方便或简易程度
33	可操作性（易使用性）	物体或系统在使用或操作上的容易程度。操作过程中需要的人数越少，操作步骤越少，工具越少，且同时还要确保有较高的产出，则代表可操作性越高
34	易维修性	物体或系统发生故障或损坏后容易修护或恢复功能的程度。需要时间短、方便和简单
35	适应性（通用性）	系统或物体应对外部变化的能力，或在各种外部影响下发挥功能的能力
36	装置（构造）的复杂性	构成物体或系统的元件数量以及多样性
37	控制（检测与测量）的复杂性	用于检测与测量操作系统所需的组件数量与多样性。一个系统复杂、成本高、需要较长时间建造及使用，或部件与部件之间关系复杂，都会增加系统的监控与测试的难度
38	自动化程度	物体或系统在无人操作的情况下完成任务的能力
39	生产率	在单位时间内，系统或物体所完成的功能或操作次数；完成一个功能或操作所需的时间以及单位时间的输出；单位输出的成本等

表 7-4　39 个通用工程参数的分类

物理和几何参数	技术负向参数	技术正向参数
1. 运动物体的重量	15. 运动物体的耐久性（实用时间）	13. 结构的稳定性
2. 静止物体的重量	16. 静止物体的耐久性（实用时间）	14. 强度
3. 运动物体的尺寸	19. 运动物体消耗的能量	27. 可靠性
4. 静止物体的尺寸	20. 静止物体消耗的能量	28. 测量精度
5. 运动物体的面积	22. 能量的损失	29. 制造（加工）的精度
6. 静止物体的面积	23. 物质（材料）的损失	32. 可制造性（易加工性）
7. 运动物体的体积	24. 信息的遗漏（损失）	33. 可操作性（易使用性）
8. 静止物体的体积	25. 时间的损失	34. 易维修性
9. 速度	26. 物质（材料）的数量	35. 适应性（通用性）
10. 力	30. （物体对外部）有害作用的敏感性	36. 装置（构造）的复杂性
11. 应力/压强	31. （物体产生的）有害副作用	37. 控制（检测与测量）的复杂性
12. 形状		38. 自动化程度
17. 温度		39. 生产率

（三）用矛盾矩阵解决技术矛盾

1. 阿奇舒勒矛盾矩阵

通过对大量专利的研究，阿奇舒勒发现了一种现象：对于某一种由两个通用工程参数所确定的技术矛盾来说，40 个创新原理中的某一个或某几个创新原理被使用的次数要明显比其他的创新原理多，换句话说，一个创新原理对于不同的技术矛盾的有效性是不同的。

如果能够将创新原理与技术矛盾之间的这种对应关系描述出来，技术人员就可以直接使用那些对解决自己所遇到的技术矛盾最有效的创新原理，而不用将 40 个创新原理一个一个试一遍了。

1970 年，阿奇舒勒将 39 个通用工程参数和 40 个发明原理有机地联系起来，整理成 39×39 的矛盾矩阵表（又称 1970 矛盾矩阵、经典矛盾矩阵）。

矛盾矩阵表的第 1 列为改善的 39 个通用工程参数和编码，第 1 行为恶化的 39 个通用工程参数和编码，从行、列的两个维度上，构成了 39×39 个矩阵的方格，共 1 521 个方格。在其中的 1 263 个方格中，均列有几个数字，这几个数字代表着 40 个发明原理的编码；其数字顺序的先后表示应用频率的高低。45°对角线的方格是同一名称工程参数所对应的方格（灰色带"＋"的方格），表示产生的矛盾是物理矛盾而不是技术矛盾。使用者根据表中所提供的编码，对照 40 个发明原理，查找出这些编码的确切含义，也就是找到了化解技术矛盾的发明原理，如表 7-5 所示。

表7-5 1970矛盾矩阵(局部)

改善的参数	恶化的参数					
	1. 运动的物体重量	2. 静止物体的重量	3. 运动物体的尺寸	4. 静止物体的尺寸	……	39. 生产率
1. 运动物体的重量	+		15,8,29,34			35,3,24,37
2. 静止物体的重量		+		10,1,29,35		1,28,15,35
3. 运动物体的尺寸	8,15,29,34		+			14,4,28,29
4. 静止物体的尺寸		35,28,40,29		+		30,14,7,26
……	……	……	……	……	+	……
39. 生产率	35,26,24,37	28,27,15,3	18,4,28,38	30,7,14,26		+

矛盾矩阵中的空格（例如，改善的参数是静止物体的重量，恶化的参数是运动物体的重量，所对应的单元格中是没有数字的）表示：没有找到或只找到很少的专利来说明这种特定的技术矛盾可以优先用哪些发明原理来解决。虽然如此，矛盾矩阵中还是给出了解决1200多种技术矛盾时常用的发明原理。

2. 经典矛盾矩阵应用步骤及应用实例

使用经典矛盾矩阵的步骤如下：

（1）确定要解决的问题，从众多矛盾中找出首先要解决的一个技术矛盾。

（2）查39个通用工程参数列表（表7-3），从中找出最能准确定义技术矛盾的改善的和恶化的两个工程参数。

（3）查经典矛盾矩阵，找出给定的发明原理。

首先沿第1列的方向找到要"改善的参数"，然后沿第1行的方向找到会"恶化的参数"，将找到的两个参数垂直相交，该相交处所对应的小方格中所列出的数字，就是TRIZ所推荐的解决对应工程矛盾的发明原理的编码。进而从40个发明原理归总列表中，找到这些编码的真实含义，也就是找到了TRIZ方法所推荐的解决发明问题的方法。

（4）分析给定的发明原理。

（5）评估方案。

【例7-1】 化解油井和气井灭火的技术矛盾

为了制止井口石油喷出，需要让灭火设备接近油井，但油井和气井一旦着火，火势必然非常凶猛，所以让人和救火设备靠近油井是非常危险的事情，且离火焰越近，危险性越大。试用矛盾矩阵找到为油井和气井解决现场灭火问题的有效方法。

1. 确定一个技术矛盾

这里存在的一个技术矛盾是如何有效地灭火而避免危险性。

2. 确定恶化的和改善的通用工程参数

改善的参数：33——可操作性（易使用性）。

恶化的参数：30——（物体对外部）有害作用的敏感性。

3. 查经典矛盾矩阵和40个发明原理汇总列表

在矛盾矩阵的第1列上找到改善的通用工程参数"33——可操作性（易使用性）"，在矛盾矩阵的第1行上找到恶化的通用工程参数"30——（物体对外部）有害作用的敏感性"，两线垂直相交，获得4个数据，如表7-6所示。

表7-6 为化解油井和气井灭火的技术矛盾查经典矛盾矩阵

改善的参数	恶化的参数				
	1. 运动物体的重量	2. 静止物体的重量	……	30.（物体对外部）有害作用的敏感性	……
1. 运动物体的重量	+		……	30	
2. 静止物体的重量		+	……	22,21,18,27	……
……	……	……	……	……	……
33. 可操作性（易使用性）	25,2,13,15	6,13,1,25	……	2,25,28,39	
……	……	……	……	……	+

4个数据分别是2，25，28，39。然后，查40个发明原理汇总列表，可获得对应这4个数据的真实含义，也就是获得了TRIZ所推荐的解决该技术矛盾的4个发明原理和方法，它们分别是：

2——抽出

25——自服务

28——机械系统替换

39——惰性介质

4. 分析给定的发明原理

按照推荐的原理和方法，结合人的创造性思维能力以及实现理想化的目标，逐个加以分析。最终确定的解决方法是：首先在喷井附近钻出一个倾斜的副井，让副井在足够安全的深度与失火的油井筒相连，通过副井向失火的井筒输送炸药和专门的溶液，以便在深处将失火的油井"堵塞"起来。

5. 评估方案

按照经典矛盾矩阵推荐的"25——自服务"原理，燃烧中的油井能自动停止喷油和喷气，火自动熄灭，获得了最终理想的解决方案。

(四) 2003 矛盾矩阵与解决发明问题引导表

现任欧洲 TRIZ 协会主席 Darrell Mann 于 2002 年搜寻近十年内美国及欧洲专利局与机械有关的最新专利，用经典矛盾矩阵表推荐的原理做分析比较，发现经典矛盾矩阵推荐的原理，其效用性只有 48%。为此，Darrell Mann 认为：阿奇舒勒于 1970 年创建的经典矛盾矩阵表上所归纳的 39 个通用工程参数，已不能表达产品创新的所有特性，应增加 9 个通用工程参数，如表 7-7 所示。

表 7-7 新提出的 9 个通用工程参数

序号	通用工程参数	序号	通用工程参数
1	信息的数量	6	安全性
2	运行效率	7	易受伤性
3	噪声	8	美观
4	有害的散发	9	测量难度
5	兼容性/连通性		

这样就有 48 个通用工程参数，重新编号如表 7-8 所示（括号内是老编号）：

表 7-8 48 个通用工程参数表

序号	名称	序号	名称	序号	名称
1（1）	运动物体的重量	17（20）	静止物体消耗的能量	33	兼容性或可连通性
2（2）	静止物体的重量	18（21）	功率	34（33）	使用方便性
3（3）	运动物体的长度	19（11）	张力/压力	35（27）	可靠性
4（4）	静止物体的长度	20（14）	强度	36（34）	易修护性
5（5）	运动物体的面积	21（13）	结构的稳定性	37	安全性
6（6）	静止物体的面积	22（17）	温度	38	易受伤性
7（7）	运动物体的体积	23（18）	明亮度	39	美观
8（8）	静止物体的体积	24	运行效率	40（30）	外来有害因素
9（12）	形状	25（23）	物质的损失	41（32）	可制造性
10（26）	物质的数量	26（25）	时间的损失	42（29）	制造的准确度
11	信息的数量	27（22）	能量的损失	43（38）	自动化程度
12（15）	运动物体的耐久性	28（24）	信息的遗漏	44（39）	生产率
13（16）	静止物体的耐久性	29	噪音	45（36）	装置的复杂性
14（9）	速度	30	有害的散发	46	控制的复杂性
15（10）	力	31	有害的副作用	47（37）	测量的难度
16（19）	运动物体消耗的能量	32（35）	适应性	48（28）	测量的准确度

基于上述观点,创建了用 48 个通用工程参数和 40 个发明原理组成的"2003 矛盾矩阵",如表 7-9 所示。

表 7-9 2003 矛盾矩阵表

改善的参数	恶化的参数				
	1. 运动物体的重量	2. 静止物体的重量	3. 运动物体的长度	……	48. 测量的准确度
1. 运动物体的重量	35,28,31,8,2,3,10	3,19,35,40,1,26,2	17,15,8,35,34,28,29,30,40	……	28,26,35,10,2,37
2. 静止物体的重量	35,3,40,2,31,1,26	35,31,3,13,17,2,40,28	17,4,30,35,3,5	……	26,28,18,37,4,3
3. 运动物体的长度	31,4,17,15,34,8,29,30,1	1,2,17,15,30,4,5	17,1,3,35,14,4,15	……	10,32,1,37,28,39
…	…	…	…	……	…
…	…	…	…	……	…
48. 测量的准确度	35,26,32,1,12,8,25	26,25,1,35,8,12,10	5,26,28,1,10,24	……	28,24,10,37,26,3,32

❋【例 7-2】 洗衣机的创新设计

1. 设计项目:"绿色"洗衣机。
2. 用户需求:省水、省电、省洗衣剂。
3. 理想化最终结果:利用一些高新技术(比如纳米)使衣服不沾污渍而实现"免洗"。
4. 技术矛盾:减少物质能否达到原来的效果,即"物质的减少"与"功率"之间的矛盾。
5. 创新原则:查 2003 矛盾矩阵表横向改善参数 25 与纵向恶化参数 18 交叉处,得到发明原理 28,18,38,25,13,3。
6. 发明原理分析见表 7-10。

表 7-10 发明原理分析

原则	有用的提示	方案
28. 机械系统替换	A. 以光学、声学、热能、嗅觉的系统取代机械的系统	用其他系统替代现有机械系统
18. 振动	B. 假如振动的方式已经存在,提高振动的频率至超声波	超声波振动水流,把衣物纤维间的脏污从缝隙中弹出来
38. 加强氧化作用	A. 转换并提高氧化的程度	将自来水电解,产生活性氧与次氯酸,以溶解衣物上的有机汗污
25. 自助	B. 利用废弃的材料及能源	能重复利用洗衣水

续表

原则	有用的提示	方案
13. 反向作用	B. 使物体或者外在环境可以移动的部分变成固定的，而固定的部分则变成可移动的	让原来转动的水流变为不动的
3. 局部特性	水的特性	充分利用水的特性

7. 方案合成：利用水电解与超声波振荡相结合的方式，取代原有电机拖动波轮或滚筒的系统。

8. 方案分析：该方案既可以避免衣物缠绕，也可少用甚至免用洗衣剂，而且洗衣水可以重复利用，达到环保与节能的功效。从大电流的电机驱动到电解与振荡装置的发展，符合技术系统的进化趋势。虽然距离理想化最终方案还很远，但达到了省水、省电和省洗衣剂的要求。

例7-1、例7-2两个案例看似简单，实际却是很难突破的技术障碍，企业中有许多这样的技术创新问题等待我们去解决。只要掌握了TRIZ，我们就可以从容地面对这些问题，并能创造性地解决问题。通过案例我们还可以看到，TRIZ可以在无形中打破设计人员的思维定式，弥补知识的不足，改变以往解决问题的盲目性；解决技术创新问题的正确方法是逐步揭示矛盾，研究其产生原因并加以排除。正如阿奇舒勒所说："你可以等待100年获得顿悟，也可以利用这些原理用15分钟解决问题。"

五、用分离法解决物理矛盾

（一）物理矛盾的含义

物理矛盾是一个通用工程参数的矛盾，即改善的和被恶化的是同一个参数，系统要满足两个完全相反的需求。例如：要使汽车省油，汽车底盘应轻些，要增加安全性，应增加底盘重量以降低重心。要提高飞机续航里程，应多带油，要提高航速，应减少自重，少带油。

常见的物理矛盾的参数有几何参数、物理参数和功能参数三种，如表7-11所示。

表7-11 常见物理矛盾的相反特性列表

几何参数	物理参数	功能参数
长与短	功率大与小	扔与抓
对称与不对称	密度大与小	拉与推
平行与交叉	传导率高与低	热与冷
薄与厚	温度高与低	快与慢
圆与非圆	时间长与短	移动与静止
尖与钝	黏滞度高与低	强与弱

续表

几何参数	物理参数	功能参数
窄与宽	能量大与小	软与硬
水平与垂直	摩擦力大与小	便宜与昂贵
……	……	……

(二) 用分离原理解决物理矛盾

阿奇舒勒利用以下四个分离原理解决物理矛盾：

1. 空间分离原理（Where——什么地方需要 A？什么地方需要 –A？）

从空间上进行系统（或子系统）的分离，以使在两个不同的空间实现两个相反的需求。譬如，为了使交叉路口的汽车能畅通无阻，建立交桥，将交叉行驶的汽车从空间上予以分离，让它们各行其道（图 7-7）。

2. 时间分离原理（When——什么时候需要 A？什么时候需要 –A？）

从时间上进行系统（或子系统）的分离，以在不同的时间段实现两个相反的需求。最简单的案例就是红绿灯（图 7-8）。

图 7-7　立交桥

图 7-8　红绿灯

3. 条件分离原理（If——什么状态需要 A？什么状态需要 –A？）

物质为实现一个目的具有一种特性，而为实现另一个目的具有相反的特性，利用条件进行分离，使物体矛盾的特性同时共存或交替出现。

✱【例 7-3】　飞机机翼大小的选择

要起飞方便，机翼面积要大；要搭载较多东西或乘客，机翼面积要小。机翼既要大又要小，这是物理矛盾。采用活动机翼，当起飞时机翼张开，停机时机翼收缩（图 7-9）。这就是条件分离。

4. 向另一个系统转换的层级分离原理

将矛盾双方在不同的层次上进行分离。

图 7-9　飞机的活动机翼

【例7-4】 自行车链条

自行车链条应该是柔软的,以便精确地环绕在传动链轮上,它又应该是刚性的,以便在链轮之间传递相当大的作用力。因此,系统的各个部分(链条上的每一个链节)是刚性的,但是整个系统在整体上(链条)是柔性的(图7-10)。自行车链条在不同的系统级别上表现出不同的特点。

图7-10　自行车链条

英国巴斯大学的 Darrell Mann 通过研究提出,用于解决物理矛盾的四种分离方法与用于解决技术矛盾的40个发明原理之间存在一定的关系。对于每个分离原理,可以有多个发明原理与之对应,如表7-12所示。

表7-12　4个分离原理与40个发明原理之间的关系

空间分离原理	时间分离原理	条件分离原理	层级分离原理	
1. 分割原理 2. 抽出原理 3. 局部特性原理 17. 多维化原理 13. 反向作用原理 14. 曲面化原理 7. 嵌套原理 30. 柔性壳体或薄膜结构原理 24. 中介原理 26. 复制原理	15. 动态性原理 10. 预先作用原理 19. 周期性动作原理 11. 预先防范原理 16. 不足或过量作用原理 21. 急速作用原理 26. 复制原理 18. 振动原理 37. 热膨胀原理 29. 气压或液压结构原理 34. 自弃与修复原理 9. 预先反作用原理 20. 有效持续作用原理	35. 状态和参数变化原理 32. 变换颜色原理 36. 相变原理 31. 多孔材料原理 38. 加强氧化作用原理 39. 惰性介质原理 28. 机械系统替换原理 29. 气压或液压结构原理	1. 分割原理 25. 自服务原理 40. 复合材料原理 33. 同质原理 12. 等势原理	转移至子系统
			5. 组合原理 6. 多用性原理 23. 反馈原理 22. 变害为益原理	转移至超系统
			27. 一次性用品替代原理(转移至其他系统)	
			13. 反向作用原理 8. 反重力原理(转移至反系统)	

(三) 用2003矛盾矩阵解决物理矛盾

解决物理矛盾也可以直接查2003矛盾矩阵表,其中对角线上都是 TRIZ 推荐解决的与48通用工程参数相对应的物理矛盾的发明原理。

【例7-5】 化解汽车底盘设计的矛盾

为了便于加速并降低加速时的油耗,汽车的底盘重量越小越好;但为了保证高速行驶时汽车的安全,底盘重量越大越好。这种要求底盘同时具有大重量和小重量的情况,对于汽车底盘的设计来说就是物理矛盾,解决该矛盾是汽车设计的关键。

分析：这个设计案例与汽车底盘的重量有关，汽车属于运动物体。解决此问题我们应该选择的特征参数是"运动物体的重量"，查 2003 矛盾矩阵表得到的发明原理分别为：35，28，31，8，2，3，10。

表 7-13 对各项发明原理逐一进行了分析，可从中选择出合适的方案。

表 7-13　发明原理分析

原理	有用的提示	方案
35. 状态和参数变化	A. 改变系统的物理状态	改变汽车获取重量的物理状态
28. 机械系统替换	C. 取代场，包含：① 以可变的取代恒定的；② 以随时变化的取代固定的	原有汽车是利用底盘的重量保证车的稳定性，我们要利用可变的重力场取代固定的重量
31. 多孔材料	A. 使物体变成多孔性的或加入具有多孔性的元素（如嵌入、覆盖等）	把某些部件变成多孔的结构，以减轻汽车的重量，或利用孔增加重量
8. 反重力	B. 可以利用外部环境的空气动力或流体力来抵消物体本身的重量	利用空气动力学原理增加汽车的重量
2. 抽出	A. 将会"妨碍"的零件或者属性从物体中抽离出来	可以适当减轻汽车底盘的重量以减少耗油量
3. 局部特性	C. 物体各部位的零件要放置于最适合让它运行的地方	在适当的地方放置改变汽车重量的部件
10. 预先作用	B. 事先放置好物体，如此便可直接从最方便的位置开始操作	提前把改变汽车重量的部件安装好

最后的解决方案：在汽车上安装空气导流装置，通过该装置产生的重力场获得重量，使汽车的速度越快，达到的重力场就越大，以达到最初的设计要求。

通过解决实际问题可以看出，提示的发明原理均得到了有效的利用。这说明要想得到满意的解决方案，就必须针对问题展开联想，在汲取基本知识的基础上萌发不同的想法。

实际解决问题时，技术矛盾和物理矛盾有时可以转换使用。

例如，某航空研究所年轻的研究人员，接到领导下达的改进设计飞机驾驶舱仪表板的任务，使之既不能遮挡飞行员的视线，又要有足够大的空间安装仪表。他用 TRIZ 方法寻找方案，采用如下步骤：

1. 问题分析

既需要让仪表板增大体积（具有足够的空间），又需要让仪表板缩小形状（保持良好视场）。

（1）技术矛盾与发明原理。

技术矛盾定义：改善项选第 7 个工程参数（运动物体的体积），恶化项选第 12 个工程参数（形状），通过查询矛盾矩阵，运动物体的体积与形状的矛盾所对应的发明原理为：原理 1——分割；原理 4——不对称性；原理 15——动态性；原理 29——气压或液压结构。

（2）物理矛盾与创新原理。

解决体积增大和减小的物理矛盾，只有采用分离原理：根据时间分离原理和基于条件的分离原理，可以让仪表板在使用时占用空间，不使用时不占用空间。

2. 最终解决方案

通过原理 4 的启发，增加仪表板的不对称性，将其形状改变，以求获得最大视场；通过原理 15 的启发，使不动的物体可动，增加仪表板的动态性。再参照时间分离和条件分离的原理，所得到的解决方法为：在仪表板上设置转轴，使其在不同时间处于不同位置，需要看设备时，将仪表板支起；不需要看设备时，将仪表板放下。通过此方法，可以得到设备安装和良好视场的双重获益。

六、技术系统进化规律

阿奇舒勒通过对大量专利的分析发现，所有技术系统的进化并非随机的，都是遵循着一定的客观规律进化。一旦掌握了这些规律，就能主动预测未来技术的发展趋势，今天设计明天的产品。

1951 年抗美援朝战争期间，美国援助韩国，苏联也以空军力量支援朝鲜，战斗机米格-15 第一次在实战中投入使用，美国人也推出了他们的新产品——第一批投入实战的箭翼喷气式歼击机 F-86"佩刀"。两种飞机是在完全不同的国家中，由完全不同的科学家、工程师，在完全隔绝的状态下研制出来的，然而，在天空中展开战斗的时候，却发现这两架飞机惊人地相似，甚至它们的零部件几乎都十分相似。这绝不是偶然的巧合，这正说明技术系统的发展客观存在着必然遵守的进化模式，TRIZ 把它归结和定义为技术系统的 8 大进化法则：

（1）技术系统的 S 曲线进化法则；
（2）提高理想度法则；
（3）子系统不均衡进化法则；
（4）动态性与可控性进化法则；
（5）增加集成度再进行简化法则；
（6）子系统协调性法则；
（7）向微观级和场的应用进化法则；
（8）减少人工介入的进化法则。

了解这些法则将帮助我们预测技术发展方向，淘汰不符合技术方向的课题，提高创新的成功率。

（一）技术系统的 S 曲线进化法则

技术系统是以 S 曲线模式阶段性发展的，一个 S 曲线代表系统的一个生命周期。任何一个技术系统的生命周期都要经历婴儿期、成长期、成熟期、衰退期 4 个阶段，每个阶段呈现出的产品的特性、专利数量、专利等级、经济效应（即利润）都有所不同。产品生命周期各阶段的特点如图 7-11 所示。

利用产品生命周期的 S 曲线来判断当前的产品正处于哪个阶段十分重要，可预估某产品在市场上如何创造利润，即该产品应在何时上市能取得优势，或是了解某产品会何时被其他产品取代。这对于企业战略实施、制订产品开发计划具有积极的指导意义。

对处于婴儿期和成长期的成品，要优化产品结构，促使其尽快成熟，并尽快申请专利进行产权保护，以使其在今后的市场竞争中处于有利位置。对于成熟期或衰退期的产品，要避免继续进行投入改进设计，应该着力于开发新技术来替代已有的核心技术，使产品进入下一个新的 S 曲线。

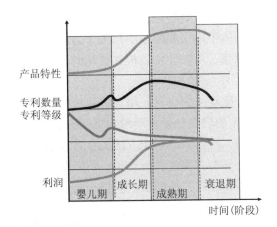

图 7-11　技术系统（产品）生命周期各阶段的特性

（二）提高理想度法则

理想化是 TRIZ 的最高准则，理想化的技术系统可以定义为"不花费成本，不消耗任何资源，没有任何危害，却能够实现所有必要的功能"，是"既要马儿好，又要马儿不吃草"的系统。当然，这样的物理实体并不存在，然而"向最终理想化"方向进化是所有技术系统始终遵循的法则。

鉴别理想化水平的高低可以用如下理想度公式来表示：

$$\text{理想度} = \frac{(\sum \text{有用功能})}{(\sum \text{成本} + \sum \text{有害功能})}$$

$$\text{或} = \frac{(\sum \text{有用效果})}{(\sum \text{有害的效果})}$$

向提高理想度进化，旨在增加系统有用功能的数量或效能，减少有害功能的数量或效果，生产出理想的、能满足各项功能需求的最终产品。

向理想化进化的路径是由点到线、由二维空间到三维空间、由单系统向双系统和多系统，进而收缩、简化系统，由低级系统转向高级系统，产品由单功能转向多功能、由低效率转向高效率，始终向上提升性价比。比如，最初的手机仅有通话功能，目前的手机不仅可以通话，还具有拍摄、利用互联网获得各种信息，以及查英文单词等功能。功能的增加并没有使手机的价格增加，相反，价格还不断降低。

提高系统理想度的具体方法如下：
(1) 去除双重元件，用一个元件替代；
(2) 采用更综合的子系统替代；
(3) 去除辅助功能；
(4) 实现自服务；

(5) 去除多余元件，合并离散的子系统。

提高理想度法则为评估什么是好的产品确立了一个明确的概念，激励人们以发展理想产品为目标，设计和制造出更多更好的新产品。

（三）子系统不均衡进化法则

每个技术系统都是由多个实现不同功能的子系统组成的，每个子系统都是沿着自己的 S 曲线向前发展，非均衡的出现是由于系统中某些子系统的发展快于（或慢于）其他子系统，导致系统内部子系统之间，或子系统与整体系统之间出现冲突，从而影响到整个系统的发展。

系统的进化速度取决于系统中发展最慢的即最不理想的子系统，木桶原理是最好的说明，如图 7-12 所示。创新就是消除因子系统间不均衡而出现的冲突，促进系统的进化。以自行车的进化为例。起先，脚镫子直接安装在前轮上，自行车速度与前轮直径成正比，为提高速度，人们着眼于增加前轮直径；随着前后轮尺寸差异的加大，自行车的稳定性变得很差，于是人们开始研究自行车的传动系统，在自行车上装上了链条和链轮。

图 7-12　木桶原理

子系统不均衡进化法则可以帮助创造者及时发现并改进最不理想的子系统，消除子系统间的不均衡，以推进整体系统的进化。

应用该定律的建议步骤如下：
(1) 确定系统中的不同子系统及其功能；
(2) 选择感兴趣的子系统及主要功能；
(3) 确定由该子系统对其他子系统所产生的副作用或危险，明确冲突；
(4) 解决冲突；
(5) 重复上述四个步骤。

（四）增加系统动态性与可控性进化法则

该法则旨在从结构上沿着增加柔性、增强可移动性和可控性的方向发展以使系统能够适应变化的性能需求、变化的环境条件及功能的多样性需求。

1. 增加系统柔性

其进化路径是由刚体→单铰链→多铰链→柔性体→液体/气体→场的方向发展，如图 7-13 所示。

图 7-13　增加系统柔性

通过对四个类型产品进化的了解（图7-14、图7-15、图7-16、图7-17），我们就可以判别产品所处的阶段，预测发展趋势。如果你是设计人员，就可以在"今天"设计"明天"的产品。

图7-14　打印模式的进化

图7-15　量具的进化

图7-16　切割工具的进化

图7-17　轴承的进化

2. 增强系统可移动性

其进化路径是由固定的系统（单态系统）→可移动的系统（多态系统）→可任意移动的系统（连续状态变化的系统）的发展方向，如图7-18所示。

图7-18　增强系统可移动性的进化路径

早期的汽车发动机与驱动轮是刚性连接的，汽车运动速度通过调节发动机的转速来实现，这种调节系统是单态系统；后来增加了齿轮变速箱，应用手动有级变速的系统是多态系统；当前使用的自动调速器，无级调节，该系统为连续状态变化的系统。

3. 增强系统可控性

其进化路径是由被动适应向分级适应再向主动适应环境变化的控制，具体可以细分为无控制→直接控制→间接控制→反馈控制→自我调节控制（图7-19）。比如空调通风系统，最早用开关控制，随之按温度进行控制，现在已进化到按照环境的变化，随室内人员或发热设备的多少，自动调节空调系统的运行。

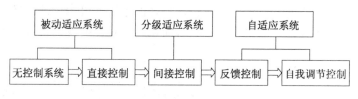

图7-19　增强系统可控性的进化路径

被动适应系统是在没用设置动力驱动或伺服控制机构的条件下，系统能够适应环境的变化；分级适应控制系统是指操作人员通过传感器获得信号，下达指令改变系统的构型，从而改变系统的运行状态，但这种系统改变是分级的，而不是连续的；自适应系统是装有传感器的系统，传感器自动检测环境的变化，并将这种变化传递给控制机构，从而实施控制，改变系统的运行状态。

（五）先增加集成度再进行简化法则

技术系统总是首先趋于结构复杂化（增加系统元件数量以提高系统功能），然后再逐渐将系统精简。

一个子系统称为单系统，具有一个功能；两个子系统组成了双系统，具有两个功能；多个子系统组成了多系统，具有多个功能。子系统越多，系统的功能也就越多、越强大。将独立的两个或多个单系统集成是系统升级的一种形式，集成后的系统，其性能可以获得提高和显现新的有用功能。

增加系统集成度就是将两个或多个子系统进行创造性的优化组合，实行由单系统向相似的或相异的或增加差异的双/多系统的进化。涡流机叶片、风扇叶片、叉子的齿数、拉链的扣齿、可伸缩的多段天线、相机镜片等均属于相似性系统的集成；瑞士刀、手表、手机、相机和镜头、五轴机床等属于非相似性系统；端部带有橡皮的铅笔、带有起钉器的榔头、后端带有起钉器的订书机等属于增加差异性的双/多系统。

为增加系统集成度，可增加元件的多样性，使用具有同质的、非同质的，或者性能改变的和有反向特性的不同元件来实现向不同类型的双/多系统转换，如图7-20所示。

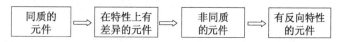

图7-20　单系统向增加差异性的双/多系统进化的途径

同质的元件具有相同的特性；在特性上有差异的元件，具有相似性，但颜色、尺寸、形状等特征不同；非同质元件是具有不同特性的元件；有反向特性的元件就是元件本身有完全相反的特性和功能。

再进行简化就是在功能不带来副作用的前提下，降低部分或整体系统的复杂性。其路径首先是移除系统中不需要的元件，然后是移除系统中不需要的子系统，如整体成型取代组装多个零件等，或将某项有用功能的子系统从系统中剥离除去，进入超系统，被剥离的子系统得到增强的同时，原来的系统获得了简化，减少制造成本，增加可靠性、可维修性或可操作性。例如，长距离航行的飞行，需要在飞行中加油，原有庞大的燃油箱曾是飞机必不可少的一个子系统，如今进化后的飞机，将燃油箱从飞机中脱离，转入超系统，以空中加油机的形式给飞机加油，飞机系统也获得简化，不必再随身携带笨重的燃油箱了，如图 7-21 所示。

图 7-21　原飞机上配备的燃油箱进化为空中加油机

（六）提高子系统协调性法则

组成系统的主要元件或子系统间的协调是系统实现功能的基本保证。如果组成系统的主要部件或子系统不能协调，相互干涉，系统的性能必将受到影响，甚至不能正常工作。

提高子系统协调性法则是指各个子系统相互间必须向提高协调性（匹配性/故意不匹配）的方向发展，在保持各元件协调的前提下，增强有用功能特性或消除有害的效应。

子系统协调性可能表现在结构上（如现代积木可自由组合成不同的形状）、性能参数上（如降低网球拍的整体重量，但增加网球拍头部重量，使网球拍既提高灵活性，又提高挥拍力量）和工作节奏/频率上（如混凝土浇筑施工，一面灌混凝土，一面用振荡器进行振荡，以确保混凝土的密实）三个方面。

该定律的应用可以有多种方法：

(1) 保持子系统、部件或零件间交变运动或参数的和谐性；

(2) 应用谐振；

(3) 避免采用不需要的交变运动；

(4) 合理安排各元件或子系统间的运动或动作顺序，系统的和谐性也可以得到改善。

提高子系统协调性的进化路径是：不匹配元件系统→匹配元件系统→失谐元件系统→动态/失谐元件系统，如图 7-22a 所示。

调节子系统协调性的进化路径是：最小匹配/不匹配元件系统→强制匹配/不匹配元件系统→缓冲匹配/不匹配元件系统→自匹配/自不匹配元件系统，如图 7-22b 所示。

工具和工件系统协调的路径是：点作用→线作用→面作用→体作用，如图 7-22c 所示。

运输和加工系统协调性的进化阶段如图 7-22d 所示：
（1）工序中输送和加工动作的不匹配；
（2）工序中输送和加工动作的匹配，速度的匹配；
（3）工序中输送和加工动作的匹配，速度的轮流匹配；
（4）将加工动作和输送动作独立分开。

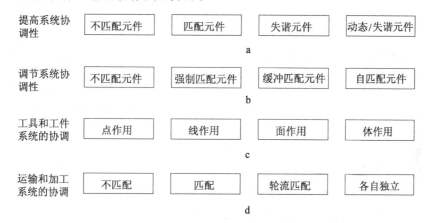

图 7-22 各种系统提高协调性的路径和方法

（七）向微观级和场的应用进化法则

向微观级和场的应用进化法则是要求将由宏观的物质所完成的功能进化为由微观物质来完成，用以消除系统在宏观级中出现的冲突，提高原系统的性能。

技术系统是由物质组成的，物质有不同层次及不同的物理结构。由宏观结构向微观结构的进化，就是通过应用不同能量场的结果，使物质在物理结构上，由晶体结构向分子、原子、离子、基本粒子结构逐渐转换。通信产品技术的进化是技术系统向微观进化的典型事例，如图 7-23 所示。录音机的进化见图 7-24。

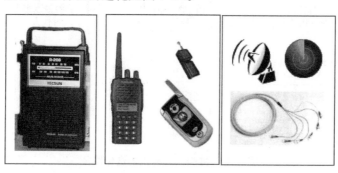

图 7-23 通信产品技术的进化

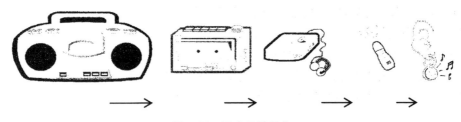

图 7-24 录音机的进化

（八）减少人工介入的进化法则

减少人工介入的进化法则意在摒弃那些机械的、重复的、枯燥无味的手工操作，实现并提高技术系统功能的效益，让人类从事更多智力性的工作。简言之，系统总是要向高度自动化进化。

增加自动化程度，减少人的介入途径：

（1）用机器动作代替人工动作（机械手）；

（2）用新的能量源代替人工作用（人力车→马车）；

（3）在决策上实现智能化代替人工（电脑控制）。

减少人工介入的一般路径是：包含人工动作的系统→代替人工但仍保留人工动作的方法→用机器动作完全代替人工。

在同一水平上减少人工介入的路径是：包含人工作用的系统→用执行机构替代人工→用能量传输机构替代人工→用能量源替代人工。

在不同水平上减少人工的路径是：包含人工作用的系统→用执行机构替代人工→在控制水平上替代人工→在决策水平上替代人工，如图 7-25 所示。

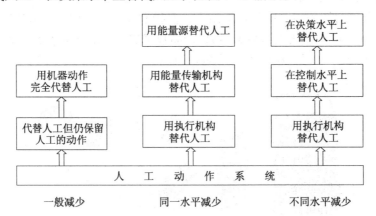

图 7-25 减少人工介入的进化路径

七、用知识库提高创造效率

（一）TRIZ 提供的效应知识库

在发明过程中，要实现某种功能，需要运用相应的原理和方法。到图书馆查资料显然太费时,且不一定最佳。

TRIZ 提供的效应知识库非常有用。当前,随着计算机技术的发展,有些国家已经建立了非常庞大的效应知识库,过去只有专家或学者才能使用的高深技术和渊博知识资源现已成为众人易学好用的创新工具,人们从 TRIZ 理论知识库中广泛获取知识,能快速提升创新能力。经典 TRIZ 已经提供了物理效应知识库、化学效应知识库、几何效应知识库,都以表格的形式呈现。

物理效应与实现功能对照表如表 7-14 所示;化学效应与实现功能对照表如表 7-15 所示;几何效应与实现功能对照表如表 7-16 所示。

表 7-14 物理效应与实现功能对照表

序号	需要实现的功能	物理现象、效应、方法
1	测量温度	热膨胀和由此引起的固有振动频率的变化;热电现象;光谱辐射;物质光学性能及电磁性能的变化;居里点效应;霍普金森效应;巴克豪森效应;热辐射
2	降低温度	传导;对流;辐射;相变;焦耳-汤姆森效应;珀耳贴效应;磁热效应;热电效应
3	提高温度	传导;对流;辐射;电磁感应;热电介质;热电子;电子发射(放电);材料吸收辐射;热电现象;物体的压缩;核反应(原子核感应)
4	稳定温度	相变(如超越居里点效应);热绝缘
5	检测物体的工况和定位	引入容易检测的标识——变换外场(发光体)或形成自场(铁磁体);光的反射和辐射;光电效应;相变(再成型);X 射线或放射性;放电;多普勒效应;干扰
6	控制物体位移	将物体连上有影响的铁或磁铁;用能使带电或起电的物体有影响的磁场;液体或气体传递的压力;机械振动;惯性力;热膨胀;浮力;压电效应;马格纳斯效应
7	控制气体或液体的运动	毛细管现象;渗透;电渗透(电泳现象);汤姆森效应;伯努利效应;各种波的运动;离心力(惯性力);韦森堡效应;向液体中充气;柯恩达效应
8	控制粉尘、烟雾等悬浮体	起电;电场;磁场;光压力;冷凝;声波;亚声波
9	混合混合物	形成溶液;超高音频;气穴现象;扩散;电场;用铁磁材料结合的磁场;电泳现象;共振
10	分离混合物	电和磁分离;在电场和磁场作用下改变液体的密度;离心力(惯性力);相变;扩散;渗透
11	稳定物体定位	电场和磁场;利用在电场和磁场的作用下固化定位液态的物体;吸湿效应;往复运动;相变(再造型);熔炼;扩散熔炼;相变

续表

序号	需要实现的功能	物理现象、效应、方法
12	增力增压	用铁磁材料形成有感应的磁场；相变；热膨胀；离心力（惯性力）；通过改变磁场中的磁性液体和导电液体的密度来改变流体静力；超越炸药；电液压效应；光液压效应；渗透；吸附；扩散；马格纳斯效应
13	控制摩擦力	约翰逊-拉别克效应；辐射效应；Кралъский 现象；振动；利用铁磁颗粒产生磁场感应；相变；超流体；电渗透
14	破解物体	放电；光电效应；共振；超高音频；气穴现象；感应辐射；相变热膨胀；爆炸；激光电离
15	积蓄机械能和热能	弹性形变；飞轮；相变；流体静压；热电现象
16	能量传递（机械能、热能、辐射能和电能）	形变；Александров 效应；运动波，包括冲击波；导热性；对流；广反射（光导体）；辐射感应；赛贝克效应；电磁感应；超导体；一种能量形式转换成另一种便于传输的能量形式；亚声波（亚音频）；形状记忆效应
17	可移动的物体和固定物体间的交互作用	利用电磁场（运动的"物体"向着"场"的连接）；由物质耦合向场耦合过渡；应用液体流和气体流；形状记忆效应
18	测量物体尺寸	测量固有振动频率；标记和读出磁性参数和电参数；全息术摄影
19	改变物体尺寸和形状	热膨胀；双金属结构；形变；磁电致伸缩（磁-反压电效应）；压电效应；相变；形状记忆效应
20	检测物体表面形状和特性	放电；光反射；电子发射（电辐射）；波纹效应；辐射；全息术摄影
21	改变物体表面特性	摩擦；吸附作用；扩散；包辛格效应；放电；机械振动和声振动；照射（反辐射）；冷作硬化（凝固作用）；热处理
22	检测物体体积、形状和特性	引入转换外部电场（发光体）或形成与研究物体的形状和特性有关的自场（铁磁体）的标识物；根据物体结构和特性的变化改变电阻率；光的吸收、反射和折射；电光学和磁光现象；偏振光（极化的光）；X 射线和辐射线；电顺磁共振和核磁共振；磁弹性效应；居里点效应；霍普金森效应和巴克豪森效应；测量物体固有振动频率；超声波（超高音频）；亚声波（亚音频）；Мессбауэр（Mossbauer）效应；霍尔效应；全息术摄影；声发射（声辐射）
23	改变物体体积、性质和特性	在电场和磁场作用下改变液体性质（密度、黏度）；引入铁磁颗粒和磁场效应；热效应；相变；电场作用下的电离效应；紫外线辐射；X 射线辐射；放射性辐射；扩散；电场和磁场；包辛格效应；热电效应；热磁效应；磁光效应（永磁-光学效应）；气穴现象；彩色照相效应；内光效应；液体"充气"（用气体、泡沫替代液体）；高频辐射
24	稳定物体结构	电波干涉（弹性波）；衍射；驻波；波纹效应；电场和磁场；相变；机械振动和声振动；气穴现象

续表

序号	需要实现的功能	物理现象、效应、方法
25	检测电场和磁场	渗透;物体带电(起电);放电;放电和压电效应;驻极体;电子发射;电光现象;霍普金森效应和巴克豪森效应;霍尔效应;核磁共振;流体磁现象和磁光现象;电致发光;铁磁性
26	检测辐射	光声效应;热膨胀;光-可范性效应(光-可塑性效应);放电现象
27	制造电磁辐射	Джоэфсон(Josephson)效应;感应辐射效应;隧道效应;发光;耿氏效应;契林柯夫效应;塞曼效应
28	控制电磁场	屏蔽,改变介质状态,如提高或降低其导电性(例如,增加或降低它在变化环境中的导电率);在电磁场相互作用下,改变与磁场相互作用物体的表面形状(利用场的相互作用,改变物体表面形状);引缩效应
29	控制光通量、控制光	折射光和反射光;电现象和磁光现象;弹性光;克尔磁光效应和法拉第效应;耿氏效应;Джоэфсон(Franz-Keldysh)效应;光通量转换成电信号或反之;受激辐射
30	激发和强化化学变化	超声波(超高音频);亚声波;气穴现象;紫外线辐射;X射线辐射;放射性辐射;放电;形变;冲击波;催化;加热
31	检测物体成分	吸附;渗透;电场;辐射;物体辐射的分析(分析来自物体的辐射);光声效应;Мессбауэр(Mossbauer)效应;电顺磁共振和核磁共振

表 7-15 化学效应与实现功能对照表

序号	要求的效果和性质	化学效应、现象和物质反应类型
1	测量温度	热色反应;温度变化时化学平衡转变;化学发光
2	降低温度	吸热反应;物质溶解;气体分解
3	提高温度	放热反应;燃烧;高温自扩散合成物;使用强氧化剂;使用高热剂
4	稳定稳度	使用金属水合物;采用泡沫聚合物绝缘
5	检测物体的工况和定位	使用燃料标记;化学发光;分解出气体的反应
6	控制物体位移	分解出气体的反应;燃烧;爆炸;应用表面活性物质;电解
7	控制气体或液体的运动	使用半渗透膜;输送反应;分解出气体的反应;爆炸;使用氢化物
8	控制粉尘、烟、雾等悬浮体	与气悬物粒子机械化学信号作用的物质雾化
9	充分搅拌(混合)混合物	由不发生化学作用的物质构成混合物;协同效应;溶解;输送反应;氧化-还原反应;气体化学结合;使用水合物、氢化物;应用络合铜
10	分离混合物	电解;输送反应;还原反应;分离化学结合气体;转变化学平衡;从氢化物和吸附剂中分离;使用络合铜;应用半渗透膜;将成分由一种状态向另一种状态转变(包括相变)

续表

序号	要求的效果和性质	化学效应、现象和物质反应类型
11	稳定物体定位	聚合反应（使用胶、玻璃水、自凝固塑料）；使用凝胶体；应用表面活性物质；溶解黏合剂
12	增力增增压	爆炸；分解气体水合物；金属吸氢时发生膨胀；释放出气体的反应；聚合反应
13	控制摩擦力	由化合物还原金属；电解（释放气体）；使用表面活性物质和聚合涂层；氢化作用
14	破解物体	溶解；氧化-还原反应；燃烧；爆炸；光化学和电化学反应；输送反应；将物质分解成组分；氢化作用；转变混合物化学平衡
15	积蓄机械能和热能	放热和吸热反应；溶解；物质分解成组分（用于储存）；相变；电化学反应；机械化学效应
16	能量传递（机械能、热能、辐射能和电能）	放热和吸热反应；溶解；化学发光；输送反应；氢化物；电化学反应；能量由一种形式转换成另一种形式，更利用能量传递
17	可移动物体和固定物体间的交互作用	混合；输送反应；化学平衡转移；氢化转移；分子自聚集；化学发光；电解；自扩散高温聚合物
18	测量物体尺寸	与周围介质发生化学转移的速度和时间
19	改变物体尺寸和形状	输送反应；使用氢化物和水化物；溶解（包括在压缩空气中）；爆炸；氧化反应；燃烧；转变成化学关联形式；电解；使用弹性和塑性物质
20	检测物体表面形状和特性	原子团再化合发光；使用亲水和疏水物质；氧化-还原反应；应用光色、电色和热色原理
21	改变物体表面特性	输送反应；使用水合物和氢化物；应用光色物质；氧化-还原反应；应用表面活性物质；分子自聚集；电解；侵蚀；交换反应；使用漆料
22	检测物体容量（空间）、形状和特性	使用色反应物质或者指示剂物质的化学反应；颜色测量化学反应；形成凝胶
23	改变物体容积、性质和特性（密度和浓度）	引起物体的物质成分发生变化的反应（氧化反应、还原反应和交换反应）；输送反应；向化学关联形式转变；氢化作用；溶解；溶液稀释；燃烧；使用胶体
24	稳定物体结构	电化学反应；输送反应；气体水合物；氢化物；分子自聚集；络合铜
25	检测电场和磁场	电解；电化学反应（包括电色反应）
26	检测辐射	光化学；热化学；射线化学反应（包括光色、热色和射线使颜色变化反应）
27	制造电磁辐射	燃烧反应；化学发光；激光器活性气体介质中的反应；发光；生物发光
28	控制电磁场	溶解形成电解液；由氧化物和盐生成金属；电解
29	控制光通量、控制光	光色反应；电化学反应；逆向电沉积反应；周期性反应；燃烧反应

续表

序号	要求的效果和性质	化学效应、现象和物质反应类型
30	激发和强化化学变化	催化剂；使用强氧化剂和还原剂；分子激活；反应产物分离；使用磁化水
31	检测物体成分	氧化反应；还原反应；使用显示剂
32	脱水	转变成水合状态；氢化作用；使用分子筛
33	相变	溶解；分解；气体活性结合；从溶液中分解；分离出气体的反应；使用胶体；燃烧
34	减缓和阻止化学变化	阻化剂；使用惰性气体；使用保护层物质；改变表面性质

表 7-16　几何效应与实现功能对照表

序号	要求的效果和性质	几何效应
1	在质量不改变的情况下增大和减小物体的体积	将各部件紧密包装；凹凸面；单页双曲线
2	在质量不改变的情况下增大或减小物体的面积或长度	多层装配；凹凸面；使用截面变化的形状；莫比乌斯环；使用相邻的表面积
3	由一种运动形式转变成另一种形式	"列罗"三角形；锥形捣实；曲柄连杆传动
4	集中能量流和粒子	抛物面；椭圆；摆线
5	强化进程	由线加工转变成面加工；莫比乌斯环；偏心率；凹凸面；螺旋；刷子
6	降低能量和物质损失	凹凸面；改变工作截面；莫比乌斯环
7	提高加工精度	刷子；加工工具采用特殊形状和运动轨迹
8	提高可控性	刷子；双曲线；螺旋线；三角形；使用形状变化物体；由平动向转动转换；偏移螺旋机构
9	降低可控性	偏心率；将圆周物体替换成多角形物体
10	提高使用寿命和可靠性	莫比乌斯环；改变接触面积；选择特殊形状
11	减小作用力	相似性原则；保角映像；双曲线；综合使用普通几何形状

效应知识库是一项非常繁杂而庞大的系统工程，我们看到的有些分类列表上，罗列的主要功能仅有 30 余项，似乎非常简单；实际上，表中的每一项主要功能尚可以细分出许多功能，宛如枝上又长枝的一棵大树。举例来说，我们不碰杯子，如何来移动杯中的水？透过功能知识库的查询，发现有 48 种移动方式。今天，科技的进步和计算机技术的发展，为创建效应知识库创造了良好的条件。

(二)应用效应知识和效应知识库解决问题

1. 应用效应知识解决问题的步骤和过程

应用效应知识解决问题的一般过程,如图 7-26 所示:
(1) 对问题进行分析;
(2) 确定所解决的问题要实现的功能;
(3) 根据功能查找效应库,得到 TRIZ 所推荐的效应;
(4) 筛选所推荐的效应,优选适合解决本问题的效应;
(5) 把效应应用于功能实现,并验证方案的可行性;
(6) 如果问题没能得到解决或功能无法实现,重新分析问题或查找合适的效应;
(7) 形成最终的解决方案。

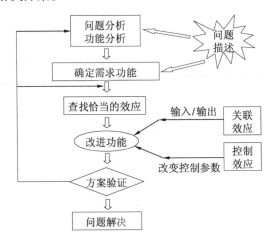

图 7-26 应用效应知识解决问题的一般过程

2. 效应知识的选择

选择效应知识,基本上是激励我们用超越现今水平的视野去搜索是否有人已经解决过我们正遭遇的同类问题。

我们可以有三种选择。第一种选择是想了解我们面对的直接问题,精确地找出该问题也许已经被某人在某地某时解决过的解答,利用专利库有效地寻找网上的资源。第二种选择是与我们期望改善系统某一部分属性影响主体功能的属性资料库(主体的功能由下一级系统的某种属性实现)。第三种选择是我们想选择在何种情况下适用的、有效率的物理、化学、生物和几何效应知识库。三个不同的选项是三种相关但不同的工具。

✳【例 7-6】 怎样实现罐头自热?

罐头自热应当已经有现成的方案,如果通过专利信息网输入关键词"自热罐头",可以轻易得到大量相关专利的专利号、发明人姓名、联系方式等有关资料。

如果输入"自热罐头配方",将出现许多配方,其中大量是早已过期的专利。

例如：

英国自热食品罐头

产品名称　　自热食品罐头　　　Self-heat Food Can

现　状　　　大量生产和应用

用　途　　　军用与民用。战争时期供军队使用，平时供守卫严寒地区的战斗人员饮食用；民用供外出人员饮食。

概　述

第二次世界大战时，英国的 Galdwell 和 Gilles 发明了自热的食品罐头，为战斗人员提供了饮食方便。此后英、美武装人员已使用了数以百万计的自热食品罐头。

食品罐头的中心罐内装填烟火加热剂，引燃后就产生大量热，供罐头内食品迅速加热。燃烧时不产生气体，残渣亦不膨胀，故比较安全与方便。世界各国均仿此技术生产各种自热食品罐头。

【例 7-7】　怎样不增加成本而使录音磁带的容量翻一番？

在网上找不到此相关信息，通过知识库可以找到解决方案。

因为要考虑不增加成本，所以通过物理、化学的办法难以实现，我们优先考虑能否用几何方法。查几何效应与实现功能对照表（表 7-16），发现第二行比较接近："在质量不改变的情况下增大或减小物体的面积或长度"，推荐利用"多层装配；凹凸面；使用截面变化的形状；莫比乌斯环；使用相邻的表面积"五种效应。第 1、2、3、5 种看来可能性不大，我们不妨考虑第 4 种：莫比乌斯环（图 7-27）。

```
A ┌─────────────────────────────────────────┐ B
B └─────────────────────────────────────────┘ A
```

图 7-27　莫比乌斯环

在长方形纸条左端表注上 A 下 B，右端标注上 B 下 A，把纸条的一端旋转 180 度，和另一端粘在一起，使 A 与 A 重合，B 与 B 重合，得到的曲面叫作"莫比乌斯环"，它是非常特殊的曲面——单侧曲面，如果蚂蚁沿着表面向同一方向爬行，不越过边界可以爬遍曲面任何地方。通常磁带录音都在磁带的一面，另一面无法利用，如果把磁带扭转成莫比乌斯环状，实际录音长度就增加了一倍。

思考与练习

1. 任选 5 个产品,用发明原理对其进行改进,得到前所未有的新事物。
2. 任选 5 个产品,列举其主要技术矛盾并对其进行改进,得到前所未有的新事物。
3. 任选 5 个产品,列举其物理矛盾并对其进行改进,得到前所未有的新事物。
4. 任选 2 个产品,用物理、化学、几何知识库,寻找对其进行改进的方法,得到前所未有的新事物。
5. 用技术进化原则预测手机的发展方向。

第八章 科学发现

在人类创造史上，每一项科学发现都会深化人类对客观世界的认识，尤其是重大的科学发现，会使人类的认识水平产生新的飞跃，并产生一系列新的知识、新的变革、新的发明、新的生产方式和生活方式。可以说，没有科学发现，便没有科学的生命。

科学发现的本质在于创新，创新一般体现为具有重大科学意义的新物种、新现象、新规律的发现，具有重大影响的新的研究手段和方法的使用，关键性新科学概念的提出，新科学理论的创建以及新学科的创立等。科学发现是科学知识积累和增加的手段。

一、科学发现及其分类

（一）什么是科学发现？

科学发现是对前人没有觉察到的客观世界存在的事物、现象和规律的揭示。其目的侧重于"探索未知"，主要解决"是什么""为什么"的问题。简单地说，科学发现就是发现新的科学事实和科学规律。

科学发现是科学家在科学探索中，凭借智慧，以问题为导引，对科学要素进行有效整合或实验运作，发觉、观测、揭示出自然界固有的前所未知的以科学知识体系表现出来的科学事实、科学理论的活动。科学发现的结果表现为发现新事物、新现象、新特性，得出新概念、新关系、新原理、新定律，提出新假说、新理论，形成新学科。

科学发展史上的无数事实说明，科学发现的成果，往往会导致某种知识形态的科学理论的产生。例如，魏格纳在观察世界地图时发现非洲西海岸与美洲东海岸有着惊人的吻合关系，于是创立了大陆漂移学说。

重大的科学发现常常导致一系列重要发明成果的诞生，对人类社会的进步，以及人们生活方式和思维方式的改变产生巨大的影响。

【例8-1】 发现物质拓扑相的科学家获得2016年诺贝尔物理学奖

2016年诺贝尔物理学奖授予了三位科学家——戴维·索利斯、邓肯·霍尔丹和迈克尔·科斯特利茨，以表彰他们发现了物质拓扑相，以及在拓扑相变方面做出的理论贡献。这三名科学家均在英国出生，目前分别在美国的华盛顿大学、普林斯顿大学、布朗大学从事研究工作。

瑞典皇家科学院在新闻公报中说，今年的获奖研究成果开启了一个未知世界的领域——物质拓扑相研究。

何为"拓扑"？斯坦福大学物理学教授张首晟介绍，拓扑是一个几何学概念，描述的是几何图案或空间在连续改变形状后还能保持不变的性质。"很多美国人吃点心时，右手拿着一只咖啡杯，左手拿着一个面包圈，这两样东西的形状看上去完全不一样，但它们的拓扑性质是一样的，面包圈可以通过一系列形变，变成咖啡杯。"物理学界公认，索利斯、霍尔丹和科斯特利茨在20世纪70—80年代做的一系列研究，首次将拓扑学原理引入凝聚态物理学的基础理论，具有开创性意义。所谓"相变"，是物质从一种相转变为另一种相的过程，并伴随物质性质的改变。物质系统中，物理、化学性质完全相同，与其他部分具有明显分界面的均匀部分称为"相"。

这些关于物质拓扑相的开创性研究，给凝聚态物理学带来了深远影响，也为一系列"超级材料"的研发奠定了基础。上海交通大学物理与天文系教授王孝群表示，如今物理学界研究的一大热点"拓扑绝缘体"，就与三位诺奖得主的贡献有关。

据介绍，拓扑绝缘体的体内与普通绝缘体一样，是不导电的，但是在它的边界或表面存在导电的边缘态。在这类神奇的材料上，不同自旋的导电电子的运动方向相反，所以信息的传递可以通过电子自旋，而不像传统材料那样通过电荷，因此不涉及耗散过程。在这一领域做出重要贡献的张首晟以芯片为例，解释说："电子在芯片里的运动，就像一辆辆跑车在集市里行驶，不断地碰撞，产生热量。你们把笔记本电脑放在腿上，时间一长就感觉很烫。正是电子间碰撞产生的热量，导致摩尔定律将失效。"而拓扑绝缘体好似为电子建立了高速公路，让电子在一条条"单向车道"上运行。如果用这类材料制造芯片，计算机、手机等电子设备的性能有望大幅提升。科技界还有望利用拓扑绝缘体制造出量子计算机。

（二）科学发现的层次

按科学发现的成果来分，科学发现有三种不同的层次：

第一层次，发现科学事实。

例如，科学家多年前研究发现，控制小白鼠的饮食，每一顿都不让它吃饱（只吃到七八成），其寿命比不加控制任其吃饱的老鼠要长得多。

又如，研究人员在环绕南极洲的海洋深处发现了700多个新物种。从南极地区海域大约2 300到19 700英尺（700到6 000米）深的海底发现的新物种包括心形海胆、食肉类海绵和有盘子大小的海蜘蛛。该研究报告的第一作者、来自德国汉堡大学的海洋生物学家安吉莉卡·勃兰特说："我们为在很多物种中发现的巨大多样性而感到惊讶。我们过去认为，随着营养和食物的减少，可能会引起两极地区生物多样性的减少。"该研究的合著人、来自威廉港（Wilhelmshaven）德国海洋生物多样性研究中心的布丽奇特·艾比说："在发现的这些新物种中，有很多是我们以前从未见过的，因为此前有很多是我们所不知道的。"

这项研究是南极深海生物多样性工程的一部分。从2002年到2005年，一个由来自14个机构的研究人员组成的国际小组乘坐德国波拉斯汀（Polarstern）号研究船在南极半岛东部的威德尔海进行了三次南极深海生物多样性工程考察。这项工程对海洋生物调查计划做出了重要贡献。

第二层次，在发现一些科学事实的基础上，归纳出科学规律。

例如，中国古代刘徽创立"割圆术"，古希腊阿基米德发现"浮力定律"。

2009年，科学家揭示了帮助植物抗旱的激素——脱落酸的受体结构。搞清帮助植物在干旱时期存活的某一关键分子的结构，或能帮助科学家找到保护作物不受长期干旱影响的新技术，从而在世界范围内提高作物产量，帮助边缘土地上的生物燃油生产。

第三层次，在归纳出一些科学规律的基础上，创立一整套科学理论。

例如，2007年9月，人类首个个体基因组排序完成。利用基因组排序技术，研究人员成功绘制了著名科学家克雷格·温特尔的一个完整的DNA蓝图。此次破译过程中发现的人类遗传变异的数量比之前人们所设想的要丰富得多。既是论文作者又是研究对象的温特尔说，遗传密码的28亿个连续位将加快预防性药物的研制过程。根据温特尔的预测，在5年时间内，更为快速和低廉的排序技术可以打造1万人的完整基因组，它们将为一个个性化、具体化的基因组学时代的到来奠定基础。

又如，牛顿在归纳出力学三定律的基础上创立了牛顿力学体系，爱因斯坦在归纳出"相对性原理"和"光速不变原理"的基础上创立了狭义相对论，都属于这一类。

我们分别称这三个层次的科学发现为发现事实、发现规律和发现理论。

例如，常熟的小学生发现自己家的菜地有"小黑虫"就没有蜗牛，而没有"小黑虫"就有蜗牛，这就是发现事实。如果继续观察发现，不仅是自己家的地，其他地方也如此；不仅是菜地，种其他作物的地都如此，从而确认"小黑虫"是蜗牛的天敌，这就是发现规律。如果找到为什么"小黑虫"是蜗牛的天敌，它是怎样把蜗牛置于死地的，并形成严密的天敌理论，才称得上发现理论。

（三）科学发现的类型

按科学发现的过程来分，科学发现可以分为预见型科学发现和偶然型科学发现。

预见型科学发现是依据已经取得的成果进行预见性的科学活动。例如，科学家发现基因疗法能够治愈色盲。现代科学技术已经找到了改善人类情绪，提高性能力、运动能力、注意力以及整体健康水平的方式。2009年9月的一项发现显示，真正富有革命性意义的人类增强技术可能在不久的将来从科幻成为现实。根据刊登在《自然》杂志上的一篇研究论文，一支眼科专家小组将能够产生"探色"蛋白质的基因注入两只患有色盲症的猴子眼中，帮助这些动物第一次看到红色和绿色。这一实验结果令绝大多数人感到震惊，提高了在将来某一天治愈视觉缺陷疾病的可能性。该研究论文联合执笔人、华盛顿大学的杰伊·内特兹表示："在此之前，与我接触的每一个人都认为'绝对不可能'。"基因疗法治愈色盲让色盲患者看到了希望，除此之外，这一发现也进一步说明基因似乎可以提高健康人的视力，让我们观察这个世界的方式发生真正意义上的革命性变化。

【例 8-2】 唯一利用数学预测发现的行星

海王星（Neptune）是八大行星中的远日行星，按照行星与太阳的距离排列，海王星是第八颗行星，它在直径上是第四大行星，在质量上是第三大行星。它的亮度仅为 7.85 等，只有在天文望远镜里才能看到它。由于它发出荧荧的淡蓝色光，所以西方人用罗马神话中的海神——"波塞冬（Poseidon）"的名字来称呼它。在中文里，它被译为海王星。

海王星在 1846 年 9 月 23 日被发现，是唯一利用数学预测而非有计划的观测发现的行星。天文学家利用天王星轨道的摄动推测出海王星的存在与可能的位置。迄今只有美国的旅行者 2 号探测器曾经在 1989 年 8 月 25 日拜访过海王星。

偶然型的科学发现是一种非预见性的科学活动。这种科学发现开始并不是按事先计划好的方案来进行的，而是由创造者偶然观察到某种现象，抓住这些现象导致的科学发现。

【例 8-3】 青霉素的发现

英国细菌学家 A. 弗莱明研究葡萄球菌时发现，在一只培养球菌的器皿里，原来生长得很好的葡萄球菌突然消失了，经过仔细观察，他发现是一些偶然落在培养基上的菌类在繁殖，并且杀死了葡萄球菌。弗莱明突发奇想，能否将这种霉菌用于人体来杀死葡萄球菌？他开始了实验研究并将实验报告发表，在实验报告中他称新发现的霉菌为"青霉素"。后来，再经过一些科学家的努力，终于使青霉素用于医疗上，拯救了千百万人的生命，开创了抗生素生产的新世界。

当然，偶然型科学发现往往与机遇有关。但是，正如巴斯德所说，"机遇只偏爱那些有准备的头脑"，事实上，哥伦布绝对不是第一个到过美洲的欧洲人，牛顿更不是第一个看到苹果落地的人，在魏格纳提出大陆漂移学说的前几十年，有很多人都注意到了世界上各大陆之间在形态上的吻合关系，然而，只有抓住这些机遇并深入研究才能成为科学发现者。

二、科学发现的一般过程

【例 8-4】 元素周期律的发现

自从 1661 年英国化学家波义耳提出元素概念以后，化学界开始致力于新元素的发现。随着大量元素的发现以及对原子量的精确测定，人们又开始探讨元素性质与原子量之间的关系。

1789 年，拉瓦锡写了一本《化学大纲》，将当时认识的 33 种元素分成气体、非金属、金属和能成盐之土质等四类。

1828 年，德国化学家德贝莱纳提出《三元素族》，包括当时认识的 54 种元素。

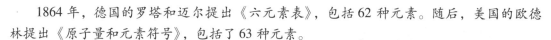

1864年，德国的罗塔和迈尔提出《六元素表》，包括62种元素。随后，美国的欧德林提出《原子量和元素符号》，包括了63种元素。

1865年，英国的纽兰兹提出《八音律表》。

现在该门捷列夫登场了。门捷列夫出生于西伯利亚，是兄弟姐妹中最小的一个。父亲是当地一所中学的校长，但在门捷列夫很小的时候，父亲就因双目失明而退休了。沉重的家庭负担落到了母亲的肩上。这位刚毅的女人开了一家玻璃厂以维持一家的生计。1848年，门捷列夫的父亲去世了，母亲的工厂也因失火而倒闭，他本人刚刚高中毕业。1850年，母亲带他到圣彼得堡，在朋友的帮助下终于进了圣彼得堡师范学院，在安排妥当小儿子的前途后，这位伟大的母亲就去世了。门捷列夫没有辜负母亲的厚望，他在大学里刻苦学习，最终以第一名的成绩完成了学业，并赴法国和德国深造。1861年，门捷列夫回国，在圣彼得堡工艺院任教，经过8年的艰苦探索，于1869年发现了元素周期律。

门捷列夫发现元素周期律，有一些重要特点：

（1）提出问题。门捷列夫在研究前人的工作中，一方面，他感到现有的63种元素的发现都是偶然的，没有规律性，而且元素之间的关系杂乱无章；另一方面，他在教学的过程中，尤其是在编写《化学教程》时，迫切感到关于化学元素没有逻辑严密的系统描述，很不方便。于是他下决心彻底弄清化学元素之间的本质联系。这是当时化学界非常困难的问题，他的老师齐宁知道后，警告他不要不务正业、异想天开。

（2）熟悉前人的工作。门捷列夫一边教学一边进行研究，他对前人的工作都非常熟悉，不断进行比较，终于找到了有别于前人的新思路。

（3）使用卡片式创造技法。门捷列夫在研究的过程中感到，画一张63种元素的表很麻烦，如果想调整一下某个元素的位置，又得重新画一张类似的表。于是他创造了卡片式的排列组合法。他将每种已知元素的符号、原子量、原子价都写在卡片上，每种元素一张卡片，将这些卡片排列成表。如果要调整一种元素位置，只要动一张卡片。

1869年，门捷列夫发表他的第一张元素周期表，提出元素性质与元素的相对原子质量之间存在周期性变化规律。

（4）应用研究结果指导实践。门捷列夫的周期表有一个最大的特点，这是前人不敢做的，就是他在表上留下一些空格，有些空格还标上了原子量，注上"类铝""类硅""类硼"等标记，预言一些新元素的存在。像所有新生事物一样，门捷列夫的周期表一开始也遭到了怀疑和嘲笑。但没过几年，化学家就相继发现了门捷列夫周期表的空位上所预言的那些元素，人们终于认识到了元素周期表的巨大意义。

门捷列夫周期表的第二个特点是可以利用周期律来修正元素的相对原子质量。新元素"镓"（Ga）被法国人布瓦博德朗发现时，测定的比重是4.7。门捷列夫得知后，根据新元素在周期表中的位置，推测其比重为5.9～6.0，就立即写信给布瓦博德朗，指出其比重测定不准确，后来的实验结果证明门捷列夫的推断是正确的。

门捷列夫一下子成了国际知名的大化学家、俄国人心目中的科学英雄，可是，他并没有得意扬扬，而依然保持着昔日平易近人和谦虚谨慎的作风，他的不朽的科学业绩已永远载入科学史册。

【例 8-5】 爱因斯坦创立狭义相对论

爱因斯坦是 20 世纪最伟大的科学家之一。一些学者指出："按照诺贝尔物理学奖颁奖的标准，他至少可得五次奖金（它们是狭义相对论、质能相当性、布朗运动、光量子论、广义相对论）。"

早在 16 岁时，爱因斯坦就在想一个问题，如果一个人以光速追随一条光线运动，他将看到一幅什么样的景象？这光线是否像振荡着而停滞不前的电磁场呢？如果是这样，电动力学就完了。这个问题一直困扰了他 10 年左右的时间。1905 年他发表了五篇论文，其中一篇题为《论动体的电动力学》的论文，就是对这个问题长期思考的结果。也就是在这篇论文中，爱因斯坦提出了举世闻名的狭义相对论。

爱因斯坦创立狭义相对论，有这样几个特点：

（1）看清方向。爱因斯坦曾经表达过这样的观点：他之所以没有选择数学作为研究对象而迷上了物理学，是因为他感到数学太困难，它的任何一个分支都可能耗尽一个人的毕生精力。在物理学中研究什么好呢？他从钻研洛伦兹的电子论入手，很快找到了当时物理学界最前沿的课题：谋求经典力学与电动力学的统一。

（2）选准方法。有了课题，用什么方法呢？爱因斯坦刚开始想用综合方法建立一种构造性理论，可是很快发现这种方法不行。他于是放弃了初衷，决定采用探索性的演绎法解决问题。在演绎论证的过程中，他做了一个著名的"理想实验"。

（3）找到突破口。通过"理想实验"，爱因斯坦否定了牛顿力学作为基础的绝对时间和绝对空间框架，提出了两条简单而基本的假设：① 对于所有的物理定律，所有的惯性系是等效的。这就是相对论原理。② 光在虚空空间中速率总是具有同一值 c，这就是光速不变原理。他在这个基础上建立了相对性理论，即狭义相对论。

从这两个例子，我们可以看出科学发现的一般过程是：

发现问题 → 提出假设 → 进行验证 → 形成结论
　　　　└──────── 反馈修正 ────────┘

三、科学发现的主要特点

根据上述内容，我们可以归纳出科学发现的主要特点。

（一）科学发现始于问题

爱因斯坦说："提出一个问题往往比解决一个问题更重要，因为解决问题也许是一个数学上或实验上的技能而已，而提出新的问题，新的可能性，从新的角度去看旧的问题，却需要有创造性的想象力，并且标志着科学真正的进步。"

【例 8-6】 为什么苍蝇出入肮脏之地而不得病？

研究"为什么苍蝇出入肮脏之地而不得病"发现：
1. 苍蝇的嘴巴是折叠式的，边吃、边吐、边排泄；
2. 苍蝇肚子里能分泌一种高强度杀菌剂；
3. 一对苍蝇在气温适合的条件下，4～6个月可生育2 660亿个后代，它们在7个月内可生产6 650吨蝇蛆和蝇蛹，可提炼930吨干蛋白和180吨脂肪。

这些研究成果说明：
1. 如果把苍蝇体内的高强度杀菌剂提炼出来，可以产生一个新产业。
2. 养苍蝇肯定比养鸡、养鸭、养猪、养牛效益好多了。

广州中山大学博士胡新军在广州番禺创办了苍蝇养殖业，回报丰厚。

蝇蛆因其高蛋白含量而备受禽类、鱼类养殖户的追捧。目前，养殖户养鱼主要用鱼粉，品质好的鱼粉脱脂后粗蛋白含量约为65%，而大头金蝇蛆脱脂后的粗蛋白含量达68%～70%。据了解，进口鱼粉占据了中国的水产市场，其价格约为7 500元/吨。由于苍蝇具有超强的繁殖能力，短短两个月下来，苍蝇们的日均蛆产量已经攀升到1吨。胡新军把它们卖给几家大型饲料生产企业，在短时间内实现了养殖场的扭亏为盈。胡新军说："那些国外鱼粉生产商无法跟我竞争，因为我们养殖蝇蛆，基本不需要成本。"

可以想象，中国许多不易发展农业的地方，如云贵高原、沙漠、海边盐碱地等，如果发展养殖苍蝇，不失为脱贫之妙法。

【例 8-7】 人有没有"死亡激素"？

国外科学家们发现，死亡与一种生物自身产生的被称为"死亡激素"的物质有关。生物学家们对章鱼的试验证明了这一点。章鱼是生长在海洋里的一种凶残动物，除了食杀其他鱼类外，还经常与同类厮杀。奇怪的是，雌性章鱼从排卵的第六天开始，就一反常态，变得极为温顺，开始绝食，全心全意地孵化鱼卵。经过40多天，它的儿女们一旦被孵出，这条雌性章鱼的生命也就走到了终点。雌章鱼为什么会在生儿育女后悄悄地死亡呢？为了揭开这个秘密，科学家们对不同种类的章鱼进行了对照研究，同时进行大量的解剖实验。原来，奥秘就在章鱼眼窝后面的一对腺体上。这对腺体到了一定时候就会分泌一种化学物质，导致章鱼自身死亡。生物学家称这种化学物质为"死亡激素"。

利用类比，科学家考虑，人类有没有类似章鱼的这种"死亡之腺"呢？经过研究发现，人类的"死亡之腺"也是存在的。不过人类的"死亡之腺"不是长在眼后，而是长在人脑之中。人脑内有一个特别重要的腺体——脑垂体，它虽然只有5克重，不如一粒蚕豆大，却调节、控制着人的生长发育、生殖及新陈代谢，重要的是它还促使甲状腺分泌甲状腺素。人类一旦缺少甲状腺素，就会感到浑身乏力，也和雌章鱼一样不想吃东西。而且一旦甲状腺素停止分泌，人就会衰竭死亡。科学家的研究证明，人的脑垂体也定期释放"死亡激素"。"死亡激素"影响人的生命，从而使人走向死亡。

为了证明这一点,科学家又用老年的大鼠做了对比试验。把它的脑垂体切除掉,为了不影响其他激素的分泌,同时对大鼠移植人工甲状腺素。奇迹出现了:老年大鼠的免疫功能及心血管系统竟然恢复了青春。由此推断,脑垂体所分泌的"死亡激素"确是促使死亡的一个极其重要的原因。

找到了根本,延长寿命就有了希望。但是,要延长人类寿命,可不能简单地把脑垂体切除掉。因为这种方法虽然可以断绝"死亡激素"的产生,但同时也断绝了人类必需的其他各种激素的产生。科学家目前面临的任务是:搞清"死亡激素"是脑垂体的什么细胞产生的,通过什么渠道发挥它的作用,它的分子结构又是如何,有哪些因素可以使"死亡激素"减少甚至停止分泌。在这些问题解决以后,人类就可以采用药物、手术等多种现代医疗技术来破坏"死亡激素"的产生,或延缓它的出现,从而使人类的寿命得以延长。

(二)科学发现依赖于艰辛的探索

科学发现的基本规律告诉我们,创造者发现问题并确立课题之后,就开始了漫长而艰辛的探索历程。这个历程包括搜集资料、分析问题、提出假设、进行验证、出现失败、修正假设、重新验证等许多阶段。其中的甘苦,只有创造者自己知道。

美国的一些年轻的科学家,为了研究非洲猩猩的生活规律,抛弃优越的生活条件,冒着生命危险到非洲的原始大森林进行长期的观察、探索和研究。没有崇高的追求,没有坚强的毅力,是不可能坚持下去的。

❋【例 8-8】 生物钟机制研究

2017 年诺贝尔生理学或医学奖授予美国科学家杰弗理·霍尔(Jeffrey C. Hall)、迈克尔·罗斯巴希(Michael Rosbash)、迈克尔·杨(Michael W. Young)。他们的获奖理由是:因发现控制昼夜节律的分子机制。

生物钟是生物体内周而复始的节律,如人们熟知的动物的昼行夜伏、植物的春华秋实。常见的近 24 小时昼夜节律(circadian rhythm)是典型的生物钟之一。

生物钟现象看似简单,其实不尽然。1971 年从果蝇的一个基因出发,人类开启了生物钟的基因研究,23 年后才发现哺乳动物第一个生物钟基因的突变,26 年后明确哺乳类的生物钟基因与果蝇的类似,30 年后才发现同果蝇一样的基因也控制人类生物钟。

驱动生物钟的内在机理随着一个一个基因的发现和研究,逐渐明朗,从果蝇到人,存在同样一批控制生物钟的基因,它们编码的蛋白质合作共事,节律性地调节细胞内的基因转录,都采用了负反馈模式,并与光和温度等外界因素协调,从而对应于地球自转的近 24 小时节律。

(三)科学发现是人类认识不断深化的结果

科学发现史表明,科学发现不可能是某一个人、某一个时间、某一个空间、某一个地点的单一事件。

创造者只有站在巨人的肩膀上才会有所发现。门捷列夫发现元素周期表,必然要从波义耳、拉瓦锡、纽兰兹等人身上汲取营养，没有这些人的努力，就不可能有门捷列夫的发现。同样，没有牛顿、洛伦兹等前辈物理学家的工作，也不会有爱因斯坦的相对论。而进化的思想在达尔文之前已经酝酿了一个世纪之久。正因为如此，爱因斯坦说："我们的科学史，只写某人取得成功……这是不公平的。"没有前人无数次的失败，就没有后人的一朝成功。

【例 8-9】 机器人也能够成为科学家

2009 年 4 月，威尔士阿贝里斯特威兹大学设计的机器人"亚当"成为第一个能够在不借助人类智慧的情况下上演科学发现的全自动系统。不管按照何种标准，确定大约 12 个基因在 1 个酵母细胞中扮演的角色都只能是一项较为"初级"的发现，上演这一发现的并不是人类科学家而是一个机器人，此时的这一发现便成为一项重大突破了。

长久以来，机器人被用于进行各种实验，它们强大的计算能力曾经帮助科学家完成人类基因组排序工作。与其他机器人不同的是，亚当是第一个能够在没有人类干预情况下完成从假设到实验再到重新形成假设这一过程的机器人。亚当的实验刊登在 2009 年《科学》杂志上。

接受采访时，发明人罗斯·金表示人工智能几乎拥有无限的科研潜力。在将来的某一天，一台计算机便可以上演能够与爱因斯坦狭义相对论相提并论的发现。他说："我们找不到这种事情为何无法发生的任何内在理由。计算机能够成为一名出色的象棋选手，也能够做一些特殊的事情。在我看来，这就是将在科学界发生的事情。"

四、怎样在科研中有所发现

根据科学发现的基本规律和主要特点，对有志于从事科学发现的读者，我们提出以下应注意的几个方面。

（一）要选准研究的方向，确定合适的课题

前面的分析告诉我们，科学发现始于问题。要敢于提问题，善于提问题。选择研究方向，确定研究课题都要从问题入手。

科学发现的课题主要有以下来源：

（1）社会生产和现实生活提出了什么新问题？创造者要关心社会生产和现实生活中不断出现的新问题，注意观察世界，捕捉直接影响生产发展和生活质量的关键问题或热点问题，如白色污染问题、沙尘暴问题、缺水问题等。

（2）科学园地中有哪些尚未开垦的处女地？科学在不断发展，一门学科内各分支学科的交叉，各门学科的交叉与相互渗透，有可能产生交叉处的空白区，将目光投注到那些尚未被开垦的处女地，容易形成有价值的研究课题。例如，前几年，有人利用计算机研究《红楼梦》，获得不少新的成果。生物界有许多现象至今尚未找到科学解释，里面有无数值得研究的课题。

【例 8-10】 壁虎脚底的奥秘

美国科学家罗伯特·福尔等人看到壁虎能在光滑的表面行走自如，甚至能贴在天花板上，就猜测，壁虎的脚底与物体之间必然存在很强的特殊黏着力。他们将此列为研究课题。结果发现壁虎的每只脚底长着 50 万根极细的毛，而每根毛的末端又有 400 到 1 000 根更细的分支，每根分支细毛与物体表面的分子之间存在"范德瓦尔斯力"——中性分子彼此距离非常近时，产生的一种微弱电磁引力。论文刊登在英国著名的《自然》杂志上。

（3）现有理论、传统观点有值得怀疑的地方吗？用怀疑的眼光看待已有的理论、传统观点和结论，寻找其缺陷和矛盾，也是捕捉科研课题的途径。例如，传统的社会主义理论只提计划经济，只讲有计划、按比例发展而不提市场经济。邓小平就发现，"社会主义也有市场，资本主义也有计划"，成为中国改革开放的基点之一。

【例 8-11】 月球上有水吗？

月球上到底有没有水？我们之前都认为肯定没有。因为月球上的一天相当于地球上两周的时间，这造成其表面温度能高达 123 ℃，这温度下大气中的水肯定是煮沸蒸发掉了。如果月球上有跟地球一样的大气层，则大气层也会跑掉。因为月球的引力是很弱的，大约就是地球的六分之一，这么弱的引力是无法约束表面高速移动的分子的，水分子就更不用说了。

本来已经是盖棺定论的事，被 2009 年的一件事打破了。这次科学家故意将火箭的一部分撞击在月球表面，这次撞出 25 米长、4 米宽的坑，并且撞飞出近 1 万吨的物质，这些物质飞上太空，被轨道上的卫星拍下照片。通过对这些尘埃物质的光谱分析，发现这些物质居然是含水的，而且还占到不少比例。撞击的区域是月球上永远见不到太阳的地方，都是一些大型的陨石坑，这里温度非常低，冷到 -249 ℃，水永远保持冰态。此发现成为美国《时代》周刊 2009 年十大科学发现之一。此发现对普通公众产生更为直接以及更为广泛的影响，重新点燃公众对月球的激情。月球这个最近被我们忽视的邻居重新展露出其神秘的一面，而这直接影响月球开发的前景。

（4）书本上记载过什么难题？有些研究课题是来自课本上的难题或未被验证的猜想。如陈景润研究的哥德巴赫猜想，侯振挺从《排队论》中的一个问题得到著名的"侯氏定理"。又如，1900 年，数学大师希尔伯特站在当时数学研究的前沿，提出了数学上有巨大研究价值的未曾解决的 23 个问题，后来的数学家以此作为研究方向，解决了一个又一个猜想，建立了一个又一个新的数学分支。

（5）研究工作中是否有反常现象？将科学研究过程中出现的反常现象选作课题的例子是很多的。如南非一位医生，无意中发现一位尿崩症患者血脂偏高，吃了某种降血脂药后尿崩症竟然好了。这位医生将此现象作为研究课题，潜心研究后确认该药确是治疗尿崩症的特效药，且没有明显的副作用。

【例 8-12】 阿斯巴甜的发现

1965 年圣诞节前夕,美国塞尔制药公司的药剂师吉姆·施拉特在实验室尝试合成一种类似胃液激素的物质时,由于没有戴保护手套,没有把溅到手指上的物质立即洗去,更由于在揭玻璃纸时习惯性地舔了一下手指,意外发现了一种比蔗糖甜 200 倍、不含卡路里、比糖精安全的具有纯天然甜味的新型甜味剂,后来称为阿斯巴甜。经过 16 年的长期安全研究,产品于 1981 年正式进入市场,使公司进入甜味剂行业。1983 年,阿斯巴甜被许可用于所有碳酸软饮料。1996 年,阿斯巴甜公司的销售额达到 10 亿美元。

此外,我们还可以从学术争论中、从论文的限制条件中及从他人的失败中寻找课题。在选择课题时要遵循需要性原则、科学性原则、创新性原则和可行性原则。

20 世纪末,中国科学院曾经邀请 6 位诺贝尔奖获得者来北京与中国青年科技英才对话,引起中国公众的关注。6 位科学巨匠纵谈 21 世纪科学课题,讲述了自己的成功经历并分析当代科学的走向,当主持人请每位科学家概括自己的科研选题原则时,他们展现的是大师的科学素养。杨振宁说,不能跟随当时最红火的选题。李政道说,要敢于坚持自己的实验,不要怕有人反对。美籍华人丁肇中教授也在会上谈了自己科研的关键一步:"我的导师是理论物理学家,他第一次和我谈话时就坦然相告:理论物理更多的是精辟总结,实验物理则需要更多的创新。5 分钟后,我就转向了实验物理。"不到 10 年,丁肇中获得了诺贝尔物理学奖。6 位诺贝尔奖获得者的共识:不追时髦,不怕反对;敢于创新,敢于坚持;要有求知的兴趣。

其实,取得杰出成绩的科学家都有与众不同的想法和做法。

1999 年获诺贝尔生理学或医学奖的美国教授穆拉德讲述了自己的经历:"我毕业时,许多科学家已集中于我所学的热门专业领域,我决定冒险选择一个完全不同的领域。这时,另一种分子 CGMP 出现了,对它了解和感兴趣的人都不多,但我觉得,这才是有前景的工作,最终,我发现了一氧化氮。我认为有点冒险精神和与众不同的想法是很重要的。"

(二)详尽地搜集与课题有关的资料

详尽搜集资料是科学创造活动非常重要的环节,是基础性的工作。必须提高文献检索能力特别是通过因特网搜集资料的能力。

在搜集资料时,应当注意以下几点:(1)搜集资料的顺序应当采用"倒查法",即先现在后过去,以现在的为主。(2)注重搜集第一手资料,以保证资料的准确性,防止在多次转载中出现差错。(3)要搜集不同观点的资料,以便全面分析。(4)对资料要进行分类整理,便于查阅。尽量利用计算机整理搜集到的资料。

(三)细心地加工整理与课题有关的资料,从中找出核心问题来研究

达尔文说:"科学就是整理事实,以便从中得出普通的规律和结论。"无论是自然科学还是社会科学的研究工作,都必须对所搜集的资料和事实运用创造性思维方法进行加工整理,使认识从经验层次上升到理性层次。

在这个环节，要用到你的注意力和概括力。如果注意力不够，会让有价值的东西在清理过程中丢掉。如果概括力不够，你会抓不住问题的核心，或者捡了芝麻丢了西瓜。

要善于透过现象看事物的本质。对任何现象，要多问几个为什么。

（四）大胆提出假设

所谓提出假设，就是根据有限的事实推断出事物的普遍规律。在这个环节，必须充分利用创造性想象，才能够提出有价值的假设。

匈牙利的年轻数学家伏·波利埃发现，许多人倾毕生之心血，仍然无法证明欧几里得几何中的第五公式。他改变思路，干脆将第五公式去掉，代之以与其完全不同的公式，观察其是否相容，结果创立了非欧几何学。

（五）认真验证假设

在这个环节上，相关专业领域的技能要得到充分发挥，要利用一切可以利用的工具和手段进行观察和研究，要有严谨的科学态度。魏格纳在无意中发现非洲西海岸与美洲东海岸的吻合关系后很快提出非洲与美洲原来一定是连在一起的科学假设。为了验证这个假设，他毫不犹豫地放弃气象学专业，改行研究地球物理学；为了搜集大陆曾经连接和漂移的证据，他竟参加格陵兰探险，用了5年时间才完成大陆漂移学说的创立。

2009年，美国马里兰州立大学联合量子研究所的科学家成功地实现了从一个原子到1米外的一个容器里的另一个原子的量子隐形传输，这一突破向《星际迷航》描述的科幻情节又迈进了一步。当然，这个被称作"量子信息处理"的试验与科幻电影中传输身体的技术不可同日而语，因为一个原子只是转变成另一个原子，这样，第二个原子便扮演起第一个原子的角色。尽管如此，原子对原子的传输对于研制超密超快的计算机仍具有重大意义。

验证的过程来不得半点虚假和马虎。任何虚假的东西都是反科学的，迟早都会露底。

【例8-13】 诺贝尔奖中的悲剧

诺贝尔科学奖包括物理学奖、化学奖，以及生理学或医学奖等，是当今世界科技界的最高奖，一般不可能有偏见和造假，但诺贝尔奖历史上也曾经有过假冒伪劣。

1949年，葡萄牙神经外科医生安东尼奥·莫尼茨因"治疗精神病方面的特殊贡献"被授予诺贝尔医学奖。可事后证明，这种"特殊贡献"毋宁说是"对人类的犯罪"，但是已经晚了，莫尼茨教授的名片上已经添上了"诺贝尔奖获得者"的头衔。

事情的缘由是这样的：早在20世纪30年代，各国的医生们就试图用猩猩做试验，测定人脑中枢神经的分布。1935年，在美国举行的一次国际学术会议上，莫尼茨听到一位美国医生讲述，如果将猩猩的一部分脑额叶白质切断，猩猩就会变得驯良、忧郁。莫尼茨于是把这种方法用在狂暴的精神病患者身上，通过切除部分脑额叶白质，使狂暴的患者获得安静。他的试验结果公布之后，被认为是外科手术的一次革命，不少医生纷纷仿效。当他获得诺贝尔奖后，丑闻被曝光了。大多数精神病患者在接受了莫尼茨医生的手术之后，永远地"安静"了,极少数幸存者也都变成了"植物人",形同行尸走肉。可是这种后果,莫尼茨在他的学术论文里却只字未提。这种弄虚作假的行为将永远被世人唾弃和耻笑。

(六)科学地总结并得出相应的结论

科学发现总结的过程,也是提高的过程。尤其理论型的科学发现,总结的过程就是一个系统化再认识的过程。

总结也与概括力有关,还与创造者的写作能力有关。科学发现的总结就是学术论文。它是以特定的概念和严密的逻辑论证来表达科学发现和研究新成果的文字材料,必须按照科学论文的写作体裁、结构和方法进行写作。

五、尽快将科学发现转化为生产力

当今科技发展日新月异,如果不能抓住机遇尽快让成果转化,成果就会被束之高阁,很快被淘汰,最终谁也不能获得经济效益,社会效益也就无从谈起。

科学发展史上很多有价值的科学发现与发明,数十年甚至上百年后,才转化为生产力。19世纪以前,蒸汽机从发明到使用经历了一个世纪的时间。后来电动机从实验室走向工业生产用了37年,汽车从发明到使用是27年,飞机是14年。现代科学技术日新月异的发展及其与生产的紧密结合,推动着生产力以惊人的速度向前飞跃。据有关资料显示,在19世纪,从科学发现到技术发明的间隔期一般在65年到30年之间。到20世纪这个时间间隔大大缩短,其中集成电路只用了2年,激光器仅用了1年。

科学研究的成果,常出现"墙内开花墙外香"的现象。

【例8-14】 液晶的应用

谈到液晶,就不能不提到两家国际知名公司——美国RCA公司和日本精工爱普生集团。早在20世纪60年代初期,美国RCA公司普林斯顿试验室的年轻电子学者F. Heimeier就产生了关于液晶的构想,并立刻意识到液晶就像是彩色平板电视的"迷你版",并且研制了一些实用产品。可在其公司内部,一些生产部门的领导人一方面局限于传统的半导体产品,一方面又过分强调初出茅庐的液晶显示器件的缺点,以市场还未开拓为借口,极力阻挠液晶显示的产业化。1968年液晶显示技术由美国RCA公司正式发表之后,以精工爱普生集团为首的日本公司却看到了液晶显示技术将对"个人消费电子"产生的巨大影响。他们进行了相关的产品研制,并最终使液晶显示技术成为一个产业。作为其发明者的美国RCA公司不得不在一次董事会上沉痛地总结道:"在RCA百年发展历史上,液晶显示技术的流失是最大的一次失误。"

1968年后半年,精工爱普生集团的前身——诹访精工舍也开始了液晶面板的研发工作。1973年,爱普生发明了世界上第一款液晶表盘数字手表,掀开了液晶应用新的一页。精工爱普生历时4年的研究,解决了液晶要想适用于手表还必须符合的条件问题,如使用寿命、激活电压、激活温度范围及面板显示的对比状况等,在世界范围内引起了轰动。

由此可见，及时搜集世界科技情报，把别人的研究成果在不侵犯知识产权的前提下转化是可能的。

思考与练习

1. 试举出由科学发现所导致的重大发明的例子（不少于3例）。

2. 诺贝尔奖的金质奖章上有一幅精美绝伦的图案：金碧辉煌的奖章中央，美丽的自然女神右手环抱着一个硕大的号角，号角里放满了丰硕的果实。在她的左侧，仪态端庄的科学女神正在轻轻地揭起蒙在亭亭玉立、婀娜多姿的自然女神头上的面纱。你能阐述其中的寓意吗？

3. 根据你的实际情况，试按照选择科学发现的课题的方法选择一个课题，并制订研究计划。

4. 人们发现萤火虫等生物发出的光，效率可达100%，但是现在用热的形式制造的光，都有能量的损失。试想象应通过怎样的步骤展开研究活动，以发明出高效的光源。

第九章 技术发明与保护

科学发现与技术发明是人类智慧的体现，也是人类思维发达的体现。科学发现为技术发明提供原理性的理论支持，技术发明为科学发现提供试验设备及条件。技术领域内的发明创造，是最能直接产生社会效益和经济效益、推动社会进步的创造实践活动。

2006年1月26日《中共中央、国务院关于实施科技规划纲要、增强自主创新能力的决定》指出，科学技术是第一生产力，是推动人类文明进步的革命力量。进入21世纪，科学技术发展日新月异，科技进步和创新愈益成为增强国家综合实力的主要途径和方式，依靠科学技术实现资源的可持续利用、促进人与自然的和谐发展愈益成为各国共同面对的战略选择，科学技术作为核心竞争力愈益成为国家间竞争的焦点。我国已进入必须更多依靠科技进步和创新推动经济社会发展的历史阶段。科学技术作为解决当前和未来发展重大问题的根本手段，作为发展先进生产力、发展先进文化和实现最广大人民群众根本利益的内在动力，其重要性和紧迫性愈益凸显。因此，中央确定全面实施《国家中长期科学和技术发展规划纲要（2006—2020年）》，致力于使我国进入创新型国家行列，我国科学和技术发展要以提升国家竞争力为核心。

从事技术发明与从事科学发现一样，需要创造者充分发挥创新性思维和灵活运用创新技法。

一、技术发明及其分类

（一）发明的定义

发明是指客观自然界没有的人为、人工、人造的新事物被人认识和创造出来。如：人类从山洞里走出来，一无所有，为了生活、生存、生产的需要，他们发明了畜牧、种植，发明了石头工具，发明了房屋，发明了陶罐等生活用具，发明了钻木取火，发明了石针骨针；到了农业社会，发明了冶炼铜，发明了铜器，发明了冶炼铁，发明了铁器；到工业社会，发明了蒸汽机，发明了发电机、电动机，发明了无线电设备；等等。这些发明促使生产力飞速发展。人类用发明改变了自己，改变了自己的生存环境。以上这些是自然界没有的新事物，是人为、人工、人造的事物。

技术发明是利用自然科学法则，创造前所未有的人工事物或方法的实践活动。而发明的基本任务是解决"做什么"和"怎样做"的问题。

技术发明可以引发创新，成为经济发展的动力。经济学家熊彼德的创新理论认为：技术发明能够抵消收益的递减。德国学者门施依据大量统计资料发现：技术发明总是前导于创新40～50年，而且发明数量随时间变化的起伏较小，高潮不明显；而创新则相对集中，高峰十分显著。苏联学者戈洛索夫指出：技术发明能够引发创新，其引发的过程是不断加快的。美国学者罗森堡的研究表明：发明的早期改进，并不会引起创新（新技术取代旧技术），只有当新发明的成本下降到能同原技术竞争时，才会迅速推广应用。

（二）发明的分类

发明按成果的形态，可分为产品型发明和方法型发明两大类。产品型发明是指经过发明人的创造性构思制成的各种物质性成果，如机械、仪表、器械、合成物、生活用品等。方法型发明是指用以制造产品的各种工艺性技术方案，用这种技术方案能使物质发生变化，如各种机械加工方法、化学反应方法、植物育种方法、仪器制作方法、科学教学方法等。

如果从发明的技术演变过程来分类，则有开创型发明与改进型发明之分。从无到有，世界上第一次出现的人工事物和方法是开创型发明，如世界上第一台蒸汽机、第一台电动机、第一台电子计算机、第一架飞机等都是开创型发明成果。如果是对已有的事物以局部改进、组合或移植的方式创造的新产品与新方法，则属于改进型发明。比如，自动洗衣机相对于手动洗衣机，电子点火煤气灶相对于手动点火煤气灶，可擦圆珠笔等都属于改进型发明成果。世界上出现的大多数发明都是改进型发明。

（三）发明的等级

发明课题水平等级通常按照课题所涉及的可变因素、数目和解决课题所需要的知识来划分。

发明课题水平一般划分为5级，如表9-1所示。

表9-1 发明课题水平等级及特点

课题水平等级	涉及的可变因素数目	解题所需的知识范围	成功所达到的水平	解题中引起的事物变化程度	在课题总数中所占比例
最低	$1 < h < 10$	常识、专业	合理化建议、实用新型革新	小、局部	60%
较低	$10 < h < 10^2$	专业、边缘	实用新型专利	明显、局部	30%
中	$10^2 < h < 10^3$	跨专业、跨行业	专利、重要专利	很大、整体性变化	6%
较高	$10^3 < h < 10^4$	跨专业、理论	重要专利、基础专利	很大、根本性变化	3%
最高	$h > 10^4$	理论、基础研究	基础专利	技术体系的重大变化	1%

1. 最低水平的课题

一般指企业经常处理的大量的技术问题，由于可变因素数目只有几个，问题的解决主要凭借设计人员自身掌握的知识和经验，不需创新，只是知识和经验的应用。课题完成，事物并没有发生根本性的变化，只在局部、细节上略有改进。因此，这一水平的成果通常属于小改小革，其中大部分由于缺乏新颖性，即使申请专利保护，也不会得到批准，只有小部分成为实用新型受到保护。然而，由于课题并不困难，解决的方案又不止一种，所以即使成果获得了实用新型权（约占发明专利的32%），人们也并不急切地向持权者要求转让，而大多自己再去发明另一种解决方案。

在激烈的市场竞争中，企业一般采用突变创新、集成创新或模仿创新来提高自己的竞争能力，但任何技术在应用引进之初，总会发生种种困难，其中大部分以这一级水平的课题形式出现，并随时得到解决，这将使一项大的技术顺利地应用、推广和产生效益，同时获得改进、完善而趋于成熟。所以，对于企业生产技术来说，这类最低级水平的课题，具有重要意义。

企业的生产技术能力、产品质量和企业的竞争力、效益等，在很大程度上依赖于持续推进这类点滴的技术进步，特别是在产品已投入市场、处于类似产品竞争中的企业，需要不断改进工艺装备、产品性能和质量来降低成本和提高竞争力，而成批生产将使微小的技术改进产生很大的效益。低水平的连续创新是企业成功的必备条件，也是企业形成创新流的基础。所以尽管这种水平课题的成果难以获奖，却受到许多企业的高度重视。日本政府也很重视点滴进步对于促进技术成熟、增强竞争实力的作用，这推动了日本经济的发展，以至于美国学者在考察日本经济腾飞的秘密后，断言"实用新案"制度是重要的因素之一。我国的专利法也借鉴了这一点，为了鼓励群众性的发明，增设了对实用新型的权利保护。

2. 较低水平课题

这一类课题涉及的可变因素达到几十个。解题运用的知识主要是采用行业内已有的理论、知识和经验，有时还涉及行业外的边缘知识。课题的完成对于事物的改变比较明显，解题的成果不是轻易可以取得的，因此，可以申请和获得实用新型专利和专利保护。但是这类课题的成果在独创性方面并不突出，只要投入力量，持续地尝试多个解题方案，就能完成课题，因而属于较低水平课题。最低水平和较低水平的课题同属于企业产品连续创新和结构创新的范畴。对解题者来说，则是以解决局部问题作为目标，并不追求发明新事物。

3. 中级水平课题

此类课题涉及可变因素几百个，需要运用多个专业的知识，甚至需要跨行业的知识才能解决，往往由不同专业的人才所组成的课题小组来承担解题的任务，诸如汽车上用自动传动系统代替机械传动系统、计算机上用的鼠标等课题。在解题时，事物发生很大的变化，其成果具有一定的新颖性，并且由于涉及不同专业，所获得的成果可以在不止一个专业中得到应用。这一级水平的课题成果几乎都能够获得专利，有的甚至能成为重要专利而影响着另一些发明课题的解决。

4. 较高水平课题

此类课题涉及的可变因素达到数千个。解题用的知识已超出各专业技术知识范畴，往往是罕见的科学原理导致一种新系统的发明。课题完成后，事物发生了根本的变化，因而具有较高的新颖性。课题成果也往往能在一定范围内推广，属于重大成果、重要专利或基础专利之列，如计算机、形状记忆合金、激光、晶体管等的首次发现。

5. 最高水平课题

最高水平课题所涉及的变数达到一万个以上，有的综合性课题，其可变因素甚至达到几万个，因此不能依靠尝试的办法解题，而要借助科学理论，甚至多门学科的科学理论，必要时还要开展基础研究。课题完成后，不但事物发生根本变化，整个技术体系也发生了变化，有时甚至形成新的技术原理和技术体系。其成果大多属于基础专利，制约着一系列其他发明课题的解决。

由表9-1可以看出，90%的发明专利利用了行业内的知识，只有10%的发明专利利用了行业外及整个社会的知识。因此，如果企业遇到技术难题，可以先在行业内寻找答案；若不可能，再向行业外拓展，寻找解决方法。若想实现创新，尤其是重大的发明创造，就要充分挖掘和利用行业外的知识，正所谓创新设计所依据的科学原理往往属于其他领域。

技术体系（产品）组成因素数量级见表9-2。发明课题等级划分及知识领域见表9-3。

表9-2 技术体系（产品）组成因素数量级

开发国	开发时间	主要技术体系（产品）	组成因素的数量级
日本	1945—1950	肥料	10
	1950—1955	缝纫机	100
	1955—1960	电视机	1 000
	1960—1965	高效专机	1 000—1 000 000
	1965—1970	汽车	100 000—1 000 000
美国	1960—1970	喷气客机、火箭	100 000—1 000 000
	1970—1979	城市管理	1 000 000—10 000 000

表9-3 发明课题等级划分及知识领域

发明创造级别	创新的程度	比例	知识来源	参考解的数量
1	明确的解	32%	个人的知识	10
2	少量的改进	45%	公司内的知识	100
3	根本的改进	18%	行业内的知识	1 000
4	全新的概念	4%	行业外的知识	10 000
5	发现	1%	所有已知的知识	100 000

二、发明的基本规律

发明是人类的一种创造性活动，了解并掌握发明的源泉、发明的规律、发明的作用、发明的战略和策略、发明课题水平等级等，对个人、集体或社会开展发明活动有着十分重要的意义。

（一）发明的源泉

人类的发明来自人的创造性思维、适时的活动领域以及宽松的发明环境。

1. 两种思维的互补

在发明解题过程中，解题方案即构思的形成来自两种思维的努力：一种是逻辑思维，即在已经掌握的知识基础上，通过深思熟虑而获得解决的构思；另一种是非逻辑思维，即通过直觉、想象、灵感、联想等启发获得解题构思的确认和具体化。两种思维的互补形成构思的途径和步骤。

一般说来，纯粹依靠逻辑思维所获得的构思，独创性较低，而在逻辑思维基础上依靠非逻辑思维作用所获得的构思，其独创性较高。

历史资料的数字统计表明，20世纪以前的绝大多数重大发明构思，是发明家在非逻辑思维作用下形成的，只有少数发明构思是逻辑思维的结果。目前这一情况已有所改变。

2. 发明活动与环境

在20世纪的重大发明中，约有三分之二是由中小企业与个人完成的，中小企业是重大发明的主要源泉。在小发明上，主要来源同样是个人以及中小企业。有关统计表明，约80%的小发明来自中小企业与个人，其中约90%的小发明是由顾客、店员、经理、来访者等外行首先提出构思的。

进入21世纪，由于创造创新理论和方法日趋完善，加之科学技术的飞速发展，课题的规模不断扩大，复杂性大大提高，新的发明需要大量的人力、资金和完善的实验条件，个人和中小企业难以承受。在多数情况下，往往是大企业接过中小企业与个人的发明构思，使之在有计划的集成和完善中成为重大发明的主要源泉。因此，依靠机遇的偶然性发明退居次要地位，有计划地利用逻辑思维和专业知识从事发明的人数大量增加，并越来越占据主导地位。

关于产生发明构思的地点、环境、活动、触发者等源泉的调查，在欧洲各国和美、日等国均已反复进行。其中日本创造学会成员高桥诚1983年12月至1984年8月对821名发明者的调查，内容比较全面，可供参考。①

（1）发明构思产生的地点：在家中占42%，户外占45.6%，工作单位仅占12.4%。其中在家中产生发明构思的地方分别是：桌边占31%，枕上占50.4%，厕所占9.1%。在工作单位产生发明构思的地方分别是：办公室桌旁占26.4%，资料室占5.8%，会议室占5.0%。在户外产生发明构思的情况是：乘车占47.1%，步行占48.4%，静坐占4.1%。

---

① 张武城《创造创新方略》，机械工业出版社2005年版。

（2）发明构思产生时正在进行的活动：逛书店占27%，讨论占24%，逛马路占27%，参观工厂占11%，旅行占11%。

（3）引起发明构思的媒介：报纸为38%，图书馆为28.9%，影视广播为28.9%，工具书为8.3%。

（4）产生发明构思时的环境：安静处为54.5%，有音乐处为7.4%，非寂静环境处为31.4%。

由以上数字可以看到，户外、家中等非工作场所，乘车、盥洗、就寝等非工作活动对于发明构思的作用不亚于正式的工作环境和工作活动，这对我们寻找发明构思以及确定科技发明活动的管理办法，是富有启发的。

三、技术发明的一般过程

人们在总结古今中外的发明家进行技术发明的规律后发现，虽然每一件发明的微观过程不尽相同，但从宏观上看，却大同小异。基本上可以归纳为以下过程：

选择发明课题—构思技术方案—验证方案可行性—制造样机（或样品）。

（一）选择发明课题

这是技术发明的准备阶段，它像科学发现时的提出问题一样重要。选择技术发明课题要注意以下几点：

1. 需求是发明之母

美籍华裔学者李跃滋教授说："一次构思的产生就是发现各种客观需要和得到技术解决办法两者的结合。"因此，要根据社会需求进行发明课题的选择。尤其是技术发明成果，要具有直接推动社会经济和文化发展的作用，才会被社会接受。

任何发明创造，如果没有市场需求的，就没有开发的价值。中国科技促进发展研究中心的一项调查显示，在科研成果转化为生产力的因素中，市场因素约占67.7%，因而市场需求是开发的第一基本原则。市场需求表现为用户需求，这包括对已有产品的需求和对市场上尚未出现产品的需求。1996年，在我国爆发的维生素C大战就是一场不考虑市场需求的混战。许多企业盲目引进生产线，市场需求只有2 000吨左右，全国的生产能力达到50 000吨左右，最终导致维生素C价格大幅度下跌，大约三分之二的工厂倒闭。由此可见，不考虑市场需求盲目开发新品，不仅不能取得效益，还会造成巨大的损失。

2. 要选择与自己已有的知识、条件、能力相适应的课题

光有热情、决心和干劲，没有脚踏实地的科学精神和实现课题的基本知识、设备、资金和能力，课题是难以完成的。

例如，一个对医学一窍不通的人，不管其决心有多大，也是不可能完成攻克艾滋病的研究课题的。一般情况下，初次学习发明的人应当从小处着手，获得成功后再选择较大的发明课题。

正确地选择课题，是成功的开始。选题不恰当，不仅不能带来成功，甚至还会造成损失。

3. 选题要有科学性

不能选择违反基本科学规律的课题，那只会白费力气。例如，永动机是违背能量守恒定律的。

（二）构思技术方案

这是技术发明的关键性阶段，发明者围绕着要解决的问题，积极思考，提出解决问题的各种技术方案。这是创造性思维充分发挥作用的阶段，同时也可能是一个长期酝酿的过程。

在此阶段应当注意以下几点：

（1）要充分搜集有关资料和信息，避免重复，防止"撞车"。

（2）应充分利用各种相关的创造技法进行构思，甚至需要创造新的技法来帮助构思。构思的方案越多越好。

（3）长期酝酿的间隙可能产生灵感，要善于捕捉灵感。

（4）要有坚强的毅力、锲而不舍的精神，忘我地追求，不达目的决不罢休。

（三）验证方案可行性

这是技术发明的确认阶段，常常要先对方案进行筛选，然后采用实验的手段进行验证，发现问题要反馈到构思方案阶段，对方案进行修正。

1. 方案的筛选

（1）筛选的作用。应用创造性思维及创造技法，一般在短时间内就可能产生大量的创造性设想和技术方案，这些设想和方案为发明的成功提供了最重要的依据。但是这些方案中真正有意义、有开发价值的只占很小一部分。正如伟大的科学家法拉第所说："就是最有成就的科学家，他们得以实现的建议、希望、愿望以及初步结论，也不到十分之一。"以珍珠之王而闻名的日本企业家御木本辛吉先生曾说过："我和我的部下足足拿出 3 万件关于人工制造珍珠的方法，其中约 3 000 件获得过实用新型等专利权。然而，其中作为素材而投入生产获益的方法却只有 5 件，那么可以认为余下的 29 900 余件方法均属无稽之谈。然而正是有了那些无稽之谈，才拿出了像样的办法。"创造学之所以鼓励众多的创造性设想就是因为设想越多，其中有成功设想的可能性就越大。

要从大量的创造性设想中认识真正有价值的设想，必须进行筛选。

（2）筛选的基本原则。创造设想的筛选一般应遵循以下四个原则：

第一，市场可行性。一个创造方案是否有价值，首先要考虑的问题是该方案能否被市场所接受，或者能否通过一定的努力后被市场接受。

第二，技术可行性。技术可行性是指该设想在现阶段技术上能否实现。如果不能实现，无法造出来，当然也就没有开发价值。例如，有人想开发一种营养胶囊，即把一个人一天所需的各种营养高度浓缩，做成胶囊，只要吞两颗胶囊再喝一些水，就可以满足人一天的营养所需。由于人所需要营养成分太多太复杂，有许多至今尚不清楚，要把所有营养都高度浓缩成胶囊，在现阶段是不可能的，因而这一设想在现阶段无开发价值。

第三，生产可行性。生产可行性是指所构想的发明创造能否实现大规模的工业化生产。例如，有些化学物质，仅在实验室少量合成时获得过成功，进入工业化生产就必须考虑一整套的生产流水线，还要考虑各种工业原料的纯度，以及在化学反应过程中会不会产生难以去除的杂质，使产品的质量得不到保证。

第四，经济可行性。任何一项产品能否商品化，除了要考虑市场、技术、生产以外，还要考虑它的制造成本及售价，如果成本过大，售价超过消费者的承受能力，那么再好的产品也难以走向市场。例如，美国在1929年就有60%的家庭拥有汽车。当时一般工厂的工人每天工资不到3美元，福特汽车公司的员工工资特别高，每天也只有5美元，但由于采用流水线生产，汽车成本大幅度下降，福特公司最便宜的车仅售290美元，也就是说福特公司的员工，不到两个月工资即可买一辆汽车，一般工厂员工也只用三个多月的工资就可买一辆车。显然，如果当时一辆车的价格是一个工人10年的工资，那么美国的汽车普及肯定难以实现。

（3）筛选的操作。集体构思的大量设想或方案的筛选，一般应由若干名专家和技术能手组成筛选评价组进行，他们对所讨论的问题和所涉及的领域的先进技术和市场状况比较熟悉，对于创造设想具有客观判断能力及敏锐的洞察力，善于发现有价值的设想。评价组的人数最好为奇数。

首先，在筛选前应将设想进行分类，把同一类型的放在一起；其次，进行初选，初选可以采用化整为零、分头进行的方法，把那些具有新颖性、实用性、先进性而且在技术上有可能实现，有市场开发价值的设想选出来，数量可控制在三分之一以内；最后，用集体研究方法进行复选，确定若干个设想进入试验阶段。

对于个人的创造设想，一般应该在设想达到一定的数量后再进行。考虑原则与上述基本相同。

2. 方案的试验

（1）试验的作用。从理论上认定某些方案是可行的，并不等于这些方案在实践中一定可行，必须对其进行试验，试验的作用主要有：

第一，试验新技术方案所采用的基本原料，在具体的创造课题上是否适用。试验结果一般应做出肯定或否定的结论。

第二，收集数据，以便根据这些数据进行分析计算，确定其稳定性、高效性、安全性。

第三，有助于研制切实可行的模型，根据试验数据，往往也可直接确定试验模型，而且可以估计其造价与成本。

第四，有助于发现该方案可能存在的问题并探索解决问题的办法。

由于试验具有多方面的重要作用，所以发明家都非常重视试验活动。爱迪生在美国芝加哥组织建立的"发明工厂"，实际上是发明创造试验室。没有这个"发明工厂"，爱迪生的上千项发明专利是不可能产生的。

对于重大的技术发明如治疗疾病的药物、新型的交通工具、战争中使用的新式武器以及宇宙航行等，不经过认真细致的反复试验就会造成灾难性的后果。

这里需要注意的是，试验的样本必须达到一定的数量，样本过少或加进主观的人为因素，其试验结果就没有普遍的代表性。例如，我国改革开放过程中，许多新的举措必须经过试点才能全面推广，但是如果在试点时，为了某种目的弄虚作假，就可能使错误的方案出台，甚至成为推广至全国的新政策，造成无可弥补的损失。

（2）试验的基本类型。试验可分为以下四种：

第一，对照试验。确定两种或两种以上对象在同一性能方面的优劣或异同的试验叫作对照试验。例如，为了减少汽车尾气对大气的污染，各国都在争相研制电动汽车。从原理上讲，电动汽车并不复杂，无非是用蓄电池反复充电，通过蓄电池供电使电动机转动产生动力。但提高蓄电池的电能密度（即每千克重量所能储存的电能）和提高充电的速度，却是十分困难的课题，必须进行对照试验。

我国最近研制成功的电动汽车，充电一次可以从北京到天津来回一次，可达300千米。这里的试验主要使用的对照试验。

第二，性能试验。为了定性和定量了解发明对象的某种性能而进行的试验称为性能试验。这里的性能包含的范围很广，有物理性能、化学性能、机械性能、生物性能、功能性能等。例如，汽车的撞击试验、家电的震动试验、药品的性能和安全试验等。

任何技术发明的试验均与发明对象的性能有关，因此它是一种最为普遍的基本试验，并且同其他各类试验相互交融。

第三，析因试验。在技术发明中，有时需要通过试验寻找产生某种结果的原因，这种试验就称为析因试验。由于析因试验是为了探索未知，因而常常会产生预料不到的结果。例如，日本东京大学研究人员曾研究，同样的青蛙细胞，为什么被激活后有的生成眼睛，有的生成耳朵，有时则长成青蛙的肾脏，经过大量的试验终于发现，这并不取决于细胞本身的结构，而取决于细胞发展的诱导物——苯丙酸诺龙的密度。这项前所未有的发现将最终帮助医生用病人体内细胞为其再生因意外失去或受损的器官。

第四，模拟试验。在发明过程中，往往会碰到发明对象由于经济、时间、空间、装备等条件的限制而难以进行直接试验的情况，此时就常采用模拟试验的方法。例如，美国宇航员在1969年登月飞行前进行了大量的模拟试验，特别是失重状态下的行走、睡觉、吃饭甚至排便等试验，以保证万无一失。

（四）制造样机（或样品）

大量的定性、定量试验将暴露出原始构思和设计方案中的不妥或错误之处，进行修改后，根据实际情况再进行若干次试验，才能进入试制样品或样机的阶段（化工产品可进行中试）。

在试制样机前，必须合理确定其形状、大小和各种部件所在位置，并画出设计图纸。试制时应按设计图纸和确定的工艺条件进行，不仅要注意到内部零器件间的布局合理，不能影响性能稳定，还要尽可能使样机的外形美观大方。凡金属件一般应有机械加工，塑料件可用塑料或有机玻璃切割、磨光、胶合而成。样品制作的好坏，直接关系到该创造发明能否实现商品化。

四、发明成果的保护

（一）保护知识产权是当今世界一致公认的"游戏规则"

发明创造成果是发明者与发明单位经过长期的艰苦努力，不断试验、改进，花费相当的人力、物力和财力之后取得的果实，是发明者智慧和汗水的结晶。发明创造成果一旦应用到生产实践中，就可能转化为现实生产力，产生巨大的社会效益和经济效益。

但是，如果不采取一定的保护措施，发明成果很可能会被人剽窃、仿造或复制。由于剽窃、仿造或复制者不需要技术发明试验费用和专利费用，甚至不必出广告费用，所以其成本比较低。他们通过价格竞争，就可以造成"真货卖不出，假货满天飞"的局面，低劣的质量足以败坏创造成果的声誉，给发明者造成巨大损失，严重挫伤发明者的积极性，更会影响国家的利益。此外，创造发明成果是一种无形资产，它的保护要比有形资产难得多。

世界各国的发明者都十分重视发明创造成果的保护。那么，怎样实现对创造发明成果的有效保护呢？

除了极少数发明（如可口可乐的配方）以及某些用特殊方法生产的产品，可以采用严守机密的方法实现自我保护以外，绝大多数的发明都是采用专利制度的办法实现有效保护的。

专利制度的特点是，国家用法律的手段保护发明创造，即通过在一定时期内授予专利权换取发明人向社会公开其发明创造的内容。500多年的专利历史表明，专利制度鼓励发明创造，推动技术进步，能促进生产力的发展。首先，专利制度能够鼓励专利权人主动实施其专利技术；其次，专利制度为他人实施专利技术创造了更为有利的条件；再次，专利制度有利于从外国引进先进科学技术，也有利于我国的先进科学技术走向世界，从而促进发明创造的国际推广应用。

（二）专利制度的产生与发展

贯彻专利法，需要各方面管理工作和管理制度的配合，需要积极开展专利文献服务、专利代理、专利发布、专利事务所等一整套工作体系，专利法和专利工作体系构成整个专利制度。当然，专利制度的核心是专利法。

1. 实行专利制度的主要作用

（1）保护和鼓励发明。在各国专利制度建立以前，发明人为了保护自己的发明，不得不实行技术封锁。例如，许多老中医的家传秘方，传子传媳不传女，也就是为了保护自己的药方不被他人无偿使用。许多民间工艺品采用全封闭的方法生产，完全不给外人知道其特殊制法。例如，1879年左右，日本冈山有一个工匠发明了一种编织花席子的方法，当时出口欧洲，盛极一时。为了保护自己的发明，他连对自己家里的人都严守秘密，甚至在县知事的安排下，躲到监狱去编织这种席子。后来他去世了，他发明的编织方法就失传了。

显然，在当今科学技术迅猛发展的时代，用技术封锁能实现有效保护的发明太少了。

一旦有人泄密或者有人组织高技术人员通过分析研究掌握了发明的核心技术，发明者的成果不仅得不到保护，而且还可能因为别人将该技术申请了专利，使发明者自己的使用也受到极大的限制。此外，还可能因为种种原因，使先进的技术不能得到推广使用，甚至完全失传。这对于全社会的科技进步当然是不利的。

专利制度最重要的任务，就是通过对发明提供法律保护的方法，鼓励发明公开。专利法确认专利为一种财产，并授予发明人在专利的有效期内享有一定的权益。

（2）促进科学技术的创新，推动经济高速发展。专利制度不仅可以保护技术发明，而且可以促进科学技术不断向前发展。

一方面，专利法保护发明者的发明投资得到合理的补偿，从而调动发明人从事发明的积极性。爱迪生一生之所以能完成 1 300 多项发明，是因为有 1 000 多项专利权为他提供了充裕的资金和完善的实验设备。诺贝尔一生中获得的化学专利达 255 件之多，其中有关炸药发明的专利就有 129 项，由此得到一笔巨大的财富，从而使他拥有的炸药研究所达 8 处之多。

另一方面，专利法鼓励发明公开。发明公开以后，必然会给人以新的启示和新的推动，从而刺激新发明的出现。许多发明者通过查阅专利文献，寻找发明的课题和技术的突破，促进全社会科学技术的创新，从而推动整个国民经济高速发展。

（3）促进国际技术交流。科学技术成果是人类智慧的结晶，是全人类的共同财富。世界科学技术的发展史，也是各国人民相互学习、取长补短的历史。实行专利制度，既可以将本国的发明推向世界，也可引进外国的专利技术，加速本国的经济发展。

19 世纪后期，日本的科学水平大约落后于欧美各国 100 年，由于引进外国技术，日本的发展走了一条捷径。从 1955 年到 1970 年，日本钢产量平均每年递增 500 万吨，主要技术都是从国外引进的。日本的石油化学工业也是从国外引进 300 多项技术才发展起来的。从 1950 年到 1976 年，日本集中接受外国先进技术 28 000 多项，支付 77 亿美元的费用。据日本自己估计，如果完全靠本身的力量开发这些技术，约需 2 600 亿美元，也就是说，要多花几十倍的资金，而且还要更长的时间。

2. 部分国家实行专利制度概况

从专利发展的历史看，全世界实行专利制度最早的国家为英国（1624 年），其次为法国（1791 年）、美国（1796 年）、荷兰（1817 年）、俄国（1870 年）、德国（1879 年）、日本（1885 年），它们的发展速度都远远超过四大文明古国。

中国实行专利制度是 1985 年 4 月 1 日，比英国迟 361 年，比日本迟 100 年。

由于专利制度对科技发展具有特殊作用，所以实行专利制度的国家和地区还在不断增多。到 2000 年为止，全世界已拥有 4 000 多万件专利（其中绝大部分已经失效），每年约以 120 万件的速度增长。20 世纪 90 年代以来，国际上 80% 以上的专利技术贸易控制在跨国公司手中。

（三）专利制度在中国

中国是全世界实行专利制度最迟的国家之一。当中国实行专利制度时，全世界已有近 160 个国家和地区实行专利制度了。中国长期不实行专利制度，发明得不到保护，是科技发展缓慢的根本原因之一。

《中华人民共和国专利法》（以下简称《专利法》）于1984年3月12日第六届全国人民代表大会常务委员会第四次会议通过，由人大常委会正式通过，由国家主席下令公布，1985年4月1日起施行。后又通过人大常委会进行过多次修正。

到1998年12月31日，我国专利局受理的专利申请总计121 989件，其中发明专利占29.48%，而发明专利中大部分又是外国人来华申请的，申请数达到22 234件，占61.83%；在化工、医药等领域中，外国人来华申请的发明专利所占比例已超过发明专利总数的80%。我国的企业和高校申请的专利数量，与发达国家的企业和高校相比相差更大。许多企业和高校年申请专利为零。例如，1997年广东省高校和科研院所总共申请专利164件，占全省总量的1.28%，60%以上的高校申请专利为零。广西1997年8月申报的89件专利中，个人69件，企业17件，科研院所3件，高校零件。我国1 000多所高校拥有科学家、工程师约60万人，但是，重论文、重职称、轻应用、轻专利，教学与实践之间严重脱节的情况尚未根本扭转。

虽然我国有了专利法，但由于没有保护知识产权的意识和习惯，所以不重视专利保护的现象仍普遍存在。据《光明日报》报道，2000年前，我国每年有3万多项国家级重大科技成果，其中有2万多项未申请专利就通过论文发布、学术会议交流、成果展示会等途径泄露。《专利法》出台后的十几年里，我国将11万余项发明无偿地"奉献"给了外国，数字之大令人触目惊心。

菌草技术的流失便是一个例证。福建农业大学十多年来在菌草技术的研究与应用方面获得了突破性进展，先后取得了"菌草代木代粮食用菌""香菇木耳菌草发酵法栽培"等近20项具有国际先进水平的成果。然而，在新成果中，只有3项申请了中国专利、1项申请了外国专利。在绝大多数技术未取得专利保护的情况下，菌草技术通过会议、论文等各种方式传遍16个国家。据测算，使用菌草技术，每年仅用我国1%的草地，就可生产出4 000吨菇类产品，产值可达1 000亿美元。现在，全世界每年仅花菇一项的产值就达100亿美元。因为支付不起或不愿支付区区几千元、几万元的专利申请费，我们就这样轻而易举地放弃了一个国际市场。

截至2000年，我国的"863计划"实施十多年来，已经产生了巨大的社会经济效益，形成了巨额国有无形资产。然而，在"863"已鉴定的近2 000余项成果中，申请国内外专利的只有400多项，专利数量不到成果总数的25%，其中申请国外专利的只有20项左右，仅占申请专利总数的5%。当然有一部分成果可以采取技术保密的方式加以保护，还有一部分是涉及国家利益不宜申请专利的技术，但去掉这两部分，"863计划"成果形成专利的比例仍然比较低。只申请中国专利而未申请国外专利造成的高新技术流失更令人痛心。按专利法规定，专利是有地域性的。如果一项发明只在中国申请专利，那么该发明在其他国家则不受法律保护，人们可以无偿使用。所以，发达国家的企业将其高新技术在本国申请专利后，又不失时机地在具有良好市场前景的国家和地区申请专利，形成牢固的专利网，取得在国内和国际市场的垄断地位。我国则不同，到1998年，我国共受理国内发明专利申请11.59万项；而自1985年起的14年里，我国向国外申请的专利不足3 000项。这就是说，14年里，我国将11.3万项发明无偿地"奉献"给了外国。

中国专利法实施已经有 30 多年，中国专利制度在国家的经济、社会、科学技术发展中起到越来越重要的作用。这些年来，中国已建立起既适应国情又符合现行国际规则的知识产权法律法规体系。中国还陆续加入《建立世界知识产权组织公约》《保护工业产权巴黎公约》《专利合作条约》《与贸易有关的知识产权协议》等专利领域重要的国际条约，基本形成符合国际通行规则、与国际法原则相一致的中国专利法律制度。专利数量快速上升，2012 年，我国发明专利申请量跃居世界首位。

2018 年 1 月 18 日，国家知识产权局在京召开新闻发布会，国家知识产权局新闻发言人胡文辉介绍，2017 年，我国发明专利申请量为 138.2 万件，同比增长 14.2%，共授权发明专利 42.0 万件。其中，国内发明专利授权 32.7 万件，同比增长 8.2%。截至 2017 年年底，我国国内（不含港澳台）发明专利拥有量共计 135.6 万件，每万人口发明专利拥有量达到 9.8 件。我国每万人口发明专利拥有量排名前十位的省（区、市）依次为：北京（94.5 件）、上海（41.5 件）、江苏（22.5 件）、浙江（19.7 件）、广东（19.0 件）、天津（18.3 件）、陕西（8.9 件）、福建（8.0 件）、安徽（7.7 件）和辽宁（7.6 件）。

2017 年，我国发明专利授权量排名前十位的企业（不含港澳台）依次为：国家电网公司（3 622 件）、华为技术有限公司（3 293 件）、中国石油化工股份有限公司（2 567 件）、京东方科技集团股份有限公司（1 845 件）、中兴通讯股份有限公司（1 699 件）、联想（北京）有限公司（1 454 件）、珠海格力电器股份有限公司（1 273 件）、广东欧珀移动通信有限公司（1 222 件）、中国石油天然气股份有限公司（1 008 件）、中芯国际集成电路制造（上海）有限公司（862 件）。

但是，我国的专利大多"活"不长。根据统计，2009 年我国共受理专利申请 976 686 件，同比增长 17.9%，但在"量"的背后，专利的生存状况值得人们去关注。国家知识产权局提供的一份 2010 年《专利统计简报》显示，目前国内有效发明专利维持年限多集中在 3～6 年。国内有效发明专利中，有效期不足 7 年的（即申请于 2003 年 1 月 1 日或之后的）占 81.0%；国内有效发明专利中，有效期超过 10 年的（即申请于 1999 年 12 月 31 日或之前的）只占 4.5%。这意味着，专利在获得"出生证"一两年后就"夭折"，实用新型、外观设计专利的"寿命"更短。

为什么我国专利大多"活"不长？原因之一是评价体系错位造成专利泡沫。《专利统计简报》显示，国内企业有效发明专利维持年限主要分布在 4～7 年，大专院校维持年限主要分布在 3～5 年。这一方面表明，企业创新与市场的联系更加紧密，其利用专利权保护自身发展及运用专利战略的意识更强；另一方面也表明大专院校与企业相比，由于其产学研结合不紧密，进入市场的渠道不畅，无法及时将自主知识产权体现为市场价值，维持专利权的意愿不高。

原因之二是专利质量不高，不适合作为技术储备。一部分专利技术缺乏商业化应用前景，不适合作为技术储备，只好选择放弃。专利存活时间短，主要由于专利权利持有人的主动放弃，而这与专利技术含量不高有很大关系。

原因之三是产业化困难，削减发明者信心。如今在日本，就有 500 名熟悉专利运作的工程师，并有 5 万名志愿者，他们的工作类似超市导购，就是在专利超市里帮企业找好项目。而我国在这方面还没有形成气候。专利是一种特殊的商品，不能简单地采用普通商品

在商场和网上进行展示和交易的销售推广模式。

另外,目前非职务发明占我国专利总量的半壁江山,但民间发明长期得不到政府的财政支持,进入不了国家创新体系,这也成为制约非职务发明产业化的重要瓶颈。政府应该加大对民间发明的财政投入,要将专利转化率纳入政府政绩考核,而不是片面追求数量的增长。

知识产权之争在中国已经呈现出白热化程度,有专家疾呼,跨国企业利用知识产权在中国进行"跑马圈地"现象已经愈演愈烈,如不加以重视,我国相当一部分行业将蒙受重大损失。

据调查,到2003年,国外在我国申请获得的发明专利已占我国每年专利授权的七成之多,也就是说我国每10个发明专利中有7个是外国人在中国申请的。

美国高通公司在CDMA技术领域拥有1 200多项专利,正在申请的专利高达1 900多项。凭着这些核心专利技术,这家公司几乎垄断了世界CDMA市场;也是凭着这些专利技术,这家公司才有资本拒绝我国通讯企业集体提出的下调WCDMA专利费的要求。像高通这样的公司并不在少数,跨国公司的知识产权垄断,远比市场垄断更危险。

与此同时,我国企业侵犯外国知识产权的事件屡屡发生,不但造成经济上的损失,也严重影响我们的国际信誉,因此有必要加强知识产权法的普及教育,严格遵守国际"游戏规则"。

(四) 知识产权法与专利法简介

1. 知识产权法的构成

保护知识产权的法律称为知识产权法。知识产权法由三部分构成,即工业产权法、版权法(著作权法)和计算机软件保护法。其中,工业产权法包含专利法和商标法。

专利法是国家依照法律的手段,对发明创造加以保护的法律。其基本思想是,将发明人发明创造的技术内容公布于众,同时作为对发明人公开技术的补偿,在一定时期内授予其对该项技术的排他性的独占权——专利权。除法律规定的极少数特殊情况外,他人要实施获得专利权的技术,必须取得专利权人的同意,并签订书面许可合同,支付使用费;否则,就是侵权,专利权人或利害关系人有权请求专利管理机关进行处理,或向人民法院申诉,并要求赔偿损失。

利用专利法保护发明创造是世界各国公认的最有效的途径。我国国画大师范曾发现自己的作品"十二生肖"上了金币,而发行方并未取得自己的授权,于是他将香港金币总公司、北京中海福文化发展有限公司告上了法庭,要求500万元的经济赔偿。最终,法院支持了范曾的请求。这一案件被评为北京2009知识产权诉讼十大案例之一,也是北京当时判决的赔偿数额最高的著作权侵权案件之一。世界专利史上的最大侵权赔偿事件是美国的波尔拉多公司状告柯达公司侵犯其"完全彩色一步成像机"专利技术,经过历时15年的诉讼,波尔拉多公司获得9亿美元的赔偿。

随着市场经济的不断发展和市场竞争的不断加剧,专利水平已经成为衡量一个国家科技和经济竞争能力的重要指标。

2. 专利的分类

实行专利制度后，必须根据《专利法》去理解发明创造的概念并将其分类。

我国《专利法》第一章第二条规定："本法所称的发明创造是指发明、实用新型和外观设计。""发明，是指对产品、方法或者其改进所提出的新的技术方案。""实用新型，是指对产品的形状、构造或者其结合所提出的适于实用的新的技术方案。""外观设计，是指对产品的形状、图案或者其结合以及色彩与形状、图案的结合所做出的富有美感并适于工业应用的新设计。"

例如，日本三家造纸企业联合开发出一种新型纸浆制造技术，它能大大提高木材利用率，并且把废水排放量减少70%。该技术是对生产方法的改进所提出的新的技术方案，理所当然申请"发明"专利。江苏海门中学沈宇同学，利用高压锅发明了"快速腌蛋罐"，使腌制一天的鸭蛋就会变咸，获得江苏省亿利达青少年发明奖二等奖。此发明涉及产品的形状、构造或者其结合，应该申请"实用新型"专利。画家黄永玉设计一种外形奇特的酒瓶，获得"外观设计"专利，被湖南省湘泉集团一次性买断使用权，转让费1 800万元，创下外观设计专利转让费之最。

在申报专利的发明创造者中，从《专利法》中关于发明人和专利权人的有关规定出发，又有"职务发明"和"非职务发明"之分。职务发明是指发明人或设计人执行本单位的任务或者主要是利用本单位的物质条件所完成的创造发明；非职务发明也称个人发明或自由发明，它指的是未列入本单位工作计划，发明人或设计人在业余时间利用自筹资金和设备完成的发明创造。职务发明的专利权属于单位，转让所产生的效益归单位所有。该单位应当根据实际情况给发明人以奖励。

《中华人民共和国专利法实施细则（2010修订）》（以下简称《专利法实施细则》）第七十六条规定："被授予专利权的单位可以与发明人、设计人约定或者在其依法制定的规章制度中规定专利法第十六条规定的奖励、报酬的方式和数额。企业、事业单位给予发明人或者设计人的奖励、报酬，按照国家有关财务、会计制度的规定进行处理。"

第七十七条规定："被授予专利权的单位未与发明人、设计人约定也未在其依法制定的规章制度中规定专利法第十六条规定的奖励的方式和数额的，应当自专利权公告之日起3个月内发给发明人或者设计人奖金。一项发明专利的奖金最低不少于3 000元；一项实用新型专利或者外观设计专利的奖金最低不少于1 000元。由于发明人或者设计人的建议被其所属单位采纳而完成的发明创造，被授予专利权的单位应当从优发给奖金。"

第七十八条规定："被授予专利权的单位未与发明人、设计人约定也未在其依法制定的规章制度中规定专利法第十六条规定的报酬的方式和数额的，在专利权有效期限内，实施发明创造专利后，每年应当从实施该项发明或者实用新型专利的营业利润中提取不低于2%或者从实施该项外观设计专利的营业利润中提取不低于0.2%，作为报酬给予发明人或者设计人，或者参照上述比例，给予发明人或者设计人一次性报酬；被授予专利权的单位许可其他单位或者个人实施其专利的，应当从收取的使用费中提取不低于10%，作为报酬给予发明人或者设计人。"

随着发明技术含量的不断提高，需要高投入和多学科的相互协作才能完成具有竞争力的高科技项目越来越多，很多发明仅靠个人是难以完成的。因而，在大多数国家，职务发明在发明总体中占主导地位。而在我国，由于企业在技术开发上的投入不够，2000年前非职务发明占主导地位。自2001年以来，国内企业发明专利申请量、授权量已连续9年保持上升态势。一个记者从国家知识产权局了解到，2009年国内企业提交了11.825 7万件发明专利申请，比2008年的9.561 9万件增长23.7%，占国内职务发明专利申请总量的68.7%；国内企业发明专利授权为3.216万件，比上年的2.249 3万件增长了43%，占国内职务发明专利授权总量的61.5%。

3. 专利权的基本属性

专利权的基本属性是独占性、时间性和地域性。各国专利权都具有这些基本属性。

(1) 独占性（专有性）。

独占性含有两层意思。首先，对一项发明创造，只能授予一次专利权，即专利局对某一项发明创造，不能今天授权给A，明天又授权给B。也就是说，你申请取得专利权后，别人不能拿你的发明再去申请专利，并从专利局获得同样的专利权。其次，专利权人对其专利，在一定期限内，在一定地域内，享有独占实施权。

(2) 时间性。

专利权在一定期限内才有效，这一点与财产权不同。超过法定有效期限，专利权就自行丧失，这项技术就成了全民财产，任何人都可以自由实施。世界各国对有效专利期限规定不尽相同，少则几年，多则十几年。我国《专利法实施细则》规定，发明专利为20年，实用新型和外观设计为10年。

2000年，有人统计全世界4 000多万件专利中，绝大多数已经过期即失效，任何人都可以使用。现在，过期失效的专利更多。这是一个巨大的技术宝库，我们应该组织人去发掘和利用。

(3) 地域性。

地域性包括两层意思：一是各国专利法对专利权的规定具有独立性，可以根据本国的国情而定，他国无权干涉。二是专利权的有效只限于专利权授予国的领土。也就是说，专利局依法授予专利权是在该国行政版图内受到保护，而在那些未授权的国家内，则不受保护。如果发明人希望在另一国取得某技术的专利权，就必须向该国申请专利。如果有人提前把某项发明在未被授权的国家申请了专利并获得专利权，那么，今后该发明产品就不能进入这个国家销售，除非向专利权人支付费用。

4. 申请专利的基本步骤

(1) 确认"专利三性"。

我国《专利法》第二十二条规定："授予专利权的发明和实用新型，应当具备新颖性、创造性和实用性。"这里的新颖性、创造性和实用性通称为"专利三性"。也就是说，任何创造发明如果不同时具有"专利三性"就不可能获得专利权，当然也就没有必要去申请专利。

① 新颖性。

我国《专利法》规定："新颖性，是指该发明或者实用新型不属于现有技术；也没有任何单位或者个人就同样的发明或者实用新型在申请日以前向国务院专利行政部门提出过申请，并记载在申请日以后公布的专利申请文件或者公告的专利文件中。"

对能够授予专利权的外观设计来说，"外观设计，应当不属于现有设计；也没有任何单位或者个人就同样的外观设计在申请日以前向国务院专利行政部门提出过申请，并记载在申请日以后公告的专利文件中，授予专利权的外观设计与现有设计或者现有设计特征的组合相比，应当具有明显区别"。

发明创造的新颖性，是该发明取得专利的首要条件。假如你独立做出了一项发明创造，事后发现已有别人先于你做出了同样的发明创造并申请了专利，那么你的发明创造因失去新颖性而无法得到专利保护。如果你仍然生产销售该产品，也将视为对别人的专利权的侵犯，需要承担侵权的责任。为了保证不发生这种"撞车"现象，最好在选题发明之前就进行专利检索，至少在专利申请前要进行专利检索。检索可以通过专利事务所帮助实现，更可以通过因特网查询。只需进入中国专利信息网（网址为 http：//www.patent.com.cn/），很容易就能查到同类发明的专利信息，包括发明名称、发明人、申请人、说明书及摘要等。

② 创造性。

我国《专利法》第二十二条规定："创造性，是指与现有技术相比，该发明具有突出的实质性特点和显著的进步，该实用新型具有实质性特点和进步。"

所谓"实质性特点"，是指发明创造的技术特征同已有技术相比，有本质的差异。这种差异并非技术领域的普通专业人员所能想到的，即具有非显而易见性。

例如，假定你设计一种新型钢笔，只是体积比现有的钢笔大，蓄墨水多，就不具有创造性。因为这种特大型钢笔在书写原理、结构方式和使用方法上与现有的钢笔并无本质差异，且一般设计人员只要按照蓄墨水多的要求便可完成同你一样的设计，这是显而易见的。但是如果你设计的新型钢笔是一种能使清水变墨水的钢笔，一般设计者一时还不清楚你是如何实现这种变换的，则意味着你的设计方案具有非显而易见性，即创造性。

创造性概念中的"进步"，是指技术原理的进步、技术结构的进步和技术成果的进步。功能先进，性能可靠，结构简单，使用方便，有利于提高劳动效率、减轻劳动强度、降低生产成本、改善工作环境等，都是"进步"的具体表现。

具体怎样判断创造性是一个相当复杂的问题。一般说来，凡是开辟一个新领域的发明，在现有技术的基础上加以改进或发展的产品，创造出具有新的技术和经济效果的发明，解决了在工程技术界普遍认为是"老大难"的技术问题的发明，对已知的技术开辟新用途的发明，都可以认为具有创造性。

③ 实用性。

我国《专利法》第二十二条规定，实用性是指"指该发明或者实用新型能够制造和使用，并且能够产生积极效果"。这里的"能够制造和使用"是指在技术上由该专业的普通技术人员能够将该发明付诸实施。

例如，有人发明一种"液体粉笔"，能在普通黑板上写出白字，用普通黑板擦擦拭时完全没有灰尘。这种笔写的字干得极快，无毒，加一次墨水可以写 4 000 ~ 5 000 字。如果将墨水的配方告知本专业的技术人员，很容易就能制造出这种墨水，把这种墨水加入普通的白板笔，就可以使用。而且，只需套上笔套，即使过两三个星期照样能够书写。可以认为，这种液体粉笔具有实用性。但是，如果这种笔几天后由于墨水干得太快，笔头表面凝固成膜，阻断了墨水的流动，以至于不能书写，那么这种笔就不具有实用性了。

至于"能够产生积极效果"，可理解为发明创造应当具有实用价值。例如，有人想发明一种公路铁路两用自行车，既能在公路上骑又能在铁路上骑，这种车显然没有使用价值，因为不仅铁路部门不会允许这种自行车在铁路上骑，即使允许也无法保证安全，当然就不可能"产生积极效果"。

（2）专利申请手续的形式。

仅仅完成了发明创造，是不能自动获得专利保护的，完成了发明创造，只是产生了可以获得专利的权利，只有在申请人或其合法继承人提出专利申请，并且履行了《专利法》及《专利法实施细则》所规定的必要手续，专利申请经审查合格后，才能获得专利权。

《专利法实施细则》第二条规定："专利法和本细则规定的各种手续，应当以书面形式或者国务院专利行政部门规定的其他形式办理。"

依照《专利法》和《专利法实施细则》规定提交的各种文件应当使用中文；国家有统一规定的科技术语的，应当采用规范词；外国人名、地名和科技术语没有统一中文译文的，应当注明原文。依照《专利法》和《专利法实施细则》规定提交的各种证件和证明文件是外文的，国务院专利行政部门认为必要时，可以要求当事人在指定期限内附送中文译文。期满未附送的，视为未提交该证件和证明文件。以面谈、电话、电报、电传、胶片、实物等形式办理的手续，在专利申请、审查程序中均视为未提出，不具有法律效力。例如，有人以打电话的形式申请专利是无效的。

① 专利请求书。

发明、实用新型或者外观设计专利申请的请求书应当写明下列事项：

发明、实用新型或者外观设计的名称；

申请人是中国单位或者个人的，其名称或者姓名、地址、邮政编码、组织机构代码或者居民身份证件号码；申请人是外国人、外国企业或者外国其他组织的，其姓名或者名称、国籍或者注册的国家或者地区；

发明人或者设计人的姓名；

申请人委托专利代理机构的，受托机构的名称、机构代码以及该机构指定的专利代理人的姓名、执业证号码、联系电话；

要求优先权的，申请人第一次提出专利申请（以下简称在先申请）的申请日、申请号以及原受理机构的名称；

申请人或者专利代理机构的签字或者盖章；

申请文件清单；

附加文件清单；

其他需要写明的有关事项。

专利请求书是由国家专利局统一印制的表格，只需按规定填写即可。特别需要提醒的是，应该认真考虑优先权要求、不丧失新颖性要求和费用减缓请求。有此项要求的，应在请求书中写明并提交相应文件。

② 说明书。

说明书应当对发明或者实用新型做出清楚、完整的说明，以所属技术领域的技术人员能够实现为准；必要的时候，应当有附图。摘要应当简要说明发明或者实用新型的技术要点。即发明或者实用新型专利申请人应当按照规定的方式和顺序撰写说明书，并在说明书每一部分前面写明标题，除非其发明或者实用新型的性质用其他方式或者顺序撰写能节约说明书的篇幅并使他人能够准确理解其发明或者实用新型。

说明书应当包括下列内容：

技术领域：写明要求保护的技术方案所属的技术领域。

背景技术：写明对发明或者实用新型的理解、检索、审查有用的背景技术；有可能的，并引证反映这些背景技术的文件。

发明内容：写明发明或者实用新型所要解决的技术问题以及解决其技术问题采用的技术方案，并对照现有技术写明发明或者实用新型的有益效果。

附图说明：说明书有附图的，对各幅附图做简略说明。

具体实施方式：详细写明申请人认为实现发明或者实用新型的优选方式；必要时，举例说明；有附图的，对照附图。发明或者实用新型可以有化学式和数学式。发明或者实用新型说明书应当用词规范、语句清楚，并不得使用"如权利要求……所述的……"一类的引用语，也不得使用商业性宣传用语。

③ 权利要求书。

权利要求书应当以说明书为依据，清楚、简要地限定要求专利保护的范围。权利要求书应当记载发明或者实用新型的技术特征。权利要求书有几项权利要求的，应当用阿拉伯数字顺序编号。权利要求书中使用的科技术语应当与说明书中使用的科技术语一致，可以有化学式或者数学式，但是不得有插图。除绝对必要的外，不得使用"如说明书……部分所述"或者"如图……所示"的用语。

权利要求中的技术特征可以引用说明书附图中相应的标记，该标记应当放在相应的技术特征后并置于括号内，便于理解权利要求。附图标记不得解释为对权利要求的限制。

权利要求书应当有独立权利要求，也可以有从属权利要求。独立权利要求应当从整体上反映发明或者实用新型的技术方案，记载解决技术问题的必要技术特征。从属权利要求应当用附加的技术特征，对引用的权利要求做进一步限定。

④ 说明书附图。

实用新型专利申请说明书应当有表示要求保护的产品的形状、构造或者其结合的附图。发明或者实用新型的几幅附图应当按照"图1，图2……"顺序编号排列。发明或者实用新型说明书文字部分中未提及的附图标记不得在附图中出现，附图中未出现的附图标记不得在说明书文字部分中提及。申请文件中表示同一组成部分的附图标记应当一致。附图中除必需的词语外，不应当含有其他注释。

图的布局。图应当尽量竖向布置，必要时（例如宽度大于高度，而且宽度在14厘米以内，布置不下），允许横向布置。此时应把图的上部置于纸的左边。同一页上还有其他图时也应按横向布置。一幅图无法绘在一张纸上时，可以绘在几张纸上，但应另外绘制一幅缩小比例的整图，并在此整图上标明各分图的位置。

图的绘制。所有线条应为黑色，不易褪色，足够深，不得着色，符合复制要求。不得用蓝图。必须使用绘图仪器绘制。剖视图应标明剖视的方向和被剖视的图的位置。剖视线间的距离应与剖视图的尺寸相适应，不影响图面整洁。图中各部分应按比例绘制。附图的大小及清晰度应当保证在该图缩小到4厘米×6厘米时，仍能清晰地分辨出图中的各个细节。

⑤ 说明书摘要。

说明书摘要应当写明发明或者实用新型专利申请所公开内容的概要，即写明发明或者实用新型的名称和所属技术领域，并清楚地反映所要解决的技术问题、解决该问题的技术方案的要点以及主要用途。

说明书摘要可以包含最能说明发明的化学式；有附图的专利申请，还应当提供一幅最能说明该发明或者实用新型技术特征的附图。摘要文字部分不得超过300个字。摘要中不得使用商业性宣传用语。

（3）专利申请文件及递交方式。

《专利法》第二十六条规定："申请发明或者实用新型专利的，应当提交请求书、说明书及其摘要和权利要求书等文件。"第二十七条规定："申请外观设计专利的，应当提交请求书、该外观设计的图片或者照片以及对该外观设计的简要说明等文件。"

除了提交上述文件外，有时还需提交必要的附件。主要有：由代理人代理申请手续时，要提交代理人委托书。属于发明人或个人申请的，应提交由单位开具的非职务发明的证明文件。

准备好基本的申请文件后，可以向专利局面交或通过邮局寄交专利申请。面交的以面交日为申请日，寄交的以寄出日为申请日。如果信封上寄出的邮戳日不清晰，除申请人能提供证明外，将以专利局收到之日为递交日。所以寄交专利申请的，申请人应将挂号邮寄收据妥善保存。另外，寄交专利申请时，应使用与申请文件相应的大信封，各类申请文件均不应折叠。还应注意寄交专利申请应寄给中国专利局受理处，不应寄给专利局局长或某人，因为只有专利受理处有权审查专利申请是否应予受理，寄给个人的文件只会延误文件的处理，有时甚至给申请人带来不应有的损失。

（4）缴纳专利申请各种费用。

《专利法》和《专利法实施细则》中规定的各种费用，可以直接向国务院专利行政部门缴纳，也可以通过邮局或者银行汇付，或者以国务院专利行政部门规定的其他方式缴纳。需要减缓费用的，按费用减缓的有关规定办理。特别需要提醒申请人注意的是缴纳费用应写明费用名称，以及申请号（或者已获得专利号）、实用新型名称和申请人姓名或名称等。

需要提醒的是，以上规定在网上都可以查到，看起来很简单，实际操作很困难。专利文件的书写格式、具体要求、编写技巧都有相当严格的规定。一般未受过专门训练，不熟悉这方面的事务的人，是难以完成的。此外，专利申请的手续一般的人也不易搞清楚，最好请专利代理人代办。

五、发明成果的商品化

人类创造活动的目的是为了改造自然、服务社会，创造的成果只有应用到生产实践中去，才能真正地为社会提供服务，才能体会创造的价值。正如诺贝尔奖获得者郝非德所说："一个人从事研究的目的可能是为了了解事物，但如果做不出有用的产品，那研究就是一种商业浪费。"那么，怎样才能实现创造性设想的物化，使创造成果变为商品呢？这是每一个发明人都十分关心的问题。

（一）发明创造商品化的基本方式

从总体上看，实用化的方式不外乎两种，即自我开发和技术转让。自我开发就是自己大胆实施自己的发明，像松下幸之助那样"自己的孩子自己养"。这样，一旦成功，获利可观，当然风险较大。技术转让就是把技术有偿转让给使用单位，由该单位将成果变为商品投向市场，同时按合同付给发明人一定的费用。这种方式自己的得利可能少些，但是没有风险。

技术转让方式，可以采用出售和折股投资等形式。

对发明人来说，总是希望对方一次付清转让费，这样所有风险都落到受让方身上。如果受让方实力雄厚，且对此成果的市场前景十分乐观，有充分把握，他会乐意一次付清或分期付清转让费的。

大多数技术成果的转让方式是采用入门加提成的方式，即转让初期先付部分"入门费"，数量由双方商定，其余费用由产品销售后从销售额或利润中提成。这种方式厂家乐于接受，但在产品销售情况不佳或受让方不守信用时，发明人的利益难以得到保证，因此，必须考虑互利互惠、互相制约的方法。

技术入股是目前采用得比较多的转让方法，如果受让方信誉较高且财务制度比较健全、正规，采用技术入股确实是对双方都有利的方法。这时需要特别注意的是：

（1）发明创造的商品化是很难的，必须有充分的思想准备。正如有人说，如果发明构思需要1份功夫，那么拿出样品需要10份功夫，实现商品化则需要100份功夫。千万不能急于求成。

（2）技术转让的合同必须符合《中华人民共和国合同法》的各项规定，必须写明互相制约的条款，特别是违约责任条款。

（3）产品的技术机密在合同没有生效以前，千万不能和盘托出，以免造成不必要的麻烦。

（二）技术转让的基本渠道

（1）在面向工厂企业的报纸上刊登技术转让广告。

（2）向有关企业发送介绍项目的电子邮件或信件。

（3）参加专利技术博览会、展览会、交易会，在会上进行宣传，容易与生产企业直接接触和面谈，成功的可能性较大。

(4) 委托专利中介部门帮助转让。

思考与练习

1. 试比较技术发明与科学发现的过程有何异同。
2. 举例说明，一般技术发明成果无法采用保守秘密方法来保护。
3. 为什么要实行专利制度？什么样的技术方案可以获得专利权？你怎样理解"专利三性"？
4. 申请专利有哪些基本步骤？专利申请文件有哪些？
5. 为什么中国的许多企业对申请专利没有兴趣？为什么说企业间的竞争归根到底是专利的竞争？说说你的想法。
6. 技术发明的商品化有哪些基本途径？你认为用何种途径比较好？

第十章

学校创新教育

当今时代是知识爆炸的时代,随着世界新技术革命的兴起,知识翻番的速度越来越快,知识的陈旧速度也越来越快。据英国技术猜测专家詹姆斯·马丁的测算,人类的学问在 19 世纪是每 50 年翻一番,20 世纪初是每 10 年翻一番,20 世纪 70 年代是每 5 年翻一番,而近 10 年大抵每 3 年翻一番。有人预计,到 2050 年左右,人类如今所掌握的学问,届时将仅为学问总量的 1%。这就是说,走向信息化后的人类社会,将创新出 99% 以上的新学问。因此,以学习知识、积累知识为主要目的的传统教育,日益不能适应时代的要求。学校创新教育刻不容缓。

一、创新教育刻不容缓

(一) 教育的三个层次

原中国发明协会副会长张开逊教授说过,教育应该有三个层次:一是应该让受教育者知道世界是怎么样的,成为一个有知识的人,成为一个客观的人;二是应该让受教育者知道世界为什么是这样的,成为一个会思考的人,成为一个有理性的人,成为一个有分析能力的人;三是应该让受教育者知道怎样才能使世界更美好,成为勇于探索创新的人。因为只有探索才能为人类增加新的知识,只有创新才能给世界带来新的幸福的美。创新是教育的最高境界和最终目的。

信息技术的飞速发展,特别是计算机网络技术的发展,将使人们得到知识、储存知识变得容易,难得的是好的创意。这是无法用任何先进的计算机取代的。

事实上,早在 20 世纪 30 年代,现代著名教育家陶行知先生就认为,创造是一个民族生生不息的活力,是一个民族文化中的精髓,并提出"人人是创造之人,处处是创造之地,天天是创造之时"。可惜未能具体实施。

近代著名的儿童心理学家让·皮亚杰(Jean Piaget)也说过,教育意味着培养创造者……而不是只会踩着别人脚印走路的人。

但是,并非所有的教育都能有效地培养创新精神和创新能力,正如联合国教科文组织国际教育发展委员会在其著名的教育问题报告《学会生存》中所指出的,"教育既有培养创造精神的力量,也有压抑创造精神的力量"。教育要"保持一个人的首创精神和创造力量而不放弃把他放在真实生活中的需要;传递文化而不用现成的模式去压抑他;鼓励他发挥他的天才、能力和个人的表达方式而不助长他的个人主义；密切注意每一个人的特性，而不忽视创造也是一种集体活动"。

（二）创新教育早已成为国际潮流

当前与未来世界科技、经济的竞争，归根到底是国家之间创造创新能力的竞争，是国家创新性人才的竞争，是民族创新精神的竞争，也是人的创新思维和相关创新品质的竞争。社会中的所有人，都应自觉、努力和有效地进行创新，在创新的发展过程中更加重视知识的生产、传播和应用。目前在发达国家中，创新思维的教育与培训已得到普遍重视，其中，高等院校和研究机构的重要性日益突出。

从历史上看，创新教育起源于20世纪30～40年代，兴起于20世纪60～70年代，普及推广于20世纪80～90年代。美国哈佛大学早在20世纪50年代就把创造学列为学生的基础教学课程。美国各类大学不但普遍开设了"创造学"和"创新力开发"等课程，还应用创新思维的系统理论对工、理、文、管理等学科的200余门专业课程内容进行了修改。在中小学，不但要求学生掌握课堂传授的知识，而且重视培养其学习能力、动手能力、好奇心和独立思考能力，最大限度地发挥学生独特的想象能力和创造力。同时军政机关和大中企业也开设了创新性思维的培训科目，从而形成了较完善的创新教育体系。

我国至今没有把创新学列入学科目录。因此，大力提倡和实施创新教育，改革我国现有教育体制和教育方法，具有非常重要的现实意义和深远的历史意义。

二、创新教育概述

（一）创新教育的定义

国内外学者曾从不同的角度对创新教育做了不同的解释。有的从培养人才的角度将创新教育定义为是培养创新型、开拓型人才的教育；有的从开发人的能力方面说，创新教育是开发人的创新力的教育；有的从解决问题的领域说，创新教育是培养创新性地解决模糊领域问题的能人好手的教育；还有的从基础特点方面说，创新教育是为教育对象实施发明打基础、做准备的教育。

笔者认为，所谓创新教育，就是依据创新规律来开发人的创造力、培养创新型人才的教育。

（二）创新教育与传统教育的主要区别

1. 教育目的

创新教育重运用知识，传统教育重掌握知识；创新教育强调学生提取、加工信息的能力，传统教育强调学生储存、积累知识和信息的能力；创新教育注意培养解决模糊领域的问题的人才，即"生产知识者"，传统教育注意培养解决精确领域的问题的人才，即"知识生产者"；创新教育强调变动和发展，培养"创新型""素质型"人才，传统教育强调模仿与继承，培养"应试型""知识型"人才。

2. 教学方法

创新教育重启发，传统教育重传授；创新教育提倡学生探索众多的设想方案，需要学生进行选择与决策，传统教育给学生以现成的、唯一的标准答案；创新教育着重学生的发散思维的训练，传统教育着重学生的集中思维的培养。

3. 学习方法

创新教育重发现，传统教育重接受；创新教育注重使学生主动地获取知识，传统教育注重让学生被动地接受知识。

4. 过程评价

创新教育强调教学的差异性，是对学生进行高标准的选择性突破，传统教育强调教学的统一性，是对学生进行低标准的全面平推；创新教育注重学生对未来社会的应变能力，传统教育强调学生对当今社会的适应能力；创新教育着重学生学习的思维过程和实践过程，是"过程性教育"，传统教育重在人类思维的结果，提供结论性的东西，是"结论性教育"。

总之，创新教育强调知识是创造的基础，鼓励学生主动探索，重发散思维，学有特色，其目的是培养学生的好奇心、创新意识、创新思维能力、创新毅力和创新技法。

（三）创新教育的主要内容

创新教育的主要内容包括人格教育、兴趣教育、思维教育、发现教育、发明教育、信息教育、学习教育、艺术教育、未来教育、个性教育等十个方面。

1. 人格教育

人格教育的目的是培养学生健全完整的人格。

创新能力与人格有着非常密切的关系。人格中的各要素均具有两重性，既可以向有利于创新能力发展的方向发展，又可以向不利于创新能力发展的方向发展。有利于创新能力发展的良好的人格要素，人们称为"创新性人格"；而若形成一些不好的人格要素，则会阻滞个体创新能力的发展。从创新教育的角度来说，良好的人格作为人的创新能力发展的动力，塑造好的人格特征，对今后从事创新活动、取得事业的成功具有重要作用。

人格是指人的性格、气质、能力等特征的总和。人格完整指人格构成诸要素，如气质、能力、性格、理想、信念、人生观等方面平衡发展。人格健全的学生，所思、所做、所言协调一致，具有积极进取的人生观，并以此为中心把自己的需要、愿望、目标和行为统一起来。爱因斯坦说过："一个人智力上的成就很大程度上取决于人格的伟大，这一点往往超出人们通常的认识。"积极进取、奋发向上、百折不挠的人生态度，勇于实践、勤学好问、谦虚诚实的个性品质，远大的理想和脚踏实地的敬业精神都有助于创新潜能的开发。

人格教育应当特别注意帮助学生树立正确的人生观和价值观。

歌德说："你若喜爱自己的价值，你就得给世界创造价值。"日本物理学家、诺贝尔奖获得者汤川秀树也说过："人存在的意义在于创造。"应当让学生理解和亲身体会到，对发明创造者而言，工作便是一种无与伦比的享受。发明的目的不仅在于赢得名声和财富，重要的是展示人生的价值，是为社会和人类造福。这是一种最崇高的生活动机。当然，发明

创造的成功者在受人敬重的同时,也可得到名声、财富或者地位,那是劳动的报偿。

2. 兴趣教育

兴趣是人的精神对特定对象或某种事物的喜爱和趋向,是人在探索、认识某种对象的活动中产生的一种乐趣。这种乐趣能够使人们得到极大的满足,从而促进人们注意力高度集中,达到忘我的程度。

达尔文说:"我一生主要乐趣和唯一职务就是科学工作,对于科学工作的热心使我忘却或者赶走我的不适。"居里夫人说:"科学的探讨研究,其本身就含有至美,其本身给人的愉快就是报酬,所以我在我的工作里面寻得了快乐。"巴甫洛夫说:"感谢科学,它不仅使生活充满快乐与欢欣,并且给生活以支柱和自尊心。"假如一个人对科学创造毫无兴趣,必然视学习为畏途,不可能有如醉如痴、废寝忘食、战胜一切困难的精神和劲头。

学习是人接受教育、认识世界、探索未知的过程。兴趣是推动人学习的内在动力,当人对某一事物发生强烈的兴趣时,注意力集中,思维积极活跃,最容易接受外界的教育。

3. 思维教育

创新性思维教育的重点是加强对学生各种思维技巧的训练,特别是想象能力、联想能力、发散思维能力的训练。传统的教育观念束缚了孩子的想象空间,中国教育的解放必须从解放孩子的好奇心开始。

创新能力的强弱首先取决于创新性思维能力的强弱,所以加强对学生创新性思维的教育、培养和训练是十分重要的。养成良好的思维习惯,对任何问题都自觉地考虑尽可能多的解决方案,从中选择最佳方案。

在思维教育的过程中,对学生的"异想天开"要多鼓励、多赞扬,引导他们敢于想他人之未想,做他人之未做。这样他们的创新欲望才会被激发起来。要让学生多动脑、多动手、多参与、多操作,在认识的基础上探索规律;应鼓励学生一题多解、一问多答,摆脱传统观念和思维定式的束缚,标新立异,提高发散思维能力。

青少年的想象力是很丰富的,但往往是面广而不深入,情节简单而不稳定,夸张性大而创造性不强,因此需要加以正确的引导和培养。要创设激发想象力的氛围,给学生提供自由创造的机会,丰富学生的生活,提供尽可能多的感性材料。

4. 发现教育

发现教育的目的是培养学生积极探索求知的精神,以及发现新事实、新规律、新问题、新需求、新机遇的能力。

发现教育就是要培养学生强烈的好奇心、旺盛的求知欲和敏锐的洞察力,对任何问题都要问一个"为什么",把探索科学的奥秘作为终身的追求,善于"同中求异"和"异中求同",从观察到的大量事实中找出问题的关键所在。要通过发现教育让学生知道,世上还有许多事物的规律尚未被人们所认识,等待他们去观察,去调查,去探索,去发现。

5. 发明教育

发明教育的目的是培养学生提出新设想、构造新事物的能力。发明教育要通过大量发明事例的介绍,破除学生对发明的神秘感,相信自己有创造发明能力。要教会学生掌握若干发明的技法,特别是缺点列举法、移植法、检核表法等。要创造条件,使学生在科技小发明、小制作实践活动中不断提高构思和动手的能力,鼓励学生参加各种形式的发明比赛。要教育学生善于利用前人的发明成果和发明方法做出自己的发明成果。

6. 信息教育

信息教育也叫情报教育。创造发明必须以一定的信息为基础。信息教育就是培养学生获取、整理、储存和运用信息的能力，教会学生充分利用报刊信息、网络信息、视频信息、专利信息和市场信息，进行信息的分析、加工和重组，为创造活动服务。

现在老师和家长都很担心学生上网影响学习，互联网以独特的魅力吸引着广大青少年。调查显示，93.5%的青少年表示对网络感兴趣，并有11.4%的青少年认为"很长时间不上网是令人难以忍受的"。因此，如何引导学生正确上网十分重要，可以采取以下方法进行：

（1）规范教学行为，正确引导学生使用网络。
（2）培养信息辨别能力，提高学生网络学习的质量。
（3）努力规范网络行为，加强学生自控意识。
（4）经常推荐一些积极健康的网站。

7. 学习教育

学习教育的目的，就是教会学生怎样有效地去捕捉知识，掌握学习的方法和技巧。

基础知识对于创造性无疑是重要的。牛顿的苹果落地、爱因斯坦的光速飞行，这些思想火花如果没有必要的数学、物理知识作为基础就会熄灭。灵感只会光顾那些有准备的头脑。而所谓准备，也包括知识准备。但是由于知识总量在不断膨胀，过分强调基础知识，50岁也上不完大学。知识多的人，如果没有创造欲望，就成了"两脚书橱"，而有创造欲望的人知识少一点不怕，他会迅速地去捕捉知识。

著名科学家钱伟长说过："我们必须改变那种认为只有通过老师教才能学到知识的陈旧的教育思想，要使学生从'不教不会'变为'无师自通'的人。"著名文学家叶圣陶也说过："教是为了不需要教。"可见，只有通过学习教育，培养学生的自学能力，才能使学生成为"无师自通"的人，成为知识的主人。

随着网络技术的不断发展，通过网络进行学习将成为最方便、最有效的学习途径。

8. 艺术教育

艺术教育是要提高人们对美的感受和理解，培养对艺术的表现力和创造力。艺术教育必须进行必要的技术训练，不能停留在单纯的知识传播、感受音乐、鉴赏音乐上，而是必须掌握一定的技能。

历史上许多伟大的发明家同时也是艺术家。例如，我国东汉时代的张衡，不仅是地动仪和浑天仪的发明者，也是伟大的天文学家、文学家、史学家、哲学家和画家。意大利的达·芬奇，更是一位集科学和艺术于一身的伟大的创造者。他不仅是著名的科学家、工程师、发明家、艺术家、雕塑家，在军事、建筑、水利、土木和机械等方面也都有所建树，他还是音乐家，并且曾经被认为是第一流的男高音歌唱家。

著名的科学家钱学森常说，他在科学上之所以取得如此的成就，得益于小时候不仅学习科学，也学习艺术，培养了全面的素质，因而思路开阔。在美国加州理工学院学习和工作期间，钱学森除了参加美国物理学会、美国航空学会和美国力学学会之外，还参加了美国艺术与科学协会。他曾多次感慨："在我对一件工作遇到困难而百思不得其解的时候，

往往是夫人蒋英的歌声使我豁然开朗。"是的,科学和艺术是永远连在一起的,诚如钱老说的,"这些艺术里所包含的诗情画意和对人生的深刻的理解,丰富了人们对世界的认识,学会了艺术的广阔思维方法。或者说,正因为受到这些艺术方面的熏陶,所以才能够避免死心眼,避免机械唯物论,想问题能够更宽一点、活一点"。

事实证明,在创造活动中,科学会促进艺术,艺术也会促进科学。因此,卓越的科学家都有很强的艺术观念,艺术家也很重视科学。正如福楼拜所说:"越往前进,艺术越要科学化,同时科学也要艺术化。两者从山麓分手,回头又在山顶会合。"

艺术教育十分有利于学生创造才能的发展。学校应大力加强音乐、美术等课程的教育,组织多种艺术活动,激发学生的艺术想象力、表现力和创造力。不是艺术专业的大学生,应有意识地多参加一些艺术讲座和丰富多彩的文艺活动,培养艺术素养,促进创造力的开发。

9. 未来教育

邓小平同志曾高瞻远瞩地指出:"教育要面向现代化,面向世界,面向未来。"未来教育的目的是让学生树立面向未来的思想,了解人类社会未来的发展趋势、希望和问题,了解中华民族所面临的机遇和挑战,了解未来社会需要什么样的人才,使学生增强使命感和责任感,改变原有的思维方式,明确今后的前进方向,为创造美好的未来、为中华民族的全面复兴而努力学习。

在未来的一二十年中,新技术、新材料、新能源将以更高的速度突飞猛进。例如,新技术方面,细胞融合技术、基因重组技术、微生物培植技术、生物工程、"克隆"技术的突破,将会导致一场"农业大革命";新材料方面,超强度轻金属的开发,以及超大规模集成电路、超导体、光纤、新型陶瓷结构材料、立方氢化硼、人造金刚石、超硬材料的突破和应用,将为机电工业、金属切削业开辟新的天地;新能源方面,再生能源代替石油,水分解成氢和氧燃料,以及太空发电燃料、雷电得到贮存等将不断取得成功并进一步得到推广应用。

列举以上未来发展趋势,主要是要说明我们必须重视未来。我们的教育应该面向未来。现在的学生只学习历史课,而不学习未来学是不恰当的,应当对学生进行未来教育,树立远大的理想。

10. 个性教育

个性教育就是通过开展各种各样的活动,及时捕捉学生在自由选择的活动中显露出来的闪光点,即发现学生的智慧潜能和创造力并加以鼓励和培养,使学生的个性得到充分、和谐、健康的发展。

我们要求学生全面发展并不等于均衡发展,更不等于培养标准件。

事实证明,各种不同类型的创新型人才,其知识结构是不同的。我们不能要求作家韩寒同时成为数学尖子,也不能要求孙扬同时成为物理学家。这既无必要也很少可能。

学生正处于成长阶段,所有教育工作者都要懂得爱护、尊重和激发学生的主动性、积极性和独立性,把培养积极进取、各具特色的个性作为教育中的一项重要任务来抓。在保证基础知识教育的前提下,使学生的个性得到充分、自由的发展是培养创新型人才的最有效的途径。

三、实施创新教育的关键

实施创新教育是一个系统工程,应该从创新教育的教学目的、教学内容、教法与学法、教师队伍的建设、创造性思维与创造个性的培养,以及学业成绩的考评等方面来着手。

(一) 转变教育管理者的观念

教育行政部门和管理者是整个教育系统的掌门人,教育政策主要由他们制定,教育举措主要由他们批准,教育资源主要由他们分配,如果他们缺乏创新观念,是不可能实现由应试教育到素质教育的实质转变的。教育管理者必须深入教育第一线,了解素质教育、创新教育的现状,大力宣传中央有关培养创新型人才的重要性和必要性,组织创新教育的专家,制订出切实可行的创新教育方案。因此,加强教育管理者的创新意识及观念转变是最重要的关键。

实施创新教育,首先要明白创新教育的教学目的、内容和方法。传统教育一直注重知识的传授和继承,把学生当作知识的存储器,似乎每一个学生都应当成为"百科全书式"的人物,而往往忽略了知识的应用和创新力的培养。创新教育的目的是要培养和提高学生获取、优化、处理、吸收、利用和交流信息的能力,让学生尽快形成有利于创新活动的最佳知识结构,掌握行之有效的创新技法,使他们具备创新精神和创新个性,成为全面发展的、适应时代要求的创新型"育才之才"。

创新型人才的培养还有赖于制度创新,需要营造有利于创新人才培养的制度环境。与发达国家相比,我国高等教育存在创新活力不足的弊端。要从根本上解决问题,必须从制度建设着手,而变革旧的教育管理制度和人才培养模式,需要教育管理者转变观念,积极构建有利于创新人才成长的制度体系。要突破体制性制约,在招生、学生培养等环节进行综合改革,不断完善人才的选拔机制和培养模式;要通过制度保障推动创新教育,促进学生的创新力培养和人格培育。

(二) 改革考试的内容和方法

考试是中国教育的指挥棒,如果升学考试有创新内容的试题,就可以促使教师在教学中启发学生去思考,用所学知识解决具体问题,达到提高学生创新能力的目的。例如,小学数学面积计算能否考"某学校有长150米、宽100米的地块,请设计出400米标准跑道和绿化、美化的方案"?中学物理能否考"光电效应还能用在哪里?""怎样使雨伞自动收拢?"化学能否考"怎样使罐头自动发热?"

长期以来,我国教育普遍存在重专业课程考试,轻素质能力评价的情况,要实施创新教育,注重培养学生的创新个性,注重学生的发展,注重学生的个体差异,则要改革评价体系,改革考试内容和方法。

(三) 必须大力培养具有创新精神及实践能力的校长和教师

实施创新教育,急需具有创新精神及实践能力的好校长。"具有创新精神及实践能力"

的校长必须真正认识到由应试教育向素质教育转化的必要性，必须掌握创新教育的基本理论和方法，必须敢想、敢干，勇于开拓，积极组织和参加创新教育的实践，带头进行教育科学研究，带领广大教师摸索出一套培养创新性人才的途径和方法。创新教育的各种方法和措施，都需要教师去实施，因而，教师在创新教育中占有主导地位。

这里需要特别指出的是，不管是大学、中学还是小学，创新教育绝不是少数创造课、劳技课教师或某些教改试点课教师的任务，而是全体教师共同的历史使命。在学生德育、智育、体育和美育中都要贯彻创新教育的精神，培养学生的创新思维能力。

在创新教育中，要教育不同层次的学生既保持对科学文化基础知识的学习积极性，又有能独立寻找解决任务办法的探索研究积极性和解决新问题、提出新设想、构造新事物的创造积极性。学生的创造积极性可以理解为学生运用新的方法克服困难的一种意图，用新的方法完成学习任务的一种能力。学生创造积极性的标志是：新颖，独特，不落俗套，打破传统，别出心裁，合理化，有价值等。学习、探究、创造这三种积极性常存在于学生的学习活动中，互为条件，互相作用，相辅相成。

这三个积极性来源于一个共同的基础，那就是对科学的兴趣。而这种兴趣首先来源于教师的教学内容和教学魅力。学校创新教育也应当改革教学课程和内容。

因此，我们必须组织创新教育的专家，潜心研究世界创新教育的成功经验，结合中国的具体情况，将创新教育全面融入我国教育系统，培养大批具有创新精神与实践能力的校长和教师，利用电视教育、网络教育等现代科技手段分期分批地对现有的校长和教师进行大规模的教育培训，在尽可能短的时间里将创新思维融入每一位教师的教学系统中。

四、早期启蒙创新教育

（一）早期启蒙创新教育的意义

研究人类智力开发的精神分析理论提出，早期教育带给人们的影响是深刻的、永远的。美国学者本杰明·布鲁姆指出，根据对 17 岁青少年所测得的智力来看，大约 50% 的智力发展是在胎儿期到 4 岁获得的；30% 是 4～8 岁获得的；20% 左右是在 8～17 岁时完成的。换言之，智力在人生的最初 4 年的发展水平相当于随后（5～17 岁）13 年的发展水平。科学心理学对于早期教育的研究表明，在个体成长的早期，仅仅一段很短的时间所得到的经验会使一个人以后的行为受到重要的且长期不能改变的影响。现在许多国家的研究成果指出，儿童的心理和生理发展的可能性要比人们所估计的高得多。因此，培养创造性要从早期抓起。

早期启蒙创新教育的意义深远：一、可以促进智力发展，二、可以使个性完整，三、可以增加知识量的积累。德国教育家卡尔·威特说过，对儿童的教育必须同孩子的智力发育同时开始。他相信，凡是这样做了，就是连只具备一般素质的孩子，也能成为不平凡的人才。

再从人脑的重量来看。成年人脑重量平均数约为 1 400 克。初生婴儿平均脑重量约为 390 克，1 岁时达到 950 克左右；2 岁时达到 1 050～1 150 克；7 岁时达到 1 200 克左右；到 9 岁时，已达 1 350 克左右，基本上已接近于人脑重量平均数。从这里可以明显看到 7 岁时是个关键期，此时大脑的发育已基本趋于完成。到 14 岁时就已和成年人的脑重量基本相等。

由此可见，早期是孩子智力发展的"黄金时代"。进行早期创新教育很有必要，并且意义重大。

早期教育对创新人格的培养也很重要。

1987 年，75 位诺贝尔奖获得者在巴黎聚会。有人问其中一位："您在哪所大学学到您认为最重要的东西？"那位老人平静地说："是在幼儿园。""在幼儿园学到什么？""学到把自己的东西分一半给小伙伴，不是自己的东西不要拿，东西要放整齐，吃饭要洗手，做错事要表示歉意，午饭后要休息，要仔细观察大自然。从根本上说，我学到的最重要的东西就是这些。"

（二）学龄前儿童创新能力的特征

1. 学龄前儿童具有创造力和想象力

教育工作者和家长掌握学龄前儿童创新能力的特征有助于自觉开发儿童的创造力。无数事实表明，学龄前儿童的想象力和创造力是丰富的。文学巨匠鲁迅曾经十分惊异地说："孩子是可以敬服的，他常常想到星月以上的境界，想到地面下的情形，想到花卉的用处，想到昆虫的言语；他想飞上天空，他想潜入蚁穴。"美国心理学家马斯洛说："几乎任何一个孩童都能在没有事先计划的情况下即兴创作一支歌、一首诗、一个舞蹈、一幅画或一个剧本、一个游戏。"在他们看来，创造与想象近乎人的本能：无拘无束地放飞创造与想象，本是孩子们的"专利"。

孩子们常常能自发地找到与成人不同的思考角度。如，有的孩子吃完饭，把小碗儿扣在头上。在孩子的眼里，小碗儿和帽子的外形是相似的，可成人不理解他，认为他淘气。但孩子的想象既然是自发出现的，就有可能自发地消失。另外，孩子的这种思维还不属于高水平的创造。家长如果不注意有意识地培养，随着逻辑思维的发展，孩子很可能逐渐丧失这种观察问题和表达思想的灵活角度，也不能将这种想象力向深度发展。

2. 学龄前儿童创造力的特征

德国心理学家海纳特认为，一般的学龄前儿童，在正常的发展条件下，他们的创新能力特征有以下几点：

（1）儿童生活在心理上松弛的阶段，为获得、发挥创造力提供了最理想的先决条件。

（2）儿童把周围环境当作新的东西来体验和发现，不受经验思维习惯和下意识动作的影响。

（3）他们比学龄儿童更容易结合成整体，更加团结。

（4）儿童的身心专注于世界，把世界与自己视为一体，因此他们总是忙碌的。

（5）儿童还未受到逻辑思维的专门训练，因而他们创造思维（发散思维）的能力较强。

（三）学龄前儿童创新教育的原则

学龄前儿童教育的重点首先应放在对事物的浓厚兴趣和创造性思维习惯的培养上，特别注意孩子的非智力因素的培养。

学龄前儿童创新教育应坚持如下原则：一是游戏原则。游戏应是学龄前儿童的主导活动。二是科学性原则。不论是开发创造力还是培养习惯，都要遵循儿童身心发展的规律和儿童认识世界的规律。三是成功的原则。学前教育应该是百分之百的成功教育，教师应该时时注意保护、滋润每一个孩子刚刚萌芽的自尊心，使儿童经常体验到成功的快乐。

（四）早期启蒙创新教育的方法

如何对幼儿进行创造能力培养呢？迪·施韦尔特在《把培养创造能力作为学前教育的目标》一文中提出以下几点。

1. 要为幼儿提供丰富的感性认识，即多看，多听，多观察

创造性思维活动是凭借感性材料进行的。新的形象、新的设想都不是凭空而来的，而是对旧表象进行选择、加工改组构成的。幼儿没有去过各种各样的公园（或看过"公园"的图片、影像电视），就很难在建筑"公园"的游戏中发挥创造性。同样在绘画中，如果幼儿没有丰富的感性材料，就不可能画出丰富多彩的图画来。因此，教育者要有目的、有计划地组织幼儿观察周围的自然现象和社会现象，要引导幼儿多看图书、图片，多听故事、诗歌和音乐，多观看舞蹈和各种表演，扩大幼儿的知识范围。

2. 要经常对幼儿提出一些问题，并引导他们设想新的解决办法，即多提问、多启发、多引导其产生新办法、新形象

有位教师让幼儿画了张"过节"的图画，她除了教给幼儿一些必要的技能和看一些范例画之外，还注意启发幼儿联想过去生活中"过节"的各种情景，回忆曾经在图书上看到的过节景象，随后要求幼儿画一张自己喜爱的"节日"图画。幼儿们兴高采烈地进行构思：有的画许多小朋友看歌舞表演；有的画几个小朋友穿了新衣服，抱着新玩具；有的画弟弟放鞭炮……这些图画尽管比较简单，但不离开主题又各具特色，都能体现创新的精神。

3. 要让幼儿多进行实际操作，以使思维物质化

让幼儿动手多操作，还可以使他们看到自己创造的成果，体会到创新的乐趣，进一步发扬创新精神。有个幼儿班的孩子们做《食堂》游戏，他们自己用积木搭建了"煤气灶"，用橡皮泥捏成了"自来水笼头"，用"T"字形的小树枝做水龙头的"开关"等，实际的操作，使幼儿创新思维的结果物质化了，有直观的实际效果。

除此以外，为了发展孩子的想象力，家长应当经常鼓励孩子从不寻常的角度去看问题。如问孩子：本子除了用来写字，还能用来干什么？从小鸟的外形，你能发现什么？把自己的思想以一种不寻常的视觉图景来表达的倾向，可以说是具有很高创造潜力的人的一种特别重要的标志。如果让他们画一幅画，他们往往就不会用大多数人所习惯使用的静止的、垂直的、水平的、寻常的角度来表达自己的想法，而常常表现出不寻常的角度、不同的距离和不常见的方位、关系，如高出水平线上、低于水平线下等。有一些证据表明，有创新思维的人在视觉化时，要比其他人更善于透过表面对事物内在的活动给予更多的关注。

【例 10-1】

家长可以经常鼓励孩子从不同寻常的角度去想象:
(1) 做一种帽子样的灯罩。
(2) 做一种像书本一样可翻页的饼干盒。
(3) 做一条蝴蝶形状的手帕。
(4) 画一只从飞机上往下看到的大象。
(5) 画一朵从下往上看到的花。
(6) 画一只四脚朝天躺着的小猪。
(7) 想象一台洗衣机内部的工作状态。
(8) 想象一个从地底下发芽的土豆。
(9) 想象半透明的毛毛虫的内部器官。

【例 10-2】 一个幼儿的创造

美国的幼儿园,竟然也布置"创造作业",要孩子想出别人没有想到的东西。一个孩子举手说,我的鼻子经常会流鼻涕,每次掏手帕麻烦死了。要是把手帕缝在衣袖上,每次擦鼻涕只要用衣袖一拉就可以了。在成人看来,这似乎是毫无用处的、幼稚可笑的,但是,老师立即给予表扬。这不正是在培养创造意识吗?

五、学校各阶段的创新教育

学校是造就创新性人才的主要基地。现代的创造发明人才,特别是科学技术领域中杰出的创新型人才,绝大多数是通过各种学校培养出来的。有人对《物理学大辞典》所载的 146 名著名物理学家进行统计,其中 80% 以上受过不同程度的学校教育,5% 是自学成功者。对于著名的天文学家、化学家的统计也基本相同。我国化学家杨石先上小学的时候,由于化学老师辛勤辅导他做了大量的化学实验,他同化学结下了不解之缘。美国著名的实验物理学家迈克尔逊上中学时,校长培养了他对科学的兴趣,发现他的实验才能后就培养他掌握实验技能,促使他走上了成才之路。教育是造就大批富有创新性特征人才的主要途径。

(一) 学校创新教育的基本形式

创新教育在各个层次、各个环节、各类学校中实施的形式、方法虽不同,但其基本的途径有三条:第一条是课堂教学,第二条是课外活动,第三条是社会活动。

1. 课堂教学

学校工作是有目的、有计划、有组织地培养人的工作。它能根据一定的社会需要,按照一定的方向,用最少的时间,花费最少的劳动,选择适当的内容,采用最科学的办法,

对人进行教育和训练，使人的创新力得到最科学的开发和培养。

学校最基本的组织形式是课堂教学，这是目前和今后教育的主要形式和阵地。创新教育的课堂教育应根据培养创新型人才的教学目的来组织教学过程，安排课程和教材，选择教学方法和评价方法。

各课程的教学中，背记一些基本定理、原理、公式等是必要的，但是，美国教育家菲利普（P. J. Philip）在研究中发现，在教学实践中，学生往往可以记住10%他们所读到的、20%他们所听见的、30%他们所看见的、50%他们所听见且看见的、70%他们所说过的和90%他们所在做一件事情时所说过的。

课堂上，要创造良好的教学情境，发挥学生的主动性，让学生爱学、乐学。将学习过程由"吸收—储存—再现"转向"探索—研讨—创造"，不但教给学生各门课程的知识，更要教给学生"发现问题—提出问题—分析问题—解决问题—发现新问题"的能力。要发掘学生的潜质，教师必须退隐为"导演"，把活跃在舞台上的主动权交给学生，创设软性情境，让学生大胆质疑，鼓励他们主动上台演练。集中贯穿"以情励学、以趣激学、调动参与、启迪创造、注重内化、求精求活"的原则。

2. 课外活动

课外活动是开展创新教育的重要场所。课外活动的优点是可以将课堂上学到的知识运用到实际，可以发展学生的个性，锻炼学生的独立思考能力和动手能力。

江苏省启东市大江中学创新学教师、全国著名的科技辅导员张家生老师，十多年如一日，把全部精力用到了学生的创新教育上，取得令人佩服的成果。他有一句名言："第一课堂学知识，第二课堂出人才。"

十多年前，上海闸北区和田路小学开设了许多类小发明、小创造方面的知识讲座，学生好像突然开了窍，小发明接连不断，许多作品在国内外评比中得了奖。由这所学校的学生发明的"多用升降篮球架"被多家工厂采用并投入生产。事实证明，在课外活动中，学生可将课堂上学到的知识和技能运用于实际，可以发展学生的兴趣爱好，锻炼学生独立思考的能力，培养学生的创造力。

3. 社会活动

进行创新教育的社会活动有狭义和广义之分。狭义的社会活动是指学校之外的活动，广义的社会活动包含学校内开展的课外活动和校外活动。课外活动是指举办多种不同层次的学术报告会、科技论文大赛、数学模型竞赛、电子设计竞赛、手工艺术创作大赛、科技小发明大赛。校外活动指参加社会实践活动，从社会实践活动中了解需要解决的课题和问题，从解决问题中锻炼学生的创新能力。实施创新教育不仅仅是学校的事，也是全社会的事。在社会发展和技术进步过程中，会有许许多多等待人们解决的问题，如果能在社会活动中实施创新教育，则既能服务于社会，又能培养学生的创新力。

江苏省南京市领导十分重视中小学生的科学教育和创新教育，他们成立了中小学科技教育讲师团，建立了中小学校外科技教育基地（包括紫金山天文台、南京地震科学馆、南京中山植物园、南京航空航天馆、南京地质博物馆、古生物标本展览馆等14个基地），做了大量工作，有力地推动了全市中小学生科技教育和创新教育的发展。这种做法值得推广。

这里需要强调的是，学校创新教育不能只对极少数学生开设，而必须面对全体学生。学校创新教育也要因材施教，可以分三个层面：

（1）面向全体学生的普及教育——吹沙见石；

（2）面向有明显创新特质的人才的重点教育——点石成金；

（3）面向已露头角的尖子人才的特别教育——让金子发光。

（二）小学的创新教育

当儿童进入小学时，儿童的创新力也进入了一个新的阶段。我国心理学家的研究指出，在学校教育的影响下，儿童的创造性想象有一定的发展，他们能够创造出许多别出心裁的东西，这一般表现在他们的一些作品中，如自编故事、图画、作文等。小学生的创新性思维在教学的影响下也有一定的发展，如解复杂的应用题时，一种算法做不通，能立即转换思路，考虑新的算法。

小学创新教育的主要任务是：培养学生的观察能力，点燃学生的好奇心之火；发展学生的言语能力；形成自由发表见解的学风；开阔学生的视野，丰富学生的知识；引导学生进行创造性想象；组织学生参加实践活动；实施启发式教育，发展学生的探究性。

1. 培养观察能力，点燃好奇心之火

好奇心是创新的出发点、推动力，也是毅力和耐心的源泉。小朋友普遍有一种好奇心，时常爱问"这是什么""那是为什么"的问题。老师要重视、肯定、保护学生的好奇心，鼓励学生用心思考。

西方发达国家十分重视从小就培养孩子的观察能力，重视培养学生的好奇心。

法国小学一年级就设置"发现世界"课程，让儿童初步了解人类生活环境、物质和物体、人体结构。三年级开始设置"科技课"，内容包括生物、人体生理卫生、天文、地理、能源、材料和技术操作，以及计算机应用和软件知识。

美国学校教室的四个墙角全是实物堆成的科学角，有激发生物角、自然科学角、数学角以及图书馆角等。这些实物激发了学生强烈的学习兴趣，看起来显得凌乱，其实正是学生凭着兴趣与好奇心，随学随用的结果。比如生物角，如果是在春天，就堆有种子，学生可以自己种，亲自观察植物是怎样生长的，并每天主动浇水、做观察记录；如果是在孵卵季节，角落里又会放有鸡蛋、鸭蛋、鹅蛋……灯光、温度、湿度全由学生们控制，他们计算孵化时间，观察其发展变化。

【例 10-3】 一堂生动的"蚯蚓课"

美国的小学十分重视学生观察力的培养。有一所小学，老师给三年级学生上关于蚯蚓的课，他的上法是我们难以想象的。

老师一开始就把带来的许多活的蚯蚓放到教室的地上，让它们满地乱爬。然后要学生观察蚯蚓具有什么特点。

一个学生说："我发现蚯蚓会爬。"老师说"好！"另一个学生说："蚯蚓没有腿，不能叫爬，应当叫蠕动。"老师说："很好。"又一个学生说："我发现蚯蚓的身体上有环状

的花纹。"老师又说："你观察得很仔细。"一个学生高兴地说："我用舌头舔了一下，发现蚯蚓是咸的。"老师说："你的胆子比我大。"又有一个学生说："我用细线把蚯蚓扎起来，然后咽到肚子里，过一会儿再把它拉出来。发现蚯蚓还活着，这说明蚯蚓的生命力很强。"老师激动地说："好！你有为科学献身的精神，值得我学习。"最后，老师进行了小结，一堂课上完了。

学生从头到尾都是观察，老师则是一次又一次地表扬。这节课给学生留下的印象，将令他们终生难忘。

课堂教学中激发小学生的好奇心，就是要变学生被动受灌输为主动想学。例如，老师讲授"圆的周长"一课时，课前可先让学生分别量出自己选择的圆形实物的直径和圆周长度。上课后，学生报出直径，老师马上报出该圆的周长，一连几次试验，学生发现老师报出的圆周长与他们量得的数据基本一致。这下学生们奇怪了，好奇心驱使他们急于知道老师是怎么知道圆的周长的，这样教学效果就一下子好起来了。

2. 形成自由发表见解的学风，发展学生的语言能力

让学生把自己所想到的各种解决问题的方法提出来，也欢迎学生提各种各样的问题，让学生勤于思考，勤于发表自己的见解，这也是培养创造力的好方法。

在美国的小学里，每个学生都要做报告。从选题、撰写到演讲，全部是独立完成。自然课研究报告要求有完整的结构：假说、研究目的、方法程序、实验情况、分析、结论。

必须关心小学生语言能力的发展，培养他们说准确的、合乎逻辑的话，注意用词的完整性以及思维表达的连贯性。只有让儿童的词汇日益丰富，语法日益正确，语言表达日益完整流畅，才能保证儿童的思维日益严谨缜密。

3. 开阔学生的视野，丰富学生的知识

知识是创造的基础，应该让学生知道更多的书本外的东西，这样他们的思路和视野就能更开阔，有想象的余地，能跳出书本知识的框子，改变角度来想问题。

为了充分发挥儿童的想象力和个人潜力，学校应当有计划地组织学生到校外参观博物馆和各种展览，经常放映科幻影片，开阔视野，增长知识。各地应当筹集资金创办法科学宫或科普馆，为学生提供设备先进、种类齐全的科普设施。

【例10-4】 美国小学生作业的"难度"

一位带着9岁儿子来美国的父亲感叹，把儿子交给美国学校真是忧心忡忡，那是什么样的学校呀！课堂上随意得像自由讨论，可以放声大笑；老师和学生常常坐在地上没大没小；上学就像在玩游戏；每天下午3点就放学；还居然没有统一的教科书。

他给老师看儿子在中国读四年级的小学课本，老师告诉他，到六年级他的儿子都不用再学数学了。他当时就后悔了，把儿子带到美国耽误了学业。在中国，小学生的书包都是沉甸甸的，透着知识的分量，再看儿子，每天背着空空的书包，还高高兴兴地上学放学，一个学期眨眼就过去了，他不免心虚，问儿子，来美国上学印象最深的是什么，儿子回答："自由。"

再过一阵子，孩子放学后直奔图书馆，倒是常常背满满一袋书回来，可是没两天就还

了。他又问，借这么多书干吗？儿子回答："做作业。"然后，看到儿子在电脑上打出作业的题目《中国的昨天和今天》，他惊得差点跌地，这都是什么题目？试问哪位在读博士生敢去做这么大的课题？他责问儿子这是谁的主意，儿子正色道："老师说，美国是个移民国家，每个同学都要写一篇关于自己祖先生活国度的文章，还要根据地理、历史、人文，分析与美国的不同，并阐述自己的观点和看法。"这位父亲没有作声。

几天后，他看到儿子的作业出来了，一本20多页的小册子，从九曲黄河到象形文字，从丝绸之路到五星红旗……整篇文章气势磅礴，有理有据，分章断节，特别是最后列出了一串参考书目，做父亲的大气不敢出，这种博士论文的气派，他是30岁过后才开始学到的。等到孩子六年级学期快结束的时候，他更是瞠目结舌，老师留给学生一连串关于第二次世界大战的问题，简直像是国会议员候选人的前期训练：

"你认为谁应该对这场战争负责？"

"你认为纳粹德国失败的原因是什么？"

"如果你是杜鲁门总统的高级顾问，你将对美国投原子弹持什么态度？"

"你是否认为，当时结束战争最好的办法就只有投原子弹？"

"你认为今天避免战争最好的办法是什么？"

美国历史只有区区200年，却足以开启学生们的智慧大门。

4. 组织学生参加实践活动

小学生的思维常为解决所遇到的问题的实际需要所促进。学校应当让儿童广泛参加各种活动，并使他们有独立解决问题的机会。要培养小学生多思敢想的勇气，激发儿童开动脑筋，创造性地找出解决问题的方法，使他们的思维在实际解决问题中得到发展。

✳ 【例10-5】 两个美国孩子的科学研究

流行病专家常常告诫说，公共图书馆的书报、公共场所的扶手以及纸币上有病菌，接触过后要消毒，以免传染疾病……

但美国华盛顿的12岁的若奈达·布罗克和9岁的咪咪莎拉却并不"人云亦云"，在他们的父亲的支持下，兄妹俩进行了一次有趣的"取证"和研究。结果证实：书报及扶手上没有很多病菌，而纸币上却滋生着大量的病菌。他俩分析了原因，写出研究报告，发表在权威的《流行病学》杂志上，受到专家的关注和肯定。

5. 实施启发式教育，发展学生的探究性

为了培养小学生的创造性思维，应当大力倡导以探索、探究为主的发现方法，反对以讲授为主的传统教育。实施启发式教育，就是调动儿童学习的主动性和自觉性，激发积极思维、培养分析问题和解决问题能力的教学方式。要将激发出来的学生的好奇心引向深入，尤其是要发展学生的探究性。发展学生的探究性就是在教师的启发下，要求学生用怀疑的态度、发现的眼光，找缺陷，得结论，再和现实对照比较。创新始于问题，发现问题有时比解决问题更重要，发现问题意味着问题解决了一半。

为了创造良好的教学情境，教师必须改变传统的满堂灌的教学方法，以及仅仅充满诸如"是不是啊?""对不对啊?""等于几啊?"之类的所谓启发式语言的教学方法,努力掌握真正能启发学生发散思维的创造性提问技巧。台湾著名的教育学家陈龙安教授综合归纳出创造性提问技巧"十字口诀",具有很强的实用性和可操作性。该口诀是:"假、列、比、替、除、可、想、组、类。"现分别解析和举例如下:

(1)"假如"的问题。要求学生对一个假设的情境加以思考。可用人、地、事、物、时(现在、过去、未来)的假设发问。

例如,"现在、人":假如你是市长该怎样美化市容?"过去、人":假如雷锋还活着他会怎样适应市场经济?

(2)"列举"的问题。举出符合某一条件或特征的事物或资料,越多越好。

例如,列举出老虎的基本特征,列举出使用电池的电器用品。

(3)"比较"的问题。就两项或多项资料特征或关系比较其异同。

例如,电脑与人脑有什么异同?蜘蛛网与商店有什么关系?

(4)"替代"的问题。用其他的字词、事物、含义或观念取代原来的资料。

例如,不用黑板擦怎样擦黑板?炒菜没有味精,可用什么替代?

(5)"除了"的问题。针对原来的资料和档案,鼓励学生突破陈规,寻找不同的观念。

例如,钢笔除了写字以外,还可以作什么用?

(6)"可能"的问题。要求学生能推测事物的可能性,或对事物发展的可能性做前瞻性的了解。

例如,渔民出海捕鱼,可能会遭遇哪些危险?为什么会有这些现象?可能的原因有哪些?

(7)"想象"问题。鼓励学生想象未来的事物。

例如,想象100年后学生怎样上学。

(8)"组合"的问题。提供学生一些资料(字词、事物、图形等),要求学生加以排列,组合成另外有意义的资料。

例如,用"天、人、虎"三个字组成各种不同的句子。

(9)"六W"的问题。利用英文中之Who(谁),What(什么),Why(为什么),When(什么时候),Where(哪里),How(如何)作为发问的题目。

例如,为什么栽树?栽什么样的树?栽在哪里?什么时候栽?谁来栽?怎么栽?

(10)"类推"的问题。将两项事物、观念或人物做直接比拟,以产生新观念。

例如,把台灯与太阳比较,能产生什么新设想?

创造性问题的最大特点是发散性,没有固定答案,因此在实施时宜注意以下要领:问题的内容和文字要适合学生程度;问题的类型要有变化;提问以后应有适当的停顿时间让学生思考;鼓励、接纳及容忍学生不同的答案;问题的提出应由易到难,由较低认知层次往较高认知层次的方向发展;鼓励学生提出关键性问题或自发引导问题;从学生不完整的答案中进一步探讨问题;在适当的时候从相关的教材内容中提出问题。

【例 10-6】 蜘蛛网与商店之间有什么联系？

郑州市纬五路一小学六年级在开设的创造性思维训练课上，老师向学生提出：请找出蜘蛛网与商店之间的联系，答案越多越好，5 分钟内回答。结果在不到 3 分钟的时间内，学生争先恐后地抢答。

（1）蜘蛛网吸引虫子，商店吸引顾客。
（2）蜘蛛网是密密麻麻的，商店也是密密麻麻的。
（3）蜘蛛网牌专卖店。
（4）商店的墙角里有蜘蛛网。
（5）连锁店分布各地像蜘蛛网。
（6）老板投资建商店好像蜘蛛织网。
（7）商店建在地球上好像蜘蛛网粘在树枝上。
（8）先拿出钱建商店然后才能赚钱，先织一张网然后才有虫子吃。
（9）网上的蜘蛛是黑的，有些商店的老板心也是黑的。

（三）中学的创新教育

1. 开设创造发明课或思维训练课

学生从小学进入中学，课程多了，接触的知识多了，视野也开阔了，创新的材料当然也增多了。大量事实证明，中学生只要正确引导和鼓励，一样能做出惊人的发明。

学校应当不失时机地选择热心创新教育、知识面较宽、动手能力较强的老师开设创造发明课或思维训练课，一般每周一节。

中学生的创造发明课或思维训练课程，应当少讲空洞的理论，多观察、多练习、多实践、多动手。创造课本身的上法就应当充满创意，让学生产生浓厚的兴趣和创造的欲望。对学生的构思要及时给予指导和鼓励，不要轻易地否定。为了便于沟通，许多学校的老师想出了切实可行的办法。例如，江苏启东市大江中学的张家生老师，专门做了一个装有透明玻璃的信箱。学生有了构思，只要写在纸条上投入信箱，张老师很快就能发现，并及时给予指导。

2. 让创新学的思想渗透到所有学科

各学科都要根据教学大纲和教材，努力挖掘一切有利于进行创新教育的素材、信息、经验、教具，培养学生的创新意识，训练创新性思维，加深对概念、理论、知识的理解和应用能力的培养。

例如，语文教学在过去是死记硬背最多的课程，实际上只要精心设计，语文教学完全可以与创新教育紧密地结合起来，培养学生创造性思维的能力和解决实际问题的能力。

【例 10-7】 "猪八戒照镜子" 的启示

《中国教育报》在《关于培养创造能力的讨论》栏目中曾刊载北京市第八十中学宁老

师的一篇文章，题目是《创造性思维的综合训练》，读后令人深受启发。他举了如下一例：

教师给学生谈了《猪八戒照镜子》这篇短文，要求学生避开"猪八戒照镜子——里外不是人"这个已有的结论，选取多种不同的新角度去分析评论，力求得出多种互不相同的正确结论。在评析过程中让学生的扩散思维能力得到综合性的训练。

《猪八戒照镜子》一文的大意是：猪八戒听人家都说他长得丑，便找来一面镜子自己照了起来。他见镜子中的猪八戒果然丑陋，就怒不可遏地抡起钉耙，把镜子打得粉碎。他转身要走，无意中看到，散落在地上的那些镜子碎片，无论大小，每个里面都是一个丑陋的猪八戒。

学生从不同角度发表了看法：

（1）说明爱美之心人皆有之。猪八戒虽丑，也希望自己美，所以看到镜子中的自己如此丑陋，就打碎了镜子。

（2）故事讽刺那些老虎屁股摸不得的人。谁要实事求是地给他提出意见，他就暴跳如雷，打击报复。

（3）说明邪恶和暴力征服不了真理。猪八戒虽然打碎了镜子，他却不能因此变美，镜子碎片中的猪八戒依然是丑陋的。

（4）猪八戒见镜子里的自己很丑，不是从自己身上找原因，反而去追究镜子的责任。这是对一味强调客观条件的批判。

（5）猪八戒也有值得肯定的一面。俗话说，百闻不如一见，猪八戒听人说他丑，自己还要用镜子照一照，验证一下。这种注重实际的精神，值得肯定。

（6）完整的镜子，照出的猪八戒是猪样；被砸粉碎的镜子，照出的猪八戒还是猪样。这说明客观真理是不以人的意志为转移的。

（7）我们要像镜子那样宁为玉碎，不为瓦全。镜子从来都是公正无私地反映事物的本来面目。被打得倒碎，它依然坚持真理，如实地反映客观事物。

以上评析都颇有新意。当然，人们还可以从其他的角度得出更多的新结论，比如说：

（8）美和丑是辩证的统一，单有美丽的外表而无美好的品行，谈不上美，而外貌虽然丑陋却心地善良，那么其丑陋外貌只是美中不足。猪八戒愤愤地打碎了镜子，说明他不懂得这个道理。

（9）猪八戒也希望自己长得美些，但他采取砸镜子的做法却是愚蠢的。这说明美好的愿望不一定就能带来美好的效果。

（10）能真正识别美和丑，并不是一件太容易的事，猪八戒尚能从镜子中认识到自己的丑貌，而我们却不是人人都能做到这一点。在日常工作和生活中，以丑为美的人并不少见。

（11）这是对那些人云亦云的人的讽刺。猪八戒的相貌如何？在人看来是丑陋的，而在猪的眼光里也许称得上是"美男子"哩；猪八戒听人说他丑，在照了镜子后也就认为自己丑，正是这种从众心理使他陷入了愚蠢的境地。

显然，这样训练学生的发散思维能力十分有效。

近几年高考、中考的作文题已经出现考查学生的想象能力、发散思维能力和解决现实问题的能力的趋势。

【例 10-8】 有无限想象空间的数学题

在一次数学教学现代化的报告会上，著名数学教育家、华东师范大学的张奠宙教授谈到了在国外中学数学教材上，有这样一道有无限想象空间的数学题：

已知 A 地到 B 地 5 千米，B 地到 C 地 3 千米，求 A 地到 C 地的路程。

初看起来，是一道最最简单的算术题。刚学过加法的一年级小学生，立即可脱口而出：$5+3=8$（千米）。但是万一 C 在 A 和 B 之间呢？显然需要用减法：$5-3=2$（千米）。要是 A、B、C 不在一条直线上呢？就构成了三角形，就需要考虑用平面几何中的余弦定理来解，随着夹角的不同，答案也不相同。如果 A、B、C 是某山区的三个地方，虽然 A 到 B、B 到 C、C 到 A 都有笔直的公路相通，但山坡的斜度不同，这就必须用立体几何或空间解析几何知识来解。再复杂一点，如果 A、B、C 之间的路不是直线而是曲线，那么就需要求出曲线的方程，利用微积分的理论来求，那就连大学生甚至研究生也难以完成了。

物理、化学、生物等课程，应当经常引入与所学内容有关的最新科技成果，既加深学生对基础知识的理解，又开阔学生视野，提高学生的学习兴趣，逐渐培养学生把学到的知识用到实践中去的良好学风。布置的作业，应当有创造设想题。

此外，应当围绕教学内容，精心设计能够充分激发学生好奇心的设问情景，引导学生去思索和探究。下面我们仅介绍一个物理学中的例子，相信读者定能举一反三。

【例 10-9】 为什么双金属片受热会弯曲

老师在课堂上出示一种双金属片，在火焰上烘烤，使之发生弯曲，学生自然而然地想知道这块双金属片究竟为什么会发生弯曲。但是老师不做解释，要学生通过自己的探究来解释这个现象，并在探究过程中形成自己新的观点、概念和理论。

老师在充分向学生展示未知现象后，先让学生向老师提出问题，但是所提的问题必须是用"是"或"否"可以回答的问题。学生不可以要求老师向他解释这种现象，他们必须自己去探索。在这个意义上，学生的每一个问题都可以说是一个小小的科学假设。学生不能够问"加热过程是如何影响双金属片的？"，而只能问"金属所受的热度是否超过了它的熔点？"。前一个问题不是一个关于现象细节的具体陈述，它要求老师代替学生进行概念性解释，违反了教学原则。后一个问题要求学生综合几个不同的相关因素：热量、金属片、变化、熔化，学生所要求的只是要老师来验证他所提出的假设（受热导致金属熔化），这是允许的。

在学生提问过程中，当他提出一个无法用"是"或"否"回答的问题时，老师就需要提醒他设问的原则，要求他用合适的形式再次陈述该问题。在这种情景中，教师一般可以用"你能换一种提问方式，提出用'是'或'否'就可以回答的问题吗？"这句话来提醒学生。

当学生弄清楚现象的相关因素以后，就可以形成一些初步的假设了。这时他们提出的

问题将涉及不同因素之间的关系。他们还可以通过做实验来验证这些假设中的关系，或者通过分析和搜集资料来验证，看看当条件发生变化时，现象将会怎样变化。例如，他们可以设问："如果停止受热，金属片是否会继续弯曲？"他们可以立即动手进行验证。通过这样的引入新条件或者改变原来的条件，学生们就可以分离出现象发生过程中不同因素所起的作用，并了解它们之间的关系。

只有学生确实弄清现象过程中有哪些相关因素并且一一加以证实了，然后通过分离不同的因素，单独加以验证，他们才能够排除现象过程中的无关因素，并揭示相关的自变量（如双金属片的温度）和因变量（如双金属片的弯曲）之间的关系。最后，学生可以试着自己提出关于现象的理论解释了。

例如，该金属片由两种不同的金属重叠构成，它们的热胀率不同。当受热时，膨胀率大的金属对膨胀率小的金属形成压力，导致两种金属同时弯曲。应该明白，即使经过充分的事实澄清和实验验证，还是可能形成不同的解释，老师应该鼓励学生不能满足于一种解释。

最后，老师应当做总结发言，揭示该现象的真正原理。还可以布置学生回去思考：这一现象可以用在哪里？

上述教学法称为设问训练教学法。设问训练的根本精神在于：让学生成为共同探索日常生活之奥秘的科学家。它是培养学生的学习兴趣，训练学生的观察能力、想象能力、探求能力和创新能力的有效方法。

设问训练教学首先要向学生清楚地展示一个未知的现象。任何未知的、出乎意料的或者神秘的现象都可以作为探索素材。但要注意的是，因为设问训练的最终目标是使学生能够体会到"创造知识"的过程，因此教师揭示的新现象一定要是学生利用已掌握的知识可以探究的。

3. 开展丰富多彩的课外活动

课内外结合，积极开展以小设想、小制作、小发明、小论文为主的各种科技活动和学科兴趣活动。如组织科技、计算机、美术、音乐、舞蹈、体育等兴趣小组，尽可能多地给中学生课外活动以自由支配的时间，让他们多看些课外书籍，多参加活动，多搞点实验，多参加些参观访问，多参加些课外自由争论和竞赛活动，从而发展他们的特殊兴趣和特殊才能，培养他们独立观察、独立思考、独立操作和独立创新的能力，并借此树立他们的理想，扩大他们的知识领域，培养他们实事求是、严谨的科学态度和坚韧不拔的顽强意志。

要在坚持全面发展的同时，重视发展学生个人的兴趣、爱好和特长。某些有条件的学校可以开设各种选修课，也可以试行免修、跳级的办法。总之，中学是人生初步定型的时期，无论是今后升大学，还是走上工作岗位，都需要有良好的创新素质，而中学又是这种素质培养的关键时刻，是至关重要的。

【例10-10】 武汉六中开发明课，5年创造1 500项专利[①]

外婆住院，激发出一名女生设计定时送药器的灵感；另一学生在老城区调查后，发明灭蚊路灯……记者昨日在武汉六中看到一批特殊作业——1 500多份专利证书和专利申请受理通知书。

该校劳技教师朱虹介绍，为激发学生创新能力，2002年学校组织部分学生开展小发明兴趣小组活动，激发出他们无数的奇思妙想。

"学生的创新能力是培养出来的。"校长杨克炎说，"2004年，学校决定将发明创新课作为每名学生必修的校本课程，每两周上一次课，在高一和高二年级学完。"

发明创新课开课后，受到学生喜爱。朱虹说："搞小发明是这门课的作业，学生们兴趣非常大。为部分优秀作品申请专利是这门课的'副产品'。"

高二（11）班女生吴佳诗说，发明创新课让她学会了在生活中观察和思考。

去年她的外婆住院，她看到护士每天3次给不同的患者送不同的药，非常辛苦。能不能设计一种定时送药器，事先将一日3次的药装好，再设计送药时间定时提醒护士呢？她脑子里冒出这个念头。

受到手机设定闹钟的启发，吴佳诗完成了定时送药器的设计方案。她说："这种装置也可以家用。需要长期服药的人有时会忘记吃药的次数，在定时送药器的提醒下，他们就不会多吃或少吃药了。"

据悉，小发明作业也为不少学生考上理想的大学增加了实力。去年和今年的高考中，该校分别有262人次和351人次因为手中有专利，通过"一本"院校自主招生考试后被优先录取。

需要特别注意的是，中国学生参加比赛的发明作品必须保证真实性，反对弄虚作假。现在已经发现，相当一部分不是学生自己的作品，有的是辅导老师的，有的是家长的，还有的是把失效的专利改头换面的，表面上为学校增光，实际上是害了学生，这是必须坚决反对的。

4. 重视学生学习习惯和学习能力的培养

教师既要不断改进教学方法，努力探索教学规律，也要研究学生的学习规律，不断指导学生改进学习方法，并在教学过程中有目的、有计划地培养和训练学生的学习习惯和学习能力。这可以为今后的大学生活打下基础。中学生学习习惯和学习能力的培养主要包括培养他们好自学、细观察、勤思考、爱想象、喜独创的习惯和能力，注重培养他们的创造性思维，使之掌握初步的创新技能。

（四）大学的创新教育

大学生既具有较扎实的基础知识，又掌握了不少专业知识，为了实现自己的理想和抱

[①] 《武汉六中培养学生创新，发明课开5年，创造1 500项》，《长江日报》2009年12月4日。见http：//ip.people.com.cn/GB/10511170.html。

负,为了自己未来的事业,他们中的不少人已经具有创新的动机和欲望。这应当成为开展创新教育的最肥沃的土壤。

随着当代科学技术的蓬勃发展,人类对创新观念和创新能力的要求越来越高。对于当代大学生来说,培养创新意识和创新能力已经成为他们开启事业的重要基础。近年来,各高等院校在大学生创新能力的培养方面做了大量的工作。他们根据创新学的基本原理,结合各自的特点,进行探索和试验,取得了十分可喜的成果。

❋【例 10-11】 大连理工大学创新实验学院成果卓著①

大连理工大学早在 20 世纪 80 年代就重视创新教育,成立大学生创造发明协会。2007年,正式成立大连理工大学创新实验学院,面向全国招生。学院因材施教,突出特长,尊重个性,以多样化自主学习模式及其创新实践基地建设为重点,构建一套完整的创新人才培养体系。经过多年的探索,逐渐形成了独具特色的创新人才培养模式,在国内外产生了较大的影响。

学院主要任务是开展创新创业教育,举办创新实践班,组织各类创新创业竞赛和实践活动等。

创新实践班面向学有余力、对创新创业有兴趣的在校本科生招生,年招生数约 600名。学生进入学校后,即可申请免费进入实践班学习。目前学院设有机电、数学建模、软件工程、媒体技术、创业教育、ACM、创造发明、人形机器人 8 个创新实践班及智能车实验室、DUT-3D 打印工坊、智能硬件工坊、互联网+创意工坊、奇点虚拟现实工坊、金融量化对冲研究室等机构,培养大学生的创新创业精神和实践动手能力,学生毕业后深受用人单位的欢迎。

学院拥有国内一流的创新创业平台,构建了国内领先的"创意—创新—创业"教育模式,这是学校的办学特色。学校现为首批"全国高校创新创业 50 强"。学院现有"全国高校实践育人创新创业基地"1 个,"全国青年科技创新教育基地"1 个,国家级创新创业人才培养模式改革试验区 2 个,国家级大学科技园大学生创业园 1 个,国家级教学团队 1个,辽宁省大学生创新创业实践基地、辽宁省大学生创新创业选育基地、省级实验教学示范中心和创新创业教育基地各 1 个,市级大学生众创空间 1 个,国家(省)级创新创业资源共享课 5 门,先后获得省部级以上教学成果 10 余项,其中创新育人模式获得国家级教学成果一等奖 3 项,位居全国高校前列。

学院学生在各类科技竞赛中也取得优异成绩,每年有 300 余项学生成果获得国家(国际)级奖励,每年有 2 000 余人获得省级及以上奖励。在全国大学生电子设计大赛、全国大学生电子商务"创新、创意及创业"挑战赛、"互联网+"大学生创新创业大赛,以及全国(国际)大学生数学建模、挑战杯、智能车、机器人、程序设计等高水平的竞赛中,成绩位居前列。近年来,学生获得专利 2 000 余项,发表论文数百篇,学生创业团队获得多项天使投资,取得了良好的社会效益和经济效益。

---

① 见 http://chuangxin.dlut.edu.cn/xygk/xyjj.htm,有改动。

第十章　学校创新教育

【例 10-12】　安徽工业大学创新教育喜获丰收①

据报道，安徽工业大学校早在 1995 年就开展了创新人才培养探索研究，开设创新与人文素质教育课程。2001 年，学校决定创办创新能力试点班，面向所有学生而不是少数优秀学生开展创新素质教育，并在全国率先倡导"培养创新意识、激发创造潜力、体验创新过程"的"三步法"。

10 多年来，共有 800 多名学生从创新能力试点班结业，提出各类创意设想 50 多万条。截至 2012 年 6 月底，学生共申请专利 810 项，授权专利 505 项，有数十项专利转让到企业。其中自动化专业学生曹飞本科学习 4 年间，以"指纹加密印章""防止农作物被野生动物侵袭的报警器""立柱式无土栽培机"等 45 项授权发明专利，成为校园瞩目的"科技之星"。鲁月红不仅获得了多项全省和全国科技竞赛大奖，还于 2010 年 5 月注册成立了马鞍山瑞赛克能源环保科技有限公司，目前已签署 3 项合同及 2 项合作意向书。在试点班，学生参加专场报告、讲座以及小发明、小制作、小论文等竞赛，都可获取学分。教师要具备学科交叉意识，要为同学们的第二课堂科研活动开展指导。同时，为培养同学们的创新意识和观察意识，要求试点班的同学在大学 4 年中坚持"每日一设想、每日一观察、每周一交流、每学期一创意、每人一项专利"活动。

通过创造学系列课程、课外科技活动、人文素质教育、课堂教学和创新基地等五项合一的教育模式，浓厚的创新氛围逐渐形成。此外，试点班还在专业教育的基础上，开设"创造力开发与训练""创造心理学""发明与专利""创造工程学""发明案例分析""创造技法"六门创新学系列选修课。

通过改革创新，学校的人才培养质量显著提升。近年来，在全国"挑战杯"全国大学生课外科技作品竞赛中，安徽工业大学学生屡创佳绩。在学校与马鞍山市政府共建的大学生创业园区中，一批毕业生成功创业，获得国家级创业基金资助。安徽工业大学的《大学生创新能力开发》还入选教育部精品视频公开课，学校的创新素质教育模式引起关注。

根据大连理工大学、安徽工业大学等校的经验，大学的创造教育应当注意以下几个方面：

1. 必须得到学校最高领导的全力支持，把创新教育纳入正规的教学计划

领导的支持是大学开展创新教育的根本保证，应当根据不同专业的特点，将大学生创新能力的培养纳入教学计划。例如，对于理工科专业，可以采用分阶段进行的方法。

第一阶段为基础教育阶段。主要进行创造性思维教育，开设"创新学""创造工程学"一类课程，目的是熟悉创新基本理论、创新基本规律和解决学生对创新能力的重要性认识不足的问题。

第二阶段为实践操练阶段。通过专业教学中的实践教学环节，加强学生实践能力的培养，进行实践性创新活动。如机械类专业开设机械拆装实习，机电类专业开设电工工艺实

---

① 吴晶、刘美子《"三步法"成就创造达人——安徽工业大学探索创新素质教育之路》，http://edu.people.com.cn/n/2012/0911/c1053-18980649.html，有改动。

习、电子工艺实习。在实习中，除了要求学生了解结构原理、培养动手能力之外，还引导学生进行创新改造。把创新教育贯穿在实习的全过程中。

第三阶段为综合能力钻研阶段。在这一阶段，主要是把创新教育与教学中的课程设计、毕业设计等环节结合起来，培养学生的综合设计能力。同时，开设"科技论文写作方法""专利法""创造发明思想品德修养"等课程，学生通过学习和实践能解决处理创造发明中的问题。

对于文科学生，应当把创新教育与小说、诗歌、散文、剧本、歌曲的创作，与艺术设计、广告策划、新闻报道等活动结合起来。

对于师范院校，必须突出把培养创新型教师应具备的基本素质列入教学计划，并落到实处，使每一个学生不仅自己能创新，而且都能掌握创新教育的理论和方法。创新学应当成为师范院校的必修课。

2. 在教学中全面贯彻创新教育思想，改革教学方法

大学生创新能力的培养不是靠开几门课、举办几次讲座就能解决的问题，而是必须把创新教育贯穿在大学教育的整个过程中。专业课（包括部分专业基础课）是大学教育的重要环节，而且，学生创新能力的体现和运用主要在其将来所从事的专业领域。因此，专业课与创新教育的紧密结合为培养大学生的创新能力提供了广阔的天地。

必须注意在所有课程中，特别是一些实用性较强的技术课程中，贯穿创新教育思想。如在"机械原理""机械零件""电工基础""电子技术""计算机程序设计""微机应用""自动控制系统""机械设计"等课程的教学中，除了要求学生掌握基本知识外，还要求学生进行必要的创新活动，在课堂教学、作业、实验等环节进行创新性训练。

3. 必须分期分批对教师进行创新学培训

要使教师成为创新教育的核心，热心于创新教育，首先必须使教师改变传统的单纯传授知识的观念，重视学生的能力特别是创新能力的培养，掌握创新学的基本原理和方法。其次，因为创新教育没有现成的模式可套，需要比传统教育花更多的时间和精力，需要补充最新的知识内容，需要回答许多书本上所没有的各种各样的问题，需要对学生的创新构思或创新作品做出评价和进行辅导，因此，专业课教师必须提高自身的创新能力，热爱创新教育事业。

4. 要充分增加学生的知识信息量度

信息量度是重要的创新要素，要提高大学生的创新能力就必须通过各种途径来增加学生的知识信息量。这不但需要在课堂上学习基本理论时补充新的知识和信息，更需要在校园中营造一种浓厚的科研学术氛围，积极开展创新活动，这对培养学生的创新能力和提高学生的创新水平是十分重要的。

经常举办各类学术报告，追踪科技发展的最新动态，是营造校园学术氛围的方法之一。积极开展课外创造发明活动是调动广大学生创造积极性的重要手段。在开展课外创造发明活动时，要充分利用专业实验室的开放和假期社会实践等有利条件。要鼓励学生成立各种协会，如大学生科协、机械爱好者协会、电子爱好者协会、创造发明协会等课外社团组织，使大学生在老师的指导下，从实践中锻炼自己的创新能力。

5. 定期组织创造发明竞赛，激发学生的创新热情

创造发明竞赛活动作为一种手段，对推动创新教育的开展和激发学生的创新热情，有着十分重要的作用。一方面，积极组织学生参加全国大学生"挑战杯"竞赛、全国大学生电子设计竞赛、全国大学生数模竞赛、计算机软件设计比赛以及各种层次的发明竞赛活动。另一方面，在校内组织一些竞赛活动。实践证明，学生参加这类活动的积极性很高，既锻炼了学生，也锻炼了老师，还可以检验学校开展创新教育活动的情况。

6. 鼓励学生参与科学研究项目

很多国际知名大学的学生大多利用暑假参与科学研究。每年初春，有大批学生开始向实验室或通过学校申请，到实验室做当年的暑期研究。暑假一开始，学生便分赴各实验室，可有长达三四个月的研究时间。在暑期研究中，学生可以根据个人的兴趣和家庭情况，选择不同的研究领域和学校，接触不同的科学家，感受形式各异的研究模式。根据我国的国情，大学生应当利用假期参与企业的新产品开发研究、产品销售的策划以及文学艺术的创作，以开阔视野，增加创造实践的机会。

思考与练习

1. 怎样理解创新教育对提高民族创新能力的作用？
2. 创新教育的主要内容是什么？
3. 创新教育为什么要以培养创造性人才为目的？
4. 怎样培养儿童及青少年的兴趣爱好？
5. 大学生应该如何提高自己的创新能力？

第十一章

企业创新力的开发

创新这一概念是著名经济学家熊比特于1912年所出版著作的《经济发展理论》中首先提出的。他把创新定义为：企业家实行对生产要素的新的组合。熊比特认为，经济增长的过程是经济从一个均衡状态向另一个均衡状态的移动过程，虽然经济以外的力量如战争、自然灾害也能打破旧的均衡，但是，从经济本身的角度来说，只有创新才是打破旧的均衡和达成新的均衡的力量。这就是说，创新导致经济增长。

当经济处于静态均衡状态时，各行各业的生产者都没有超额利润，也没有损失，而只有相当于"管理工资"的正常利润，整个经济处于停滞状态。这时，如果某个企业通过创新获得超额利润，那么，其他企业就会群起而模仿，这样，由创新而获得的盈利机会又会逐渐消失，于是，经济又在一个新的高度上达成均衡。可见，熊比特的"创新"就是企业获取超额利润的手段。

在当今世界，经济、市场、技术等方面环境变化迅猛，竞争激烈。经济关系的日益国际化及新技术革命的突飞猛进，好像两副催化剂，使得本已十分激烈的竞争日趋白热化。处于这样一个严峻社会环境中的企业，适者生存，优胜劣汰是其面对的唯一严酷现实。因循守旧，抱残守缺，必然导致企业失去活力与竞争力。长此以往，势必不能适应变化的市场需要而在竞争中处于不利地位，逐渐衰败下去以致破产倒闭。

因此，任何一个企业，都必须重视创新。正如美国富顿公司董事长乔治·富顿说："企业经营者应该热衷于开发新产品，寻求新的发展途径，寻找那些新奇的而富有创造性的想法。"

一、自主创新能力是第一竞争力

企业核心竞争力是指企业在市场竞争中所拥有的独特的获取利润、谋求生存、持续发展的能力。核心竞争力的概念是由布罗哈德和哈默在1990年的《哈佛商业评论》这一论文中提出的。核心竞争力理论认为，企业是一个能力系统或能力的特殊集合，企业竞争优势的差异是由企业能力不同造成的。企业各种能力中的核心部分可以通过整合和外向辐射等作用于企业的其他各种能力，影响着其他能力的发挥和整体能力效果。

在国际竞争日益激烈的今天，自主创新能力已经成为第一竞争力，是市场竞争成败的决定性因素。美国经济学家在上个世纪末就提出了"胜者全得"的理论，即一个企业在高技术领域领先一步，哪怕是一小步，就有可能占领绝大多数市场份额，其他竞争者将很难生存。最为典型的是英特尔和微软,它们分别占有世界微处理器、系统软件90%的市场份额,后来者似乎连参与竞争的机会都没有。

钱·金与勒妮·莫博涅在《蓝海战略——超越产业竞争,开创全新市场》一书中提出,如果以红海代表现今存在的所有产业,即已知的市场空间,蓝海则代表当今还不存在的产业,就是未知的市场空间。他们从量化分析108家公司推出的新业务项目来研究开创蓝海是如何影响一个公司的收入和利润的,结果发现,开创蓝海的新项目只占全部项目的14%,但是所创下的收入占总收入的38%,利润则占到61%。显然,开创蓝海的核心就是自主技术创新。

(一) 自主创新的含义

自主创新是指以获取自主知识产权、掌握核心技术为宗旨,以我为主发展与整合创新资源,进行创新活动,提高创新能力的科技战略方针。

从企业层面来看,自主创新也就是自己起主导作用的创新,包括项目的选择、资金的筹集、组织的控制、生产的进度和经济指标的确定,特别是知识产权的归属等。

从国家层面来看,这里的"以我为主"是指国内资本控制的企业群体,包括国有企业、民营企业以及国内资本控股的合资企业。当然,"自主"并不意味着一切都要自己做,这既没有必要,也没有可能,而是指要起主导作用。

建设创新型国家,必须使企业真正成为创新主体。正如时任科技部副部长尚勇所说,企业应当是研究开发的主体、凝聚人才的主体、创造知识产权的主体、科技投入的主体和管理创新的主体。[1]

(二) 自主创新的基本类型

自主创新从来源看通常有三种类型:一是原始创新,二是集成创新,三是引进技术的消化吸收和再创新。

1. 原始创新

对"什么是原始创新"理论界存在着诸多争议,至今没有统一的定义。比较权威的定义是时任科技部部长的徐冠华2001年在国家自然科学基金委全委会上的讲话中指出的:原始创新意味着在研究开发方面,特别是在基础研究和高科技研究领域做出前人所没有的发现或发明,从而推出创新成果。它不是延长一个创新周期,而是开辟新的创新周期和掀起新的创新高潮。原始创新孕育着科学技术质的变化和发展,促进人类认识和生产力的飞跃,体现一个民族的智慧及其对人类文明进步的贡献。[2]

原始创新必须是原始性和突破性的创新。

所谓原始性,是指首次做出的重大发现,或第一次系统地提出基本概念、基础理论和技术方法,这些成果是以前所不存在的或没有预见到的,是该领域的"新生儿"。

所谓突破性,是指原始创新往往引发科技上质的飞跃,其效果通常在短时间内难以准

---

[1] 《科技部:建设创新型国家关键是企业成为创新主体》,《经济日报》2006年5月15日。
[2] 中国科学院《2001科学发展报告》,科学出版社2001年版,第13—14页。

确估量，其结果是推动常规科学的"范式"变革，或开辟新的研究方向、新的研究领域，或开创新的学科。

原始性创新是最根本的创新，是最能体现智慧的创新，是一个民族对人类文明进步做出贡献的重要体现。我国以四大发明为代表的原始性创新，对人类社会产生过深远的影响。原始创新属于科技创新中具有战略突破性的科学活动，它是一种超前的科学思维或挑战现有科技理论的重大科技创新。

实现原始创新，不仅可以推动科技本身的跨越式进步，而且有着巨大的经济价值和社会效益。如果我国总是做不出重大的自主原始创新，继续处于跟在人家后面跑的地步，必将直接影响我国科技事业的更大进步，严重阻碍国家经济建设和国防建设的步伐。

原始创新是有相当难度的，特别对中国企业界来说，难度更大，但是也并非高不可攀。王选发明激光照排技术并成功市场化，使中国的印刷技术永远告别了铅与火；袁隆平杂交水稻技术的发明，不仅在很大程度上解决了中国人的吃饭问题，而且被认为是解决21世纪世界性饥饿问题的法宝。

2. 集成创新

集成创新就是把各个已有的单项有机地组合起来，构成一个新的产品或经营管理方式。它是根据目标设计，整合各种创新资源，并经过优化配置，形成一个由各种适宜要素组成的优势互补、相互匹配、具有独特功能优势的有机体的行为过程。

集成创新的特点是集成过程中，参与集成的对象从意义、原理、构造、成分、功能、组织等方面可以互补和相互渗透，产生 1+1＞2 的价值，整体变化显著。可见，集成创新是易于被企业掌握的重要的创新形式。

集成创新可以体现在技术层面，从运载火箭、波音飞机，到家用电器、集装箱及因特网，都属于集成创新。例如，爱迪生的过人之处，在于他首先想到了仅仅发明灯泡是不够的，还需要建造一套包括发电、输电、开关、电表等在内的照明系统，而且这套系统的建造、营运和维护的成本与当时的煤气照明系统相比要有竞争力。为此，爱迪生 1882 年在纽约创建了第一座商业电站，专门为纽约的白炽灯供应直流电，这样就用电力照明取代了煤气照明。早期电视发展中，彩色电视机的生产不过关，美国 RCA 公司组织了四位工程师，定好标准，按射频、中频、声频、视频、整体等几部分分工研制，后来组装成世界上第一台彩色电视机，领先于其他公司。在施乐公司发明复印机之前，几乎所有相关的技术都是已知的，却从来没人想到要把这些技术从不同领域挑拣出来，整合在一起。施乐公司的神来之笔，说到底不过四个字——集成创新。

3. 引进技术的消化吸收和再创新（即模仿创新）

坚持自主创新战略，并不等于完全否定技术引进。关键是引进技术后必须消化、吸收和再创新，有人称之为模仿创新，也有人认为模仿就是模仿，不能算创新。

大量事实证明，成功发展的国家在发展的初期阶段都必须经历以模仿、吸收、学习、改进为特征的发展阶段，即模仿创新是不可跨越的阶段。无论是当前世界最发达的美国、技术先进的日本还是后起之秀韩国，它们都曾经有过一段模仿创新的历程。

（1）美国是依靠模仿创新起家的。

当今的美国基础雄厚，经济发达，是推进率先创新的先锋。但是，在 18 世纪初，美国原是农业大国，通过模仿创新才得以推动本国经济不断壮大。

1825 年，英国首创了铁路蒸汽机车。1829 年，美国引进了该产品，次年即开发出第一台蒸汽机车"大拇指汤姆号"。为适应美国的环境特点，美国对英式蒸汽机进行了二次创新，简化了结构，减轻了重量，以便于维修，也提高了安全可靠性，总体性能超过了引进产品。一系列的模仿创新使美国机车制造业迅速崛起，带动了铁路运输业的快速发展。

19 世纪 80 年代中期，德国的戴姆勒—奔驰公司首创了汽车，但由于生产工艺落后，制造成本高，价格昂贵，市场难以打开。美国引进汽车生产技术后，对其进行消化、吸收和再创新，用自动发动机代替手摇发动机，并在 20 世纪初创造了福特流水线制造工艺，使装配一辆车的时间从 12 小时 28 分缩短到 9 分钟，生产率提高 100 倍，制造成本大大降低，每辆车售价从数千美元降到仅为 500 美元，促进汽车进入美国的千家万户，汽车产业成为美国经济的重要支柱产业。

（2）模仿创新是日本产业崛起的根本。

1950—1980 年，日本总计引进 36 000 余项技术，其引进项目之多、范围之广，超过当时的任何国家。日本技术的 95% 是引进的，只有 5% 是自主开发的。1963 年，日本企业 R&D（Research and Development，研究与开发）费用的 20%，专门用于消化国外技术；1957—1961 年，日本钢铁工业每投资 1 美元从国外引进新技术，企业要相应投资 2～3 美元作为吸收、消化、研究和改进的费用。

日本产业汽车的发展就是大量模仿创新的结果。日本先后从美、英、意大利等国引进 405 项先进技术，在引进的基础上进行模仿创新。如日本东洋工业从西德汪克尔公司购买了转子发动机后，首先进行试验研究。在通过 200 小时连续运转试验之后，发现缸体与活塞的接触面有波纹产生。于是先后花了 6 年时间，投入 1 400 万美元，研究成功石墨烯密封材料，消除了波纹，使其性能大大超过原西德汪克尔公司的产品。又如 1971 年本田从德国"曼"公司引进了柴油发动机技术，并在此基础上研制出 260 马力的 ED100 型和 280 马力的 EF100 型柴油机，此后又对 EF100 型进行改造，加装增压器，使功率再提高到 360 马力，远远超过了"曼"公司水平。正是上述种种的模仿创新，使日本的汽车产业无论是在生产工艺还是在汽车性能方面都跨入世界先进行列。

模仿创新对发展日本电子工业的作用更是显而易见的。1955 年，索尼公司在引进美国半导体技术的基础上研制成功便携式半导体收音机，开创了日本家用电器产业蓬勃发展的新局面。此后，日本又大量引进电视机、录音机及其他家用电器技术，经过模仿创新，推出一系列性能优良、价格低廉和在国际市场具有强劲竞争力的产品，推动了日本经济的进一步发展。

（3）模仿创新使贫穷落后的韩国经济奇迹般腾飞。

韩国自然资源匮乏，战争使韩国经济遭到严重破坏，1960 年人均国民生产总值只有 80 美元。但是从 20 世纪 60 年代初期开始，韩国年人均 GDP 以超过 9% 的速度增长。到 80 年代末期，韩国已成为世界工业强国，充分显示出模仿创新的巨大威力和效率。

从 60 年代初期起，韩国就从发达国家（主要是美国、日本）大量引进技术，包括购置先进设备和开展技术许可贸易。在引进技术的基础上开展模仿创新，提出"技术—引进—工艺创新"战略，韩国许多产业开始在国际市场上崭露头角。

韩国的新型汽车开发经历了从单纯对国外产品的模仿到模仿创新，再到自主开发这样一个渐进的过程：1985 年推出 Excel 微型车，1990 年推出 Elanhra 小型车，1993 年推出 Sonata II 中型车。其底盘均是在国外专利技术基础上经过消化、吸收和改进创新设计开发成功的。持续的模仿创新，使韩国现代汽车公司跃为世界十大汽车公司之一。

韩国三星电子公司已成为当前国际知名的大型电子企业，其发展存储器的历程被称为模仿创新、后来居上的典范。1969 年，三星电子公司收购韩国半导体公司，掌握有关消费电子产品使用的晶体管和集成电路技术。20 世纪 80 年代初，三星想进入附加值较高的半导体芯片制造领域，通过生产超大规模集成电路使自己快速成长。当时，三星电子公司向德州仪器、摩托罗拉、日立、东芝、NEC 引进 64K DRAM（动态随机存取存储器）制造技术，但均遭拒绝。1982 年，三星成立专门小组，利用三星的资本优势，以 500 万美元的价格购买了美国微技术公司 64K DRAM 技术，又用 210 万美元引进 Zytrex 公司金属氧化物半导体高速处理的技术。在美国微技术公司的帮助下，三星很快掌握了大规模集成电路的组装工艺技术，并积累了一定的设计和加工技术。1983 年，三星电子公司投资 1 000 万美元在美国硅谷成立了美国三星半导体公司，定向招聘曾在 IBM、英特尔等著名公司工作过的工程技术人员。与此同时，在国内也成立一个工作小组，其工程师被派到美国三星半导体公司学习，并进行共同研究。在较短时间内，三星电子公司迅速提高了工程师们的专业知识水平，并于 1984 年推出了 64K DRAM。虽然比美国晚 40 个月，比日本晚 18 个月，但使韩国成为第三个能生产 DRAM 的国家。1984 年，三星电子公司再次向美国微技术公司引进电路设计技术，自行开发 256K DRAM，国内工作小组集中开发工艺技术，硅谷小组负责 265K DRAM 的电路设计和工艺设计，使三星成为拥有独立设计、开发、制造能力的芯片制造商。到 1986 年年初，三星电子公司已能大规模生产 256K DRAM，只比美国晚了 18 个月。1985 年年底三星开发 1M DARM，1987 年年底大批生产，比日本晚了 12 个月。1986 年以韩国政府为主导，联合 LG 现代电子公司及 6 所大学共同开发研究 4M DRAM。1988 年三星完成了 4M DARM 的设计工作，比日本晚了半年，却与日本公司同时进入市场。1992 年 8 月又成功开发出 64M DARM，成为世界最大的 64M DARM 供应商。1994 年 8 月，三星电子公司率先研制出世界上第一个 256M DARM。至此，三星电子公司通过巧妙模仿后的二次创新，成为存储器芯片技术的世界领先公司。

三星电子公司的成功经验告诉我们：技术引进前要做好准备工作，减少技术引进的盲目性，为引进后的再创新工作打下良好基础；在引进技术以后，要有计划地开展消化、吸收工作，通过多种途径提高自身的技术水平，培养自己的人才；并在此基础上分阶段创新，不能为了引进而引进，要利用引进技术提高自己的水平，技术引进的策略要随着企业技术水平的提高而改变，最终把自己的企业提升到能原始创新的水平。

近几年来，我国在生产技术上有了很大的进展，高铁技术就是走的引进消化吸收和再创新之路。但其他方面和世界先进水平相比，仍有不少差距，主要表现在产品的核心技术没有坚持引进、消化和再创新，品种、质量和成本在国外市场上缺乏竞争力。

对企业而言，自主创新主要是指技术创新，但除了技术创新外，还有很多方面都需要创新，如制度创新、组织创新、管理创新、市场创新、经营模式创新等。本章不做详述，仅举几个例子供参考。

【例 11-1】 金义公司告别"家庭统治"

据中央电视《焦点访谈》报道,浙江省一家生产食品的企业"金义公司",所有重要部门都由董事长兼总经理的亲属控制,效益低下,矛盾重重,无法实行严格的现代化管理。后来,董事长痛下决心,毅然决定将所有亲友免职或降三级使用,总经理让位于一位德才兼备的大学毕业生,经营很快出现转机。仅原材料采购一项,一年就节约了400万元以上。

【例 11-2】 微软的组织创新

美国的微软公司是全世界最成功的企业,公司于1975年成立,到1999年销售额和利润年均增长30%。3万名职工生产183个不同的产品,雇员平均年收入25.7万美元,千万富翁2 000余人。公司账面现金220亿美元(全美第一),1999年7月16日成为全球首家股票市值突破5 000亿美元的公司,相当于1999年年底我国所有的976家上市公司的股票总值的1.57倍。

就是这样一家经营卓越的公司,领导者还有危机感。因为他们发现企业内部已经出现"官僚主义",决策太慢,引起中层不满且出现技术骨干外流等问题,于是决定进行一系列组织创新,重塑一个微软。如:公司的创始人、董事长兼总裁、世界首富比尔·盖茨辞去总裁职务,让位于巴尔默(一个非工程师出身的管理人员);抛弃原有的公司架构,进行彻底的内部改革;权力下放,让中层拥有自主权,只需确保完成各自的营业收入和利润指标。之后,公司很快上了一个新台阶。

在我国,企业组织创新的关键是建立现代企业制度,这是最重要的一步。而现代企业制度必须彻底摆脱任人唯亲、家庭统治这种落后的形式。

(三) 企业创新体系的内容

从总体上看,企业创新体系应包含以下四个方面的内容:制度创新、技术创新、市场创新和管理创新。

1. 制度创新

制度创新也叫组织创新。它是指随着生产的不断发展而产生的新的企业组织形式。组织是对资源的一种配制方式,它包括对人力、物力和财力资源结构的稳定性安排。组织的基础是其目标的认同性,而这种认同必须建立在对其成员责、权、利关系的合理界定上。由于不同的经济发展阶段对资源配置的要求不同,合理地选择和安排好两者的主次和轻重关系,对推动经济进一步发展有决定性的作用。由于组织与市场的资源配置性质迥异,因此创新往往意味着资源组合方式的改变,在组织与市场中表现出不同的特征。组织形态的演变,由家庭的"纵向一体化"到分料到户制,到工厂作坊,到简单的工厂制,到合股公司、股份公司,以及股份公司的横向一体化即法人互相持股,都是企业组织创新的结果。

虽然组织创新在不同的经济体系下有不同的主导形式,但其完成的手段无非是这样三种：一是兼并，包括横向的、纵向的和全方位的成员合并；二是分割，主要是将目的不同的成员分开，并在必要时为维护整体目标的实现而丢弃部分不相适应的成员；三是创建全新的组织，往往是在某一新目标的驱动下，不同的成员相聚集，形成新的组织，也可以共同展开一系列技术创新项目。

要实行组织创新就必须鼓励兼并、规范破产、下岗分流、减员增效和实施再就业工程，形成优胜劣汰的竞争机制。

目前，世界范围内的并购浪潮风起云涌。以汽车企业为例，继1998年戴姆勒奔驰与克莱斯勒合并后，大众又与沃尔沃联系，通用有意收购宝马，菲亚特正与雷诺协商，世界汽车工业只有少数几家大公司已是不远的现实。

2. 技术创新

《中共中央、国务院关于加强技术创新、发展高科技、实现产业转型的决定》（以下简称《决定》）中把技术创新定义为："应用创新的知识和新技术、新工艺，采用新的生产方式和经营管理模式，提高产品质量，开发生产新的产品，提供新的服务，占据市场并实现市场价值。"可以认为这是广义的技术创新。狭义的技术创新是指一种新技术、新生产方式的引入。

所谓新的生产方式，具体是指企业从投入品到产出品的整个物质生产过程中所发生的"突变"。这种突变既包括原材料、能源、设备、产品等硬件创新，也包括工艺程序设计、操作方法改进等软件创新。

技术创新的最重要的目的就是降低成本，提高产品质量。

例如，我国的人均国民收入不到美国的1/40，由于汽车的生产成本降不下来，买一辆小轿车的价格比美国贵一倍以上，加上各种名目繁多的收费，造成人均小轿车拥有量不到美国的1/500（美国平均1.5人拥有一辆小轿车，我国平均每1 000人拥有1.2辆）。不搞技术创新，不降低生产成本，中国的汽车企业就没有出路，中国这个世界最大的汽车潜在市场就只能拱手让人。

技术创新的基本手段是调动本企业技术售货员和员工的积极性，引进新技术，并及时消化、吸收和再创新。

❋【例11-3】 三九集团的技术创新

三九集团是著名的药业企业，总经理赵新先对"三九"一词提出了新解："第一个九是'老九'，第二个九是'老九'，第三个九还是'老九'；是有理想、有抱负、有知识、有本领的知识分子撑起了三九大厦。"赵新先本人就是医药学教授，曾把中药大锅熬的落后工艺改成中药自动生产线，实现了自动化、管道化、密闭化、标准化生产，使三九胃泰生产车间每班仅需3名工人，极大地提高了产品质量、劳动生产率及市场竞争力。

现在，三九集团已经有一所拥有30多名博士、硕士、留学归国人员的医药研究院，还在全国聘请了300余名客座教授，高科技新产品正不断涌现。同时，他们制定了企业发展战略，决心依靠技术创新进入全球500强。

3. 市场创新

市场创新是指企业从微观的角度促进市场构成的变动和市场机制的创造，以及伴随新产品的开发对新市场的开拓、占领，从而满足新需求的行为。

市场创新的重点是有计划、有系统地淘汰陈旧的、过时的技术或产品，开拓新领域，开发新产品，创造新市场。

目前，我国正处于后工业社会与信息社会的交替期，新兴行业的兴起，必然伴随着一些传统行业、旧工业区的衰退。如果企业不重视市场的创新，就必然会被淘汰。我国的企业，基本上是少数人搞开发，少数人搞销售，大部人搞生产，要把这样一种"橄榄型"模式逐渐改变成少数人搞生产，多数人搞开发、搞销售的"哑铃型"模式，企业才有后劲。

《决定》中明确提出，"从体制改革入手，激活现有的科技资源，加强面向市场的研究开发""要把市场需求、社会需求和国家安全需要作为研究开发的基本出发点""推动大多数科技力量进入市场创业，推动国家创新体系的建设"。

【例 11-4】 北大方正的"借鸡下蛋"策略

北大方正是由被称为"毕昇第二"的著名科学家王选创立的高科技企业，主要生产激光照排印刷设备。全公司 200 多名职工在 1993 年创造了年销售额 94 亿元的佳绩，在全国电子行业中排名第 24 位。这么高的年销售额仅 200 余人是怎样获得的？其实这 200 余人主要是搞经营、开发与销售，该公司只有一个搞外协工作的生产部，有 12 名职工，没有一台生产设备。如何保证产品质量呢？他们经研究发现，专业工厂的质量均比万能型工厂好，一个工厂对外加工的质量也往往比为本厂加工的质量要好。为此，他们把激光照排设备分解成零部件，全部选送质量最优的专业工厂外协加工，以求各项零部件的"最佳"，最终组合出整机质量的"最佳"。各生产厂分别产生利润，北大方正则拿商品的附加值和销售利润。这样既不需要厂房基建、固定资产投入与生产管理成本，又大大地缩短产品投产的建设周期，从而获得巨大利润。

4. 管理创新

管理创新是一种更有效而往往未被大多数企业采用的方式方法。管理创新涉及经营思路、组织机构、管理风格和手段、管理模式和管理制度等多方面内容。

管理创新是企业不断发展的动力。近代最具代表性的一次管理创新是现代股份公司兴起后，出现的所谓"所有权与管理权的分离"。这种分离导致管理等级制成为现代工商企业的一个显著特征。管理创新的主要目标是试图设计一套规则和服从程序以降低交易费用。

【例 11-5】 年薪一美元的总裁

1978 年年底，著名大企业家艾柯卡来到美国第三大汽车公司克莱斯勒公司任总裁。当时公司严重亏损，以致全公司的资金只够发职工半个月的薪水，大量不动产被卖掉，公司已到了破产的边缘。

1980年，艾柯卡为了表示自己的决心，拯救克莱斯勒公司以维系65万职工的工作和生计，首先宣布把自己的年薪从36万美元降为1美元，然后提出"共同牺牲"原则，全体职工的年薪也降到原来的十二点五分之一。他说："领导就意味着树榜样，人们都会模仿你，下面的眼睛都看着你。"他还认为："齐心协力可以移山填海，如果有人光想着别人为他付出，自己袖手旁观，那就会一无所有。"

艾柯卡的行为，使一向铺张、奢侈的克莱斯勒人大为震惊，也给公司带来了生机。经过从上到下的共同努力，公司终于摆脱了困难，三年就还清了需要10年还清的10亿美元的贷款。

【例11-6】 "神秘顾客"闯入肯德基

肯德基快餐公司是世界著名快餐公司，它的连锁店几乎遍布世界各地。为了保证这些连锁店的服务质量，它首创了"神秘顾客"这一严格的管理监控手段，确保各连锁店的产品质量、服务、卫生及合理的价格能始终如一。

这里的"神秘顾客"与中国的质量检查员类似。所不同的是，他们是以顾客的身份前来用餐，并进行秘密的快速测试和打分，其身份严格保密，连锁店的工作人员无法知道谁是"神秘顾客"。这种方法与某些检查团提前通知、早做准备、弄虚弄假、吃好说好形成鲜明的对照。

二、营造企业的创新环境

（一）环境对创新的影响和作用

创新需要创新意识、创新思维和创新方法，这是创新的主观因素。创新的客观因素是由创新型组织和创新型个体构成的创新社会的环境。创新型社会环境强调人人具有创造意识、创造精神和创造能力，人人敢于创新、善于创新、勤于创新，社会尊重创新、鼓励创新，这些都是促使顺利进行创新的前提和条件。

创新环境将对人们的创新行为和创新效果产生或大或小、或深或浅的影响，无论是社会的宏观、中观和微观环境，还是由物质构成的硬环境，抑或是由人际关系构成的软环境。好的环境能为人们提供创新所必需的精神和物质的相应条件，直接促使人们创新行为的发生和发展。而不好的环境，将抑制人们创新意识的产生，阻碍人们创新活动的开展，扼杀人们创新成果的形成。

世界著名的美国3M公司总裁刘易斯·莱尔说过："一个明智的企业家，应该在他的企业中创立一种有利于创新的组织环境，鼓励并保护创新者，只有这样，企业才有活力和希望。因循守旧、墨守成规注定要被市场所淘汰。只有创立新制度、创造新产品，创造新技术，公司的事业才会兴旺发达。"

3M公司素以勇于创新、产品繁多著称于世。3M在全球共拥有70多个实验室、5 600多位研发人员。公司每年用销售额的6%投入创新。目前，3M公司在科研和产品开发方面形成了 45 个以上门类的核心技术。公司围绕这些核心技术，开发了 6 万多种产品，以满足不同客户的需要。

（二）创新环境的构成

创新环境由外部环境和内部环境构成。

企业创新的外部环境除市场环境外，还包括社会的政治稳定、政策导向、金融、形势、文化环境等。稳定的社会经济发展和政治状态与鼓励创新的法规与政策，导致创新的活力增强，吸引资金向技术创新流动。金融形势稳定导致创新投资金融风险的减少。外部的社会环境优化主要是政府的责任，不是企业本身能决定的。

企业创新的内部环境优化主要包含领导的重视、激励制度的建立、对失败的容忍、对员工进行创新培训、加强创新管理等。

1. 领导的重视

企业的领导重视创新是企业持续创新的根本。企业家应当具有企业家精神，即具有创新精神、冒险精神、实干精神和拼搏精神。其中创新精神是企业家精神的核心和精髓；冒险精神、实干精神、拼搏精神是创新精神的补充，在企业家精神中具有辅助作用。

从一般意义上讲，企业家在创新中发挥着一般管理者的引导、决策、组织、调整的职能。具体地说，在创新决策上，企业家把握着创新"应该做什么"和"不应该做什么"的方向性问题。在组织上，企业家要落实规划、资金、人员等关键问题，要部署各阶段的任务与行动。在调整上，企业家注视着创新的整个过程。在跟踪阶段，企业家必须自觉带头创新，并努力为组织成员提供和创造一个有利于创新的环境，积极鼓励、支持、引导组织成员进行创新。

索尼公司之所以有浓厚的创新氛围，与公司高层带头创新是分不开的。许多新的创意产生于创办人井深大，"随身听"就是典型的案例。他根据当时的社会需求和技术现状，设想在拥挤、忙碌、紧张的环境中，人们会希望随时拥有一种小巧的放音器，可以随时欣赏美妙的高音质立体声音乐而得到充分的放松，同时又不影响他人、不引人注意，使个人与环境隔离。他根据想象规定了产品的尺寸、效果和在当时几乎是不可能实现的"疯狂价码"，要研究人员用几个月的时间将产品投放市场。研究人员发挥超常的创造精神和团队精神，克服重重困难，终于取得了巨大的成功。

2. 建立合理的激励制度

要激发企业成员的创新热情，必须建立合理的创新激励制度。创新的原始动力可能是竞争的压力、个人的成就感、自我实现的需要，但是如果创新的努力得不到组织和社会的承认，不能得到公正的评价和合理的报酬，则继续创新的动力会渐渐消失。

合理的激励制度要注重物质奖励与精神奖励的结合，要既能促进企业内部的竞争，又能保证其成员之间的合作。这种激励制度必须是公正、公开、公平的一整套的措施，而且能得到切实的实施。

3. 容忍失败，才能鼓励员工持续创新

创新的过程是一个充满着失败的过程，创新者必须认识到这一点，创新的组织者更应该认识到这一点。只有认识到失败是正常的，甚至是必需的，管理人员才可能允许失败。

当然,允许失败并不意味着鼓励成员去马马虎虎地工作。

"容忍失败,鼓励创新"在3M整个公司的价值观中非常重要,尤其是它的"第11诫:切勿随便扼杀任何新的构想"。就像是把创新变成一种文化的3M前总裁麦克奈特常常告诉他的经理们的那样:"要鼓励实验性的涂鸦,如果你在人的四周竖起围墙,那你得到的只是羊。"

4. 对员工进行创新培训

一个成功的企业家必定是一个优秀的教育家。对员工素质进行训练也是企业的责任。世界许多著名企业的总裁、总经理都亲自抓创新力开发。例如,日本的松下幸之助曾经要其职员如此向顾客介绍自己的公司:"我们松下电器公司是造就人才的,此外,还生产电器产品。"他们都把培养人才放在首位。韩国三星集团创始人李秉哲也说:"我一向是把80%的时间花在培养和选拔人才上。"可见,这些成功的企业家都把培养人才放在企业一切工作的首位。

企业应当有专门机构负责创新教育培训,包括危机教育、激励教育、创新思维训练、创新方法教育、专利知识教育等。其中以TRIZ方法为主的创新方法培训特别重要,近年来各地的大量发明专利就是用该方法取得的。对员工的创新方法培训也应当因材施教。由于TRIZ方法比较复杂,难以掌握,对普通员工只要做一般方法培训,一般工程师也只要掌握TRIZ的基本原理,真正能灵活应用此方法解决技术难题的有工程师总数的1/10就很不错了。

5. 加强创新管理

企业必须重视创新管理,包括创新战略的制定与管理、创新环境的营造与管理、创新团队的组织与管理、创新信息与知识管理、创新社会资源管理、创新人力资源管理。

在创新理念推动下,3M公司创立的独特的15%原则很值得学习。公司规定,从公司办公室到实验室的员工有权利用工作时间的15%"干私活",即投入研发领域,这就给了员工很大的随意性和自由性。任何一个员工的创意,只要能说服市场部、技术部、财务部的员工各1人参与,就可以自行开发。失败了不承担损失,投放市场成功后按照销售量确定开发者的职位、股份和待遇。

典型的例子就是3M最受欢迎的产品之一——黄色的Post-it Notes报事贴便条纸。这种由少量黏合剂连接的小簿子在商业上的潜力原先并不被看好,但它是研发人员埃特·弗来在15%原则的激励下发明出来的。3M公司还鼓励员工挑战传统,敢于冒险,认为打破传统是创新之门,是公司得以壮大的强大动力。

(三) 建立企业创新体系

1. 领导身先士卒

俗话说,火车开得快,全凭车头带。日本索尼公司之所以有浓厚的创新氛围,是与公司高层带头创新分不开的。许多新的创意产生于创办人井深大,"随身听"就是典型的案例。他根据当时的社会需求和技术现状,充分利用想象力,带领研究人员发挥超常的创造精神和团队精神,克服重重困难,终于取得了成功。

2. 选择优秀的项目经理

技术创新，特别是新产品开发，项目经理的选择极为重要，优秀的项目经理必须具备以下个人素质。

（1）工作热情。

这意味着对项目的任务和项目本身要有热情。新项目的成功部分应归功于领导者担任了"项目倡导者"的角色。他致力于项目的成功，也能将项目设想推销给主管和顾客，能够在团队中激发起热情。一个人可以被提升到项目经理的职位，但不可能命令他成为"项目倡导者"。这是一种内在的素质，在于个人对项目的义务以及对成功的渴求。

（2）技术理解力。

当今产品的复杂性，使得项目经理不可能了解新产品各方面的技术，实际上也没有这个必要。项目经理不必提出解决技术问题的方案（如果有这个能力，当然更好），但必须具有足够的理解力，这样才能用术语与技术员工沟通，而且在听取别人汇报技术问题时，才能理解汇报内容。项目经理如果不具备真正的技术理解力，将无法激发团队的信心，而且因为无法提出建议和洞察开发过程，别人会把他当作不能对项目做任何贡献的行政领导。

（3）开阔的眼界。

项目经理必须能洞察项目的全部情形，将项目的各个部分（技术、营销、生产等）组合为一个有机整体，并确保在项目的不同阶段各部分各有优先。这是项目经理的责任。一个只对某一方面（如设计）感兴趣的项目经理，可能难以为其他重要方面创造成功的条件；相反，一个眼界开阔的项目经理能了解每个专业领域的价值及其贡献。

（4）确定目标的能力。

人们需要目的或目标来激励自己。项目的不同阶段可能有许多不同的目标。这并不是说项目经理应该列出项目的所有细节，但是他必须能评估他人的计划是否现实，还必须能确定有意义的目标，并与团队成员进行沟通。另外，他还必须对项目取得的进展表现出兴趣，培养"实现目标很重要"的观点。

（5）授权的能力。

项目经理不可能事必躬亲，他的作用是指挥团队的工作，并不是承担团队成员的工作。对于许多在职业生涯的中期才担任管理角色的人来说，这常常是最难协调的一个方面。要成为一位成功的领导者，他必须下放权力给他人，而且要相信他人能善用权力。这时，项目经理会有轻松的感觉。但是要构建汇报制度，以便了解日常事务，只在必要时才发表个人的观点。

（6）人际关系技巧。

像所有经理一样，项目经理通过其他人完成目标。要让团队做到最好，领导者需要具备对人际关系的敏感性。他应该了解团队成员及项目成功依赖的组织内其他人的个人情况，还应能识别各人的贡献并及时给予鼓励；而在事情未按预期进展时，又能委婉地表示自己的不满。

（7）承受失败的能力。

即便制订了最好的计划，创新项目还是经常会失败。而领导者在挫折面前要表现出极

大的忍耐性。作为领导者，不能被挫折或失败打倒，也不应在胜利面前沾沾自喜，应该"处变不惊，保持一颗平常心"。

3. 打破技术部门的壁垒，重视专业的横向交流

技术部门在中国企业中一向是"管理的黑箱"，只看到投入产出，看不到里面发生了什么。但技术过程对产品方方面面的影响极大。总经理应该鼓励技术部门走出"黑箱"，与市场、采购、财务乃至销售部门建立交流机制，使技术部门看到自己的工作对企业其他部门产生了怎样的影响，而技术部门也会看到产品创新的大量机遇。

给研发人员开阔视野的见习机会。创新经常来自换一个角度来看问题，来自找到正确的基准。一年到头埋头于自己实验室的研发人员，其创新精神一定是不活跃的。给研发人员参观、学习、研讨的机会，让他们回过头来审视自己的产品，就会产生新的认识，产品创意就蕴含在这些新的认识当中了。

三、组织新产品研发团队

（一）新产品技术创新队伍的组织形式

有人曾把技术创新队伍的组织形式分为内企业与内企业家、创新项目小组、新事业发展部、技术中心及虚拟组织（又称动态联盟）等五种形式。

1. 内企业与内企业家

所谓内企业与内企业家，是指企业为了鼓励技术创新，允许部分员工在一定限度的时间内离开本岗位工作，利用企业的现有资金、设备、技术、经验等从事自己感兴趣的创新活动。由于这些员工的创新行为颇具企业家的特征，但是创新的风险和收益均在企业内，因此称这些从事创新活动的员工为内企业家，由内企业家创立的企业称为内企业。内企业家往往是一个人或少数几个人，因此基本上没有分工，谈不上集权。为了鼓励技术创新，其运作方式基本上是非正式的，因此内企业家是结构最简单、行动最灵活的创新组织方式。

2. 创新项目小组

如果创新规模较大，任务比较复杂繁重，那么企业活动肯定会受内企业家个人能力的限制。在这种情况下，就需要一种人数更多、活动范围更大的技术创新组织，这就是创新项目小组。

创新项目小组是指为完成某一创新项目而成立的一种创新组织。它可以是常设的，也可以是临时的；小组成员既可以是专职的，也可以是兼职的；人数也不确定，小到几个人，多到几百人。例如，IBM公司的个人电脑开发团队仅19人，但是IBM平均每个项目的研发人员接近200人。雅虎网站就是由13位软件研发工程师组成的几个小组创立的，每个小组只有1～3人。将小组成员的技能和努力结合在一起，使得团队解决问题的能力胜过个人。但是团队的规模也并非越大越好。大规模的团队可以引起更多的管理成本和沟通问题，从而导致产品开发的延迟。此外，团队越大，团队成员的个人成就就越难得到认可，责任心和积极性也会下降。美国公司平均团队规模为11个成员。在一个产品开发项

目的始末，团队成员的人数也有可能变化。

创新项目小组成员的构成，应当考虑来自不同部门和不同专业。

全世界的企业目前大都采用多功能团队来开发新产品。多功能团队是指其成员当来自多个部门，特别是应当包含工程部、生产部和市场营销部门的成员。据 2008 年的统计，70% 的美国企业、67% 的欧洲企业和 54% 的日本企业都采用这一形式来构建开发团队。比如，克莱斯勒的汽车装配平台团队的成员来自设计、工程、采购、生产、产品计划、财务和市场等部门。

当今的技术创新是跨学科共同研究的结果，因此，团队的成员应当有不同的学科背景。有太多的例证表明，研究团队成员学科背景的一致性会使研究兴趣和研究方法僵化，不利于创新的过程。

来源于不同部门和不同专业相对于构成单一的团队有以下几点优势：

（1）不同部门之间的专家能够为产品开发提供一个更为广阔的知识平台，有利于各种知识的互补、交流和融合；

（2）通过对各自业务交往和获取信息渠道的扫描，可以为项目提供更多的信息来源；

（3）通过各自的环境、交往、沟通，可以产生更多创造性的设想。

来源于不同部门的成员，在团队中有着不同的侧重点：

市场部和销售部——主要负责客户关系的管理，传达顾客的要求和期望，获取商业承诺，外形设计建议以及起草项目建议书，准备报价，提交技术协议与商务协议，组织合同谈判等。

产品工程部——技术方面，主要负责识别和分析顾客的要求和期望，分析设计可行性，提出性能要求和制造流程，确定产品的技术参数、要求和规范，形成与选择产品概念，设计与设计验证，发布产品/系统图纸以及产品/系统设计的材料规范，研究产品的可制造性，进行设计失效模式及后果分析，并获取顾客的确认。管理方面，主要负责总体上管理和协调新产品研发项目的所有活动，包括领导项目团队，制订项目计划，跟踪项目进展，组织项目评审，控制项目进度、成本、质量，提交项目交付结果等。另外，还要确定成本、进度与交付要求，明确项目的限制因素和假设条件，确定项目管理文件化的流程和方法。

工艺工程部——主要负责开发生产产品的工艺流程与规范，准备制造工艺/系统的工具、模具、量具、测试设备，确定生产节拍与工位平衡，完成作业指导书与工艺卡片，进行工艺的稳定性与生产能力研究，确定产品包装要求等。

质量部——主要负责根据产品及工艺的技术要求开发产品测试过程与标准，验证和批准产品/系统以及制造工艺/系统设计，对外购零件进行测试与认可。

采购部——主要负责获取制造产品/系统需要的材料、零件、服务以及工艺/系统需要的设备、量具、卡具等工装模具和服务等，包括执行生产件审批程序要求，进行先期的供应商开发等采购活动，以及寻找供应商、合同评审、合同谈判、签订合同和批量采购等。

生产部——主要负责按照产品及工艺的要求生产产品样件，完成试生产的所有工作，并为批量生产进行必要的准备活动。

按照技术创新小组的组织关系和任务不同，可分成职能性团队、轻量级团队、重量级团队和自主团队等四种，其特点如表 11-1 所示：

表 11-1　技术创新小组各种团队的特点

特点	职能性团队	轻量级团队	重量级团队	自主团队
项目经理	没有	中、低层经理	高级经理	高级经理
项目经理的权力	没有	低	高	非常高
用于项目团队的时间	不超过10%	不超过25%	100%	100%
团队成员的隶属	隶属于职能部门	隶属于职能部门	项目经理安排工作	项目经理安排工作
对于项目的投入程度	临时	临时	长期的但非终生的	终生的
成员的绩效评价	由职能部门的领导负责	由职能部门的领导负责	由项目经理和职能部门领导共同决定	项目经理
团队和职能部门之间矛盾的潜在性	小	小	中	大
跨职能部门的整合程度	低	中	高	高
同现有组织运作的一致性	高	高	中	中—低
适用的项目类型	一些派生项目	派生项目	平台性项目或者具有突破意义的项目	平台性项目或者具有突破意义的项目

3. 新事业发展部

一项意义重大、对企业生存发展具有重要战略性影响的技术创新，通常需要企业投入更多的人力、物力和财力资源。而企业一旦做出这种创新决定，无论是在创新活动的规模上还是在业务复杂性上，都不是创新项目小组所能胜任的，这就需要一种新的创新组织——新事业发展部。新事业发展部是大企业为了开创全新事业而单独设立的组织形式，全新事业涉及重大的产品创新或工艺创新。由于重大的技术创新往往伴有很大的风险，因此这种创新组织又称为风险事业部。

风险事业部拥有很大的决策权，只接受企业最高主管的领导。国外学者认为，风险事业部是永久性地独立于现有运行体系之外的分权组织，是企业进入新的技术领域和产业领域的重要方式。

4. 技术中心

技术中心是大企业集团中从事重大关键技术和新一代产品研究开发活动的专门机构，是企业技术创新体系的重要组成部分。技术中心是为企业长期发展战略服务的，是企业进行技术储备和形成新增长点的重要依托。技术中心通常有较完备的研究开发条件，有知识结构合理、素质较高的技术力量。技术中心的研究开发项目一般具有较高的技术水平，有一定的超前性和综合性。

企业技术中心的主要职能包括：对重大关键技术进行自主开发，着眼于企业的长期发展；参与技术发展战略的制定、重大技术的引进和技术改造项目的论证，为企业产品和技术决策提供咨询；与有关的高等院校、研究院所以及国内外同行建立长期、稳定的技术交流与合作关系，促进产学研合作创新；以较好的工作条件吸引国内外科技人才以各种形式来企业工作，通过研究开发实践为企业培养和造就大批高素质的科技人才；对企业内其他技术机构的工作提供系统的指导、咨询和服务，对科技成果进行技术经济评估，促进科技成果在企业内外的推广应用；等等。

企业技术中心的研究开发项目有时是由技术部门通过对技术发展趋势的分析研究提出的，有时是由营销部门对市场的研究分析而提出的。研究开发项目的选择既要满足企业当前的技术需要，又要为企业进一步的发展进行技术储备。国外企业技术中心的研究项目大体分为三类：核心技术研究、防御性研究与进攻型研究。核心技术研究主要针对企业多种多样产品共用的核心技术，着眼于建立与保持企业的竞争优势；防御性研究主要是跟踪技术发展方向，着眼于企业未来发展的需要；进攻型研究主要是针对市场需要开发新技术与新产品，着眼于占领市场，获取现实的创新收益。调查表明，国外企业技术中心的研究项目中，核心技术研究、防御性研究与进攻型研究大约各占1/3。

企业技术中心常采取矩阵式组织结构，由不同专业技术人员组成跨部门的课题组，大部分项目实行项目经理负责制。为了保证研究开发成果最终实现向生产部门的转移，在项目的研究开发阶段就要充分考虑工艺、装备和生产条件。在研究开发计划安排与科技成果转化的组织和管理方面，技术中心要保持与企业内其他技术开发机构和职能部门的沟通与配合，企业要采取有效措施，协调各部门的工作，鼓励和支持研究开发部门、生产部门以及销售部门人员的交流与合作。为了确保技术中心的研究开发成果向生产部门顺利转移，生产及营销部门的人员一般在研究开发尚未完成时就要选择适当的时机介入企业技术中心的工作。

5. 虚拟组织

近年来，企业组织创新方面的一个新动向是虚拟组织的出现。虚拟组织（virtual organization），又称动态联盟，指为响应已经出现或即将出现的市场机会而组成的公司或集团联合体。

虚拟组织不是一个法人实体，它是一些独立的经济实体基于某种共同的目标而组织起来的一种灵活的临时性联盟。联盟中的成员具有互补的资源和核心能力。当某个新的市场机会出现时，通常由最早意识到这一市场机会或者掌握某一关键技术的企业牵头，联合其他有关机构和企业形成一个一体化的临时组织，迅速动员各自的资源和能力，对市场机会做出敏捷的反应，共同完成新产品的开发和新市场的开拓。在这一过程中，虚拟组织的成员共担风险并分享利益。当目标实现时，这一联盟也就随之解散。

虚拟组织是能够适应市场快速变化的动态的、虚拟的、网络化的企业联盟，针对不同的情况可以采用不同的组织形式与运作机制。各个成员企业在法律上可以是合伙关系、合资关系、发包和承包的关系、委托代理关系、母子公司关系等，关键是要将不同成员企业互补的核心能力联合起来，形成一个有机的整体。

作为虚拟组织孵化器的网络组织可以有各种不同的具体形式和内部机制。一些跨国公司或企业集团有许多具有独立法人资格的子公司，它们对母公司设定的目标和任务负责。它们有共同的组织文化和共同的战略目标，这些都是构筑各子公司相互信任关系的基础。当出现重大的市场机会时，它们能够联合起来形成虚拟组织，共同实施某一项创新计划。行业协会和政府也可以推动虚拟组织的形成。例如，对美国半导体技术发展起了重要作用的美国半导体制造技术联合体 SEMATECH 是由美国半导体协会（SIA）发起成立的一个虚拟组织。事实上，我国"两弹一星"的研制过程中，采用的多部门协同攻关的组织方式就是一种特定历史条件下由政府组织的虚拟组织。

虚拟组织是建立在各成员企业间相互信任、密切合作基础上的互利互惠组织，虚拟组织的成员企业有共同的目标，成员企业之间要充分沟通、协调工作。

在实际操作时，不同的企业应当根据自身的实际建立自己的技术创新组织。

例如，春兰集团的创新平台由三大阶梯组成：

第一阶梯是处于"塔尖"的春兰研究院，有 400 余人，专门负责追踪世界前沿科技，开展前瞻性、基础性和开拓性研究，开发、储备未来 5 到 10 年后推出的产品。

第二阶梯包括春兰电器研究所、动力研究所、电子研究所等三大研究所，有 700 余人。研究所密切跟踪市场变化，充分运用第一阶梯的基础性研究成果，更新改造空调、冰箱、洗衣机、摩托车等现有产品。

第三阶梯分布于各产业公司的技术科、工艺科，有 2 000 多人。他们负责现场管理，监督产品质量，提高产品品质，并向一线工人提供技术指导，确保春兰技术真正融入春兰产品的每个部件、每一道装配环节。

（二）新产品技术创新队伍的管理与绩效考核

1. 新产品技术研发团队的管理

在很多高技术企业，技术研发团队多采用独立的专职团队形式。研发人员被"关"在一个舒适的、"与世隔绝"的空间里，在特定的时间内展开"科研攻关"。

"跨部门临时团队"的组织形式是在消费品的新产品开发中最常见的、基本的、难以管理的组织形式。说它基本，是因为在其他两种团队类型的早期，经常以跨部门临时团队的形式出现；说它难以管理，是因为部门之间存在着观念和信息的壁垒，这些壁垒很难打破，而打破这些壁垒，恰恰是新产品开发管理的关键。

研发团队的工作机制，其目的在于沟通信息，明确责任，协调进度。

工作机制可以分为两种：正式机制和非正式机制。正式机制多体现为团队会议，非正式机制则是不同部门的研发人员之间的随机交流。在很多消费品生产企业，新产品开发项目的主要责任者是市场部门和研发部门，因为他们是新产品的设计师、知识源和"专家"。研发团队的工作机制首先是这两个部门的协调机制，然后才是由这两个部门主导的团队工作机制（表 11-2）。

表 11-2 新产品开发团队的工作机制

工作机制	参与部门	主要内容	关键	备注
研发—市场部门联席会议	市场部、研发部门	定期交流所有项目情况,确定开发方向,产生新项目	长期坚持	也叫"新产品开发委员会",范围也有所扩大
项目运行会议	项目组所有成员	在某个项目里程碑完成后评估项目运行情况,做出下一步的安排	完成情况的可靠性	
项目回顾会议	项目组所有成员	项目完成或终止后对项目整体运行的总结	真正明确失败原因	避免犯同样的错误,形成指示和经验积累
总结报告制度	市场部或研发部项目经理负责	项目每一阶段结束后汇总项目运行情况,并发给每位项目组成员	保证决策信息的真实性	

那些非正式的团队机制是不好用制度规定下来的,非正式的团队机制在很大程度上受到团队文化的制约。

2. 新产品技术研发团队的绩效考核

研发人员的绩效考核历来是企业人力资源管理中的难点问题。由于研发人员的工作与一般的作业人员相比具有复杂性、创造性、周期性等特点,因而传统的绩效考核方法很难满足对研发人员的考核要求。那么,企业研发人员的绩效考核到底该怎么做才更具科学性、操作性和实效性呢?

(1) 确立考核原则。

① 结果考核为主,行为考核为辅的原则。

研发人员的工作是高度结果导向型的工作,对研发人员的评价最终往往都要落实到其工作成果上来。在研发人员的考核中,过度关注研发人员的行为而不是结果本身,往往会带来一系列错误的导向,也容易挫伤研发人员的工作积极性。

② 研发项目考核的市场导向原则。

目前来说,国内企业层面的研发主要集中在产品开发上,因此在设定研发考核目标时,必须紧密结合公司研发策略,开发在市场上适销对路的产品。

③ 个人考核与团队考核相结合的原则。

在研发人员的考核中,把团队业绩作为研发人员绩效考核的重要指标,有利于培养研发人员的团队合作精神,对研发团队及个人成长均具有重要意义。

④ 指标评价方法的科学性原则。

在研发成果质量的评价中,引入专业委员会的方式进行,避免主观性评价偏差过大情况的发生,保证评价的公平、公正。

(2) 设定三维指标。

企业研发人员考核应围绕三个维度来进行,分别是业绩指标、能力指标及行为指标。一般来说,企业的研发人员可以分为项目经理、开发人员及测试人员三类,对于不同类型的研发人员,在指标设计上应该有所差别。下面以研发项目经理的绩效指标体系设计为例来说明。

① 业绩指标。

项目经理的业绩指标主要包括：新产品开发周期、技术评审合格率、项目计划完成率、项目费用控制、内外部客户满意度等，该类别指标主要为客观性指标。

② 能力指标。

项目经理的能力指标主要包括：业务知识与技能、沟通协调能力、团队领导与控制能力、指导及帮助下属的能力、员工管理能力、决策能力等，该类指标主要为主观性指标，可以采用类似于360°评价的方式进行。

③ 行为指标。

项目经理的行为指标主要包括：工作的积极性、主动性，以及协作精神、团队意识、工作责任心、服从意识等。

从绩效考核的目的来看，如果考核的目的主要用于加薪、发放奖金、红利等奖励，考评指标体系主要为业绩指标和行为指标；如果考核目的是为了员工发展，且考核结果将用于教育培训、能力开发、升迁、调动等人力资源规划与配置，考核指标体系应包括业绩指标、能力指标和行为指标。

（3）确立评价主体。

研发人员的绩效考核方法可以采用员工自我评价、同级（事）评价、上级评价、下属评价（适用于研发管理人员）相结合的方法进行。

自我评价主要是研发人员自己对过去一段时间业绩目标的实现程度进行评估。

同级（事）评价的主要作用是考核员工的团队协作能力，特别是对于一些需要多人、多部门协作的研发项目来说，团队协作能力就显得尤为重要。而对于一些出于保护自己技术优势地位而不愿与人合作的员工来说，这也可以作为一个有力的约束条件。

上级评价可以是直线经理的评价，也可以以项目经理的评价为主，或者是二者的结合。

对于研发项目经理的考核来说，引入下属评价主要是为了促进项目经理对项目组成员的培养，促进项目经理与成员的沟通，从侧面保证项目的顺利开展。

（三）新产品开发的团队文化

1. 必须十分重视新产品开发的团队文化

"创新不仅仅是技术创新，我们更强调运用领导力，创造鼓励创新的组织文化，使得优秀的人才之间能够有效协作，达到创新的结果。"Hay集团全球总裁莫瑞博士在中国的创新与领导力论坛上说："中国企业要想尽快跻身于'最受推崇的企业'行列，就应该把重点放在领导力和组织文化方面。"

新产品开发团队文化是企业整体文化的组成部分，因此新产品开发团队文化既具有企业文化的共有特性，又有它的独特性和自身要求（表11-3）。

表 11-3 新产品开发的团队文化

新产品开发活动的特点	新产品开发团队文化要求
创新性	鼓励原创性的工作
协同性	鼓励随时随的通畅的交流
风险性	重视细节和不同意见
时间性	强烈的时间观念和责任意识

塑造团队文化的最好方法是企业高层管理者的率先垂范和团结一致，建设良好的新产品开发团队文化，需要高层管理者从自身做起，而不是期待基层研发人员的自觉。

如果没有好的团队文化，新产品开发过程中就会出现一些莫名其妙、看似荒唐却是不可挽回的严重失误。很多企业的研发经理为这些失误感到苦恼，但他们往往在失误本身上找原因，却没有看到隐藏在失误背后的不健康的团队文化。新产品开发团队文化与新产品开发所需要的专业知识和技能无关，但是它深刻地影响着新产品开发工作的质量，甚至可以说是团队文化塑造了新产品。在很多美国公司，高级的研发领导人甚至没有技术背景，但他们依然可以卓有成效地领导产品研发，其中一个重要原因就是他们有能力塑造一支优秀的研发团队。

2. 建立恰当而必要的激励机制

企业技术创新的宏观激励机制是企业技术创新的外部激励系统，它使企业有了创新的动力，但是技术创新要落到实处，还必须将创新的压力和动力传递给企业的每一个员工，这就需要微观激励机制发挥作用。企业要进行有效的创新，企业内部的运行机制必须有利于所有创新资源充分发挥作用，尤其是必须能够调动技术创新的行为主体——人的积极性。企业技术创新的最大特点是它的创造性，其关键问题就是根据激励原理，设计出一套奖励制度以激发人们将所拥有的知识、技术和信息等资源投入企业技术创新领域的积极性。企业技术创新工程本质上是一种创造性的工作，所以人力资本在其中所起的作用要远远大于资金、设备等有形资本。因此，要想达到理想的创新效果，就要对企业的文化价值观、企业的规章制度、企业的绩效考评制度及利益分配制度等进行合理设计，营造一个能够激励员工创新的适宜的制度环境。

企业技术创新过程中的激励问题涉及四个阶段，需要分别考虑。各个阶段涉及不同的人力资源，技术创新过程的绩效受到这些人力资源工作好坏的影响。所以，技术创新中的激励问题主要是相应人力资源的激励机制设计问题。激励机制的效果，决定着企业技术创新过程的绩效。具体而言，需要解决三种人力资源的激励问题。在创意提出阶段，需要以有效的激励保证潜在的创意提出者积极寻找问题并构思解决问题的方法以形成有价值的创意；在创新实现阶段，需要以有效的激励保证项目团队的积极性和创造性，从而保证项目团队的高效率；在创意和创新采纳阶段，需要以有效的激励保证企业管理者按照有利于企业技术创新的前提进行合理的资源配置。

在企业技术创新中，创新主体是科技人员。企业科技人员的激励问题在企业管理中越来越引起企业界和学术界的重视。与企业一般员工相比，科技人员在目标定位、价值系统、需求结构和行为模式等方面都有很大的不同，因此，科技人员的激励也有其独特性。

有研究表明，影响科技人员积极性发挥的主要因素，按其强度从大到小依次为：工作收入、科技投入、成就感、住房、研究手段、公平竞争、被赏识程度、职称、部门间协作、人际关系、专业对口、企业知名度等。另有研究表明，影响科技人员积极性的阻碍因素从大到小依次为：得不到领导的赏识、工资待遇低、对工作无兴趣、住房条件差、专业不对口、图书资料少、仪器设备不够先进、科技开发项目少、科技开发资金不足等。

除了直接的激励因素外，影响激励效果的还有许多间接因素：如激励的及时性、公平性、持续性，技术战略目标与技术人员个体目标的一致性，技术人员对企业目标的认同，技术人员的个体特征，激励强度，违反规范行为的事前预防和事后处理等。

值得一提的是，企业创新的成果数量并非一定与奖励的数额成正比例关系。例如，日本、德国和美国的企业针对雇员的专利发明都有专门的规章制度，但是，在日本，由雇员做出的发明及改进的数目要多于美国和德国，而相应的补助和奖金远远低于美国和德国。在美国，一项专利或改进所得到的补助总额可能高达10万美元，在日本却只有1～2万日元，专利奖金也大多不超过200万日元。德国的研究表明，对研发部门，非物质的激励方案比物质激励更有效。Norbert Thom发现适用于德国企业的针对"具有创新任务的员工"的12项激励措施依次是：

① 与员工能力相匹配的具有挑战性的任务；
② 同事间的出色合作；
③ 可以实现自己的想法（直至申请）；
④ 所在企业得到社会的认可；
⑤ 得到上司的认可；
⑥ 与上司配合默契；
⑦ 与工作成绩相一致的薪水；
⑧ 工作地点的安全性；
⑨ 职业发展机会；
⑩ 对创造性工作有益的工作条件；
⑪ 工作轮换的可能性；
⑫ 在同行中获得尊重的机会。

这一发现得到许多专家的印证，对中国企业有参考价值。

（四）信息与情报服务

孙子曰："知己知彼，百战不殆；不知彼而知己，一胜一负；不知彼不知己，每战必负。"世界上的成功企业无不重视竞争对手的情报搜集。任何企业的技术创新必须依赖于对团队的信息和情报服务，让团队成员及时了解有关创新课题的最新信息，以及竞争对手的技术动向和进展，必须加强对竞争对手的情报搜集和分析。IBM、宝洁、奔驰、海尔、联想等国内外知名企业的成功离不开其完善的竞争情报系统和周密的竞争情报运作，竞争情报已经成为成功企业克敌制胜的绝密武器。

例如，1964年，海尔梅尔在美国无线电公司（RAC）戴维·萨诺夫研究中心取得了液晶显示关键技术的重大突破，为了防止被竞争对手抢先，RAC公司立即将他的研究列为重大机密。该技术作为一项最新科技成果向世界报道后,立刻引起了日本科技界、工业界的重视。日本将当时正在兴起的大规模集成电路与液晶相结合,以个人电子化市场为导向,很快开发了一系列商品化产品,打开了液晶显示实用化的局面,掌握了主动,这一发展势头促成了日本微电子业的惊人发展,导致了今天日本和韩国等国家牢牢控制着390亿美元液晶显示器市场的局面。

目前,日本50%大企业、100%中小企业的新产品研制开发都是通过与情报咨询部门合作,在广泛搜集市场竞争情报的基础上获得成功的。因此,发挥市场竞争情报的带头作用,可以帮助企业克疲制软,融通资金,启动市场。

四、建立企业的建议制度

建立一套完整的建议制度和激励机制,可以使企业内部员工源源不断地产生创意,成为企业创新力的源泉。

(一) 企业建议制度的产生

企业建议制度是企业创新设想的主要来源,它产生于100多年前的西方国家的企业。到20世纪50年代,美国国会立法,把这项制度推广到政府部门和军事机关。随后美国各大公司掀起"建议箱热"。1984年有900家公司收到134万条建议,其中22%被采用,给企业带来很大利益。此后西欧各国也普及了合理化建议活动。企业家把建议活动当作企业发展的重要因素。如同"时间就是金钱"一样,承认"主意也是金钱""一条主意能使企业摆脱困境"。

20世纪50年代初期,合理化建议活动才传到日本。1951年,许多日本企业从美国引进技术的同时,也引进了合理化建议奖励制度并进行改进,形成了日本的持续改进建议制度。在日本,使用建议制度是极其平常的事;几乎任何规模的企业都有一个类似的制度,源源不断地获取来自员工的想法。比如东芝公司,假定一年有250个工作日,那么每个员工平均每五天或者每个工作周就会提出一个建议。

企业主把这项活动同企业的兴衰连在一起,认为有了"好主意"就有"好产品",在"不景气"时期可以摆脱困境,在"景气"时期可以占领市场。丰田汽车公司经理把"鼓励职工提建议,发挥集体创造力"看成是丰田汽车超过美国福特汽车的"成功秘密之一"。本田技研公司经理对前来参观的客人说:"本公司每年有100多万件提案,是第一流的公司。"有些企业把建议多少作为考核和任免干部的一项重要指标,并作为评价自身发展好坏的一条重要标准。

(二) 中国的合理化建议活动

中华人民共和国成立后不久,中央人民政府政务院于1950年出台《关于奖励有关生产的发明、技术改进建议合理化建议的决定》,促进了合理化建议活动的广泛开展。在三年国民经济恢复时期(1949年中华人民共和国成立起到1952年年底结束),全国职工提出合理化建议103万条,对争取国民经济的迅速好转起了积极作用。在第一个五年计划期间，全国职工提出合理化建议和技术革新495.5万件，采用214.7万件；第二个五年计划期间，提出18 162万件，采用8 455万件，形成了高潮。

1982年3月16日，国务院颁布并实施《合理化建议和技术改进奖励条例》（以下简称《条例》），1986年6月4日国务院修订发布。按其规定，合理化建议和技术改进的内容是：

（1）工业产品质量和工程质量的提高，产品结构的改进，生物品种的改良和发展，新产品的开发。

（2）更有效地利用和节约能源、原材料，以及利用自然条件。

（3）生产工艺和试验、检验方法，劳动保护，环境保护，安全技术，医疗、卫生技术，物资运输、储藏、养护技术以及设计、统计、计算技术等方面的改进。

（4）工具、设备、仪器、装置的改进。

（5）科技成果推广，企业现代化管理方法、手段的创新和应用，引进技术、进口设备的消化吸收和革新。

以上五条，大部分说的是生产技术方面的内容，经营管理方面内容涉及不多。因此，国家经济委员会在发布的《合理化建议和技术改进奖励条例实施细则》（以下简称《实施细则》）里，对经营管理方面的合理化建议的内容，又做了补充：凡在企业、事业管理的组织、制度、方法和手段等方面提出带有改进、创新因素的办法和措施，经实施后对提高企业素质、管理效能、经济效益和社会效益有明显的作用和成效者，均可作为合理化建议予以奖励。其内容包括：

（1）在管理理论、管理技术上有创见，对提高生产经营管理，科研、教学、设计水平，提高经济效益和社会效益有指导作用。

（2）在管理组织、制度、机构等方面提出了改革办法和改进方案，对提高工作效率和企业、事业的应变能力和服务能力有显著效果。

（3）应用国内外现代化管理技术和手段，取得经济效益和社会效益。

《实施细则》还特别说明这里所说的"管理"，除包含《条例》中规定的合理化建议的五个方面的内容外，还包括质量、标准、计划、物资、设备、财务、销售、人事、信息等各项管理的改进和完善。

以上所列举的实施合理化建议和技术改进的大致内容，到各行各业还有各自的特点，应当结合实际情况加以具体化，予以充实和丰富。

显而易见，合理化建议涉及的范围相当广泛。由于它并不限定效益的大小、水平的高低，而且合理化建议只限于出点子、想办法、出主意，并不要求建议人亲自实施，因此同其他的创造活动比较起来，合理化建议活动具有更加广泛的群众性和可操作性。

怎样开展合理化建议活动，各地已经积累了相当丰富的经验，并且涌现了一批先进典型，通过各种形式进行了交流和介绍。各企业征集合理化建议的做法很多，常用的有：出课题、招贤揭榜、课题招标、专题献策会、大奖赛、"查、算、提"活动等。

需要注意的是，发动群众提出了大量的革新建议后，一定要认真负责地抓紧处理，做到条条有着落，件件有回音，使得这些革新建议尽快产生效益，应当做到工作程序化，活动经常化。必须给建议者、革新者应有的奖励，以表示对他们创造性劳动成果的承认和鼓励。

日本企业通常将奖金分成两部分，小部分在建议提出后经评价确认发给，其大部分在产生的效益中提成。他们普遍把提合理化建议的数量、质量、效益列入员工的绩效，作为提职、提薪的重要依据，这种方法值得借鉴。

【例 11-7】 3M 公司的创新传统

美国明尼苏达矿业制造公司，因英文名称头三个单词都以 M 开头，所以简称为 3M 公司。过去的 100 年间，美国的 3M 公司一直是以创新而闻名全世界的领先企业。它以发展创新能力为核心，推出了无数个新点子，使其业务延伸到很多领域并且建立了新技术平台，它的创新产品着眼于现在，更着眼于未来，所以 3M 公司在业界获得极高的声望。百年进程中，它锐意进取，不断创新，为员工创造了鼓励创新的企业文化、方法和机会。近年来，3M 公司更是在不同行业间推行自己的技术，获得了更高的创新绩效。

2000 年，在美国市场上，3M 就申请了 500 项专利，3M 的年销售额达 167 亿美元，其中 56 亿美元的销售量是从前 4 年推出的产品中所得，占到销售额的将近 35%，而当年所推出的产品的销售额达到 15 亿多美元。

3M 始终认为，如果期望公司的创新达到预期的绩效，公司要不断创建有效的理念。要做到这一点，关键是营造具有创新和激励氛围的环境，3M 将它称作"创新的传统"。3M 企业文化中的以下 6 个要素对创新的传统起到了重要的作用，成为持续创新的支柱：

（1）远景

它是 3M 创新传统中的第一项，指出了创新的重要性，并将创新看作公司自我形象的一部分。3M 的远景是成为"世界上最具创新力的企业和最理想的供应商"。公司不断提醒员工应将个人价值观与企业目的相结合。而且，顾客可以常常来检测公司目前的运营是否与远景相结合，公司会定期向顾客收集他们对 3M 看法，以及顾客是否认为 3M 真如它自己所言是最具创新力的企业。

（2）预见

企业要了解顾客的需要，行业内的发展趋势和正在发生的变化是很关键的，3M 同样这样认为。

（3）延展性目标

它是 3M 创新文化中的第三个要素，即设定一些延展性目标，旨在推动企业持续发展。公司多年来追求两个目标：一个是中长期目标，一个是近期目标。

（4）授权

它是 3M 创新文化中最基本的组成部分，给公司员工以责任和信任。William McKnight 于 1907 年加入 3M，1929 年成为总经理，1949 年当上了董事长。他是第一个在公司内营造创新氛围的人，1948 年还设计了向员工授权的基本原则：

当我们的公司成长时，让员工承担职责并鼓励他们发挥主动性显得越来越必要。在这个过程中，我们要宽容。我们要知人善任，让他们自主工作。

以此作为指导，在过去的 50 年间，公司有名的"15%规则"允许每个技术人员至多

可用15%的时间来"干私活",即搞个人感兴趣的工作方案,不管这些方案是否直接有利于公司。公司允许他们犯错误,只要能从中学到东西。更为重要的是,他们有一定的工作自主权,而且知道公司对其所做的事情的重视程度。公司规定,如果你有好点子并承担义务,那就去做,哪怕这个点子和管理者的意见相左。在某种程度上,公司鼓励员工对管理人员的健康的"不尊重",员工要迎难而上、坚持到底,只要所做的事会潜在地给公司带来新鲜的东西。

(5) 交流

坦率而广泛的交流也是3M公司发展的关键所在。管理层需要将公司的发展方向和远景传达给实验室,实验室要向管理层汇报出现的新机会,市场营销和创新者也需时时互相沟通。最近对交流模式进行的调查表明,当其他的公司期望使其现有产品和服务实现收入最大化时,其内部的交流大都会发生在操作、管理和销售环节;而在3M,当他们将新点子当作公司未来发展的目标时,占支配地位的交流大多发生在研究开发部门、市场营销部门和高级管理层之间。

(6) 认可

它是3M创新文化的最后一个要素,即奖励和认同制度。公司并不推崇物质奖励,公司要做的就是在适当的场合赞赏此项创新。公司还为各个环节的工作,如从研究开发、市场营销到生产和管理等几乎所有的工作设立了奖项。比如说,研究开发工作的一部分奖项由员工来任命,终极目标是被调任到卡尔顿协会——3M公司的最高荣誉地。3M的晋升制度也不一样,采用了双阶事业系统,即表现出色的技术人员可以如其他公司一样直接被提升到管理层,也可以选择更高的技术职位。但是,不管做哪种选择,薪金、待遇及其他特权都保持不变。晋升并不意味着他们必须从所热爱的领域走向公司管理层——他们有选择权。

当这6个要素完全融入企业文化中,新的环境就会自然而然产生出来:新点子会源源不断涌现出来,创新更是情理之中的事,员工渴望并且能够提出新点子。3M意识到,想要生存,公司就必须适应环境而且要不断发展,因为竞争者也不断向市场推出新产品或技术,从而会改变竞争格局。3M认为,要想成功,就要以创新为生存依托,就要抢先提出新点子。

思考与练习

1. 怎样理解自主创新能力对提高企业生存的重要作用?
2. 企业自主创新能力主要内容有哪些?
3. 你认为当前提高我国企业自主创新能力的关键是什么?
4. 如何激励、提高企业员工的自主创新能力?
5. 试就近调查一个你所了解企业的自主创新能力情况,并能提出相应的结论和建议。

主要参考文献

［1］阿奇舒勒.哇……发明家诞生了:TRIZ 创造性解决问题的理论和方法［M］.舒利亚克英译;范怡红,黄玉霖汉译.成都:西南交通大学出版社,2004.

［2］艾米顿.创新高速公路:构筑知识创新与知识共享的平台［M］.陈劲,朱朝晖译.北京:知识产权出版社,2005.

［3］波诺.六项思考帽［M］.德·波诺思维训练中心编译.北京:新华出版社,2002.

［4］波诺.水平思考［M］.冯杨译.北京:北京科学技术出版社,2006.

［5］布凌格.未来世界的 100 种变化［M］.王河新,史仁虎,刘伯宁等译.北京:科学出版社,2005.

［6］布凌格.聚焦创新［M］.王河新,刘伯宁主编译.北京:科学出版社,2007.

［7］陈劲.研发项目管理［M］.北京:机械工业出版社,2009.

［8］陈劲,王芳瑞.技术创新管理方法［M］.北京:清华大学出版社,2006.

［9］陈劲,郑刚.创新管理:赢得持续竞争优势［M］.北京:北京大学出版社,2009.

［10］德鲁克.创新与企业家精神［M］.蔡文燕译.北京:机械工业出版社,2007.

［11］甘自恒.创造学原理和方法:广义创造学［M］.北京:科学出版社,2003.

［12］赫伯特.创造力教育学［M］.陈峥译.北京:社会科学文献出版社,2014.

［13］赫曼.全脑革命［M］.宋伟航译.北京:经济管理出版社,1998.

［14］黄全愈.培养独立的孩子:生存教育在美国［M］.北京:中国人民大学出版社,2010.

［15］金,莫博涅.蓝海战略:超越产业竞争,开创全新市场［M］.吉宓译.北京:商务印书馆,2010.

［16］肯尼迪.大国的兴衰［M］.王保存等译.北京:求实出版社,1988.

［17］孔佩雷.教育学史［M］.张瑜,王强译.济南:山东教育出版社,2013.

［18］李海军,丁雪燕.经典 TRIZ 通俗读本［M］.北京:中国科学技术出版社,2009.

［19］李全起.创造能力与创造思维［M］.北京:中国档案出版社,2004.

［20］林志共,王静.苹果风暴［M］.北京:中华工商联合出版社,2010.

［21］刘道玉.创造教育概论［M］.3 版.武汉:武汉大学出版社,2009.

［22］刘仲林.中国创造学概论［M］.天津:天津人民出版社,2001.

［23］鲁滨逊,斯特恩.企业创新力［M］.国防译.北京:新华出版社,2005.

[24] 琼斯.创新的前沿[M].刘文华译.北京:中华工商联合出版社,2006.

[25] 舍伍德.创新管理[M].谷朝红,王雷译.上海:上海远东出版社,2003.

[26] 檀润华.发明问题解决理论[M].北京:科学出版社,2004.

[27] 王健.创新启示录:超越性思维[M].上海:复旦大学出版社,2003.

[28] 袁张度,许诺.创造学与创新方法[M].上海:上海社会科学院出版社,2010.

[29] 张武城.创造创新方略[M].北京:机械工业出版社,2005.

[30] 张武城.技术创新方法概论[M].北京:科学出版社,2009.

[31] 张武城.大数据时代创新发明的路线图和SAFC分析模型[J].测控技术,2017,36(10):1—2.

[32] 赵新军.技术创新理论(TRIZ)及应用[M].北京:化学工业出版社,2004.

[33] 中国科学院.2001科学发展报告[M].北京:科学出版社,2001.

[34] 周道生,陶晓春.实用创造学[M].南京:南京师范大学出版社,2000.

[35] 周道生,赵敬明,刘彦辰.现代企业技术创新[M].广州:中山大学出版社,2007.

[36] 庄寿强.普通创造学[M].2版.徐州:中国矿业大学出版社,2001.

[37] ALTSHULLER G S. Creativity as an Exact Science[M]. Trans. Anthony Williams. Armsterdam:Gordon and Breach Science Publishers Inc.,1984.